Erbepflege in Kamenz
22. Jahresheft

D1923827

Erbepflege in Kamenz

Schriftenreihe des Lessing-Museums Kamenz

22. Jahresheft

LESSING UND EUROPA

41. Kamenzer Lessing-Tage
2002

Herausgegeben von
Dieter Fratzke und Wolfgang Albrecht
Kamenz 2002

Gedruckt mit Unterstützung des
Beauftragten der Bundesregierung für
Angelegenheiten der Kultur und der Medien
sowie des Sächsischen Staatsministeriums
für Wissenschaft und Kunst

Das Werk einschließlich aller seiner Teile ist urheberrechtlich geschützt. Jede Verwendung außerhalb des Urheberrechtsgesetzes ist unzulässig und strafbar. Dies gilt insbesondere für Vervielfältigungen, Mikroverfilmungen und die Einspeicherung und Verarbeitung in elektronischen Systemen.

© Lessing-Museum Kamenz
Lessingplatz 1–3, D-01917 Kamenz, 2002

Redaktion und Satz:
Marion Kutter, Lessing-Museum

Gestaltung:
Wolfgang Hennig, BDG, Dresden

Fotos:
Foto-Steinborn Kamenz
Hans-Christian Lindner, Kamenz (Seite 116)
Sächsische Landesbibliothek – Staats- und Universitäts-
bibliothek Dresden, Deutsche Fotothek (Seite 117)
Foto-Steinert Kamenz (Seite 140, Abb. 1)
Jens Rusch Hamburg (Seite 240)

Druck:
Lausitzer Druck- und Verlagshaus GmbH, Bautzen

ISBN 3-910046-35-5

Inhalt

Vorbemerkungen der Herausgeber 7

Vorträge

Wilfried Barner
Lessings europäisches Wörterbuch 11

Barbara Stollberg-Rilinger
Europa in der Aufklärung – Aufklärung in Europa 29

Hugh Barr Nisbet
Lessing und England 45

Roland Krebs
Lessing und die französische Gelehrtenrepublik. Ein europäischer Dialog 63

Lessings Zeitgenossen (4)
Horst Seidl
Zur Schauspielkunst bei Goldoni im Vergleich zu Lessing 83

Dokumentation

41. Kamenzer Lessing-Tage 19. Januar bis 24. Februar 2002 98

Schüler-Schreibwettbewerb 114

Anhang: 70 Jahre Lessinghaus

Vorbemerkungen 121

Hans Kurt Groß
Lessings 'Auferstehung'. Geschichte und Schicksal eines Wiener Denkmals 123

Wolfgang Milde
Lessing-Handschriften in Kamenz – eine Aufforderung zur Kommunikation 141

Christine Demmler
Lessing lebt in Kamenz 153

Institutionelle Lessing-Rezeption im 21. Jahrhundert. Ein Arbeitsgespräch

Richard E. Schade
Lessing Society und »Lessing Yearbook«. Rückblicke und Ausblicke nach 35 Jahren 157

Herbert Rowland
Was Rezensionen im »Lessing Yearbook« bewirken können 163

Thedel von Wallmoden
»Für wen ich singe« 173

Wolfgang Albrecht
Populärwissenschaftliche Vermittlung und fachwissenschaftliche Forschungsbeiträge. Über die Schriftenreihe »Erbepflege in Kamenz« und das Sammlungsverzeichnis des Lessing-Museums 183

Dieter Fratzke
Kulturelles Gedächtnis und literarisches Leben im Lessing-Museum 191

Elsbeth Wolffheim (1934 bis 2002)
Im Dialog mit Lessing. Über die 1997 gegründete Lessing-Gesellschaft 205

Helmut Berthold
»[...] mit Lessing wenig Staat zu machen«. Gegenwärtige und zukünftige Aufgaben der Lessing-Akademie 215

Heinrich Clairmont
Über den Nutzen von EDV und Internet für die Aufklärungsforschung 231

Wolfgang Albrecht
Bericht über die Diskussionen während des Arbeitsgesprächs 233

Vorbemerkungen der Herausgeber

Gotthold Ephraim Lessing, der größte deutschsprachige Aufklärer des 18. Jahrhunderts, war nicht nur ein herausragender Nationalautor, sondern ebenso ein Gelehrter und Schriftsteller von europäischem Rang, der sich zudem als Weltbürger verstand. Denn bei allem Patriotismus für das Vaterland und dessen literarische Kultur sind sein Denken und Schreiben vom europäischen Kontext geprägt.

Einerseits ermöglichte die vorzügliche Kenntnis der alten und der neueren Sprachen dem Aufklärer Lessing eine intensive Beschäftigung mit den antiken und den zeitgenössischen Werken europäischer Autoren. Andererseits zeugen die für das 18. Jahrhundert nachgewiesenen fast 90 Übersetzungen seiner Werke in verschiedene europäische Sprachen davon, dass er in den Nachbarländern, vor allem in England und Frankreich, eine bemerkenswerte Resonanz gefunden hatte. Die 41. Kamenzer Lessing-Tage sollten einige dieser Wechselbeziehungen erhellen. Das Programm stand deshalb unter dem Leitgedanken »Lessing und Europa«.

Im Angebot waren mehrere Vorträge, die sich mit dem folgenreichen Spannungsfeld zwischen dem deutschen Aufklärer und anderen Autoren der grenzüberschreitenden Gelehrtenrepublik beschäftigten. Als Festredner der Eröffnungsveranstaltung konnte einer der angesehensten Lessing-Forscher gewonnen werden: Prof. Dr. Wilfried Barner von der Georg-August-Universität Göttingen. Er verdeutlichte anhand von Leitbegriffen Lessings Europaverständnis. Ihm folgte Prof. Dr. Barbara Stollberg-Rilinger von der Westfälischen Wilhelms-Universität. Sie konnte aufzeigen, wie Europa im 18. Jahrhundert von den Aufklärern als Einheit wahrgenommen wurde und inwiefern die Aufklärung ein europaweites Phänomen war. Im Mittelpunkt des Vortrages von Prof. Dr. H. B. Nisbet, der an der Universität von Cambridge lehrt, standen Aspekte der Beziehungen Lessings zu England und die Rezeption des deutschen Aufklärers in diesem Land. Von der Pariser Sorbonne kam Prof. Dr. Roland Krebs, der darüber sprach, wie das kulturpatriotische Engagement Lessings mit seiner produktiven Rezeption der Werke französischer Schriftstellerkollegen einherging und wie man das Schaffen des deutschen Aufklärers in Frankreich wahrgenommen hat. Schließlich gab es in der Reihe »Lessings Zeitgenossen« einen Beitrag über den italienischen Dramatiker Carlo Goldoni (1707 bis 1793), den Prof. Dr. Horst Seidl von der Lateran-Universität in Rom leistete.

Die künstlerische Spiegelung des Leitgedankens erfolgte durch Gastspiele von Theatern aus Österreich und Deutschland, die das »Nathan«-Thema in vier Varianten auf die Bühne des Kamenzer Stadttheaters brachten. Dabei ging es vor allem um die aktuelle Frage »Nathan – und wie weiter?« und damit auch um die Chancen, die Einigung Europas durch vernunftgeleitetes, humanes sowie tolerantes Handeln voranzubringen. Die Aufführungsfolge begann mit einer klassischen Inszenierung des Lessing-Textes. Daran schloss sich eine Oper an, »Nathans Tod« nach Gotthold Ephraim Lessing und dem gleichnamigen Theaterstück von George Tabori. In der Gegenwart spielte eine moderne Adaption: »Ein Fest für Nathan«. Außerdem gab es noch »Nathan den Weisen« als Puppenspiel.

Zusammen mit den kulturellen Vorhaben und den Angeboten für junge Leute waren es insgesamt zwanzig Veranstaltungen, mit denen das Ziel verfolgt wurde, Lessings Europagedanken in die gegenwärtige Diskussion um die künftige Einheit des Kontinents einzubringen.

*

Bald nach Abschluss der 40. Lessing-Tage konnte in Kamenz (2001) ein Jubiläum begangen werden: das 70-jährige Bestehen des Lessing-Museums (und zugleich das 335-jährige der Stadtbibliothek). Aus diesem Anlass fand Ende Mai eine Festwoche statt. Zu den vielfältigen Aktivitäten gehörte die unter dem Titel »Lessing in der Bildenden Kunst« stehende dritte Jahresausstellung des Lessing-Museums, die mit einem einführenden Vortrag über das ungewöhnliche Schicksal des Wiener Lessing-Denkmals eröffnet wurde. Außerdem hatten 15 von insgesamt 23 Gymnasien Deutschlands, die Lessings Namen tragen, die Einladung des Literaturmuseums angenommen. Angeregt und begeistert von den interessanten Erlebnissen im Geburtsort des Aufklärers wollen sie sich künftig im Fünfjahresabstand in Kamenz treffen.

Im Mittelpunkt der Festwoche stand das mehrtägige Arbeitsgespräch »Institutionelle Lessing-Rezeption im 21. Jahrhundert«. Daran beteiligt waren Literaturwissenschaftler, Museologen und ein Verleger, vor allem aber Repräsentanten der mit dem Kamenzer Museum kooperierenden Lessing-Institutionen, der Lessing Society in Cincinnati (Ohio/USA), der Lessing-Akademie e.V., Wolfenbüttel, und der Lessing-Gesellschaft e.V., Sitz Hamburg. Die Beiträge zu diesem Arbeitsgespräch, einschließlich eines öffentlichen Abendvortrages von Prof. Dr. Wolfgang Milde (Wolfenbüttel), sind im Anhang des vorliegenden Heftes publiziert. Mit tiefer Betroffenheit haben wir kurz vor Drucklegung vom Tode Elsbeth Wolffheims aus Hamburg hören müssen. Ihrem Andenken sei nun insbesondere der Heftanhang gewidmet.

Vorträge

Darauf Anton, scheinbar naiv und zugleich hintergründig: »Überall? Und also ist sie mit der Republik der Narren an einem Orte. Die, hat man mir gesagt, ist auch überall.«

Schon der Redeweise nach ist diese frühe, hier nur ausschnitthaft zitierte Stelle charakteristisch für eine dialogische Form, die in mannigfachen Varianten viele lessingsche Texte durchzieht, insonderheit die Dramen, die Rezensionen und Vorreden (aber auch frühe Gedichte) und natürlich die Streittexte. Es geht um das an disputatorische Verfahren erinnernde Hin- und Herwenden eines werthaltigen Begriffs, eines Schlüsselworts: also Minnas Aufgreifen und Durchleuchten von Tellheims »Ehre«-Diskurs oder in »Emilia Galotti« die Debatte zwischen Orsina und Marinelli um den »Zufall« oder dann etwa das spitzfindige Ausdeuten von des Hamburger Hauptpastors Goeze Formulierung »Theaterlogik« im Fragmentenstreit. In satirisch-komischer Ausformung gehört auch der Dialog über die »Gelehrtenrepublik« zu dieser Typenreihe, wobei das Auftauchen des Stichworts »Europa« bei Damis nicht ganz zufällig ist.

Lessing selbst hat in einer kleinen Schrift mit dem Titel »Über eine zeitige Aufgabe« (um 1775) von seinem Verfahren der »Wortgrübelei« gesprochen,[3] ähnlich schon im 47. »Antiquarischen Brief« (1769). Nicht das freie semantische Jonglieren um des Wortwitzes willen ist hier gemeint – das es bei Lessing auch gibt –, sondern »Wortgrübelei« heißt: einzelnen Wörtern auf den Grund gehen, wertbesetzten Wörtern vor allem, auch und gerade missbrauchten und von Vorurteilen umstellten. Schaut man sich die kleine Partie aus dem »Jungen Gelehrten« näher an, so zeigt sich, wie strategisch das Bereden des Prestigebegriffs »Republik der Gelehrten« angelegt ist; und natürlich war die zugrunde liegende Formel den Zeitgenossen sofort vertraut. Jedenfalls handelt es sich hier erkennbar um ein Stichwort, an dessen szenischem Hin- und Herwenden, und sei es mit Verdrehungen, Lessing besonders gelegen ist.

Wie sieht das näher aus? Für Lessings Verfahren hebe ich drei Punkte heraus. Zunächst: Was der unfertige Damis geradezu größenwahnsinnig ausdeutet, sogar im wörtlichen Sinne globalisierend (»den ganzen Erdball«), bedeutet letztlich die Perversion einer Wertgröße, die Lessing bei aller Kritik zeitlebens hoch angesetzt hat. In seinen Augen gehört zur Gelehrtenrepublik, der nichtmonarchisch und nichtnational verfassten, dass sie 'Trennungen' und 'Grenzen' durchbricht, schon gar als aufgeklärte, modernisierte »République des lettres«, wie sie der von ihm hochgeschätzte französische Philosoph und Schriftsteller Pierre Bayle seit 1684 europaweit auch mit einem besonderen Periodicum repräsentierte. Die Grenzen der 'res publica literaria' sind zunächst nur die der Latinität, des Latein-Schreibens und -Redens,

---

[3] Bd. 8, S. 668.

das gewiss auch wieder andere ausgrenzt. Aber gerade die Bayle'sche 'Republik' öffnet sich in die französisch sprechende Welt hinein, und kein geringerer als Gottsched sorgt dafür, dass das berühmte mehrbändige »Dictionnaire historique et critique« seit 1741 auch auf deutsch zugänglich wird.

Die zweite Beobachtung: Bei aller dummdreisten Selbstüberhebung des Damis steckt in dem von ihm instrumentalisierten Begriff »Cosmopolit« (1747, einer der frühesten Belege des Fremdworts im Deutschen überhaupt) ein Konzept, das für das aufgeklärte Europa des 18. Jahrhunderts zu den höchsten Orientierungsmarken aufsteigt. Es sei daran erinnert, dass die Wurzeln bis in die griechische Sophistik des vierten vorchristlichen Jahrhunderts zurückreichen (dort schon in den mitunter hochtrabenden Ansprüchen nicht unproblematisch) und dass das Konzept noch bis in die Verfassung der Vereinigten Staaten von Amerika hineinwirkt, hier auch unter stark freimaurerischem Einfluss. Lessing selbst verwendet in dem vielzitierten Brief an Gleim vom 16. Dezember 1758, mit dem er im Siebenjährigen Krieg gegen die fanatische, blutrünstige Grenadierpoesie des Freundes Gleim protestiert, demonstrativ auch die deutsche Lehnübersetzung »Weltbürger«, und zwar als spezifische Anforderung an den »Dichter«.[4]

Und schließlich drittens: Die außerordentlich 'dicht' mit solchen 'Signalwörtern' besetzte Dialogstelle aus dem »Jungen Gelehrten« (II, 4) offeriert mit dem fast unvermittelt angefügten Stichwort »Narren« auch den gewünschten Deutungshorizont. »Narr«, »närrisch«, deren Gebrauch das ganze Stück durchzieht, meint nicht nur das Skurril-Komische, sondern durchaus in der Linie von Sebastian Brants »Narrenschiff« her das gefährlich Verblendete. In etwas modernisierender Lesart könnte man den jungen Damis auch als 'realitätsgestört' bezeichnen. Wie ist das zu verstehen? Der partielle Bezug dieser Existenz zu Lessings eigener biografischer Erfahrung ist evident oder genauer: Die Entstehung des Stücks aus der besonderen Meißener Schulerfahrung heraus hat er selbst mit dem vielzitierten Satz herausgestellt (aus der Vorrede zum dritten und vierten Teil seiner »Schrifften«, 1754):

> Ein junger Gelehrter, war die einzige Art von Narren, die mir auch damals [das heißt in St. Afra] schon unmöglich unbekannt sein konnte. Unter diesem Ungeziefer aufgewachsen, war es ein Wunder, dass ich meine ersten satyrischen Waffen wieder dasselbe wandte? [...].[5]

Auf die wie selbstverständliche Zuordnung von »Narr« und »Satyre«, bezogen auf das Lustspiel, sei nur gerade aufmerksam gemacht.

---

4 Bd. 11/1, S. 305.

5 Gotthold Ephraim Lessing: Werke. In Zusammenarbeit mit Karl Eibl, Helmut Göbel, Karl S. Guthke, Gerd Hillen, Albert von Schirnding und Jörg Schönert hrsg. von Herbert G. Göpfert. 8 Bde. München 1970–79; hier: Bd. 3, S. 524.

Die Raffinesse des lessingschen Jonglierens mit hochgeladenen Begriffen der eigenen Sozialisation (»Gelehrtenrepublik«, »Schönheit der Gelehrsamkeit«, »Europa«, »die Welt«) liegt nun nicht nur darin, dass er es versteht, in den Redepartien des Damis die Diskrepanz zwischen Höchstanspruch und faktisch ärmlicher Existenz hervorzutreiben, und bei Anton das pure Missverstehen der Ideologeme des Damis. »Gelehrsamkeit«, »Republik der Gelehrten«, »Europa«, ja die Öffnung zur »Welt« hin sind positive Orientierungsmuster, die viele von Lessings frühen Schriften – gewiss auch mit wiederholten Einschränkungen – kennzeichnen. Die »satyrischen Waffen« sind nicht lediglich destruktiven Charakters, vielmehr schimmern in dem Stück, wie gebrochen auch immer, wiederholt Ideale, Werte, auch europäische Zielvorstellungen durch, mit denen Lessing aufgewachsen ist. Bei deren Entzauberung regt sich von Mal zu Mal Selbstkritik, aber auch Wunsch nach 'Modernisierung'. Lessings gern zitierte Sätze wohl aus den späten Wolfenbütteler Jahren: »Ich bin nicht gelehrt – ich habe nie die Absicht gehabt gelehrt zu werden – ich möchte nicht gelehrt sein, und wenn ich es im Traume werden könnte. Alles wonach ich ein wenig gestrebt habe, ist, im Fall der Not ein gelehrtes Buch brauchen zu können«[6] – diese Sätze enthalten in der Spannung zwischen Selbsteingrenzung und Koketterie stets zugleich das Dementi des nur Negativen. »Gelehrtenrepublik«, »Europa«, »Welt« (auch im Sinne von 'literarischer Welt', 'mundus literarius') sind frühe, prägende Orientierungsgrößen der Suche nach einer ihm gemäßen 'freien' Schriftsteller-Existenzform (von dem dabei präsenten inneren 'Wörterbuch' werde ich gleich sprechen).

Für unser Thema ist im »Jungen Gelehrten« nicht nur die erwähnte Szene II, 4 (in der Mitte des Stücks) einschlägig, sondern in ganz anderer Richtung auch der Schlussteil. Es stellt sich nämlich heraus, dass der Freund, den Damis mit der Expedierung der Texte an die Berliner Akademie beauftragte, den Brief einbehalten und nicht weitergeleitet hat. Denn Damis ist in seiner Preisantwort auf das Monadenthema gar nicht eingegangen, sondern hat bloß belanglose Marginalien gehäuft (das kommt in III, 15 ans Licht). Das ungeduldige Warten des Damis auf die Antwort, gar auf die Zuerkennung des Preises, war also von Anbeginn an illusionär, ohne jede Basis. Als er das erfährt, kurz nachdem er noch gesagt hat: »Ich, ich muss den Preis haben und kein anderer«, da geht er nicht etwa in sich, sondern spielt ostentativ den Märtyrer, das verkannte Genie.

Lessing hat diesen Schlussteil, der gleich eine ganze Reihe von Auftritten umfasst, den ich aber nur kurz zusammenraffe, mit einer Drastik der programmatischen Äußerungen des Damis ausgestaltet, die noch in der Verzerrung zugleich das fast existentielle Engagement Lessings durchscheinen lässt. Ich setze aus den Ausfälligkeiten des Damis nur wenige Zitate hintereinander (aus III, 15, 16, 17):

---

[6] Bd. 10, S. 240 (wie Anm. 1).

> O ihr dummen Deutschen! / Ihr werdet ewig in eurer barbarischen Finsternis bleiben und ein Spott eurer witzigen Nachbarn sein! / Ich will mein undankbares Vaterland verlassen [also in die Emigration gehen]. / Ich weiß gewiss, Frankreich und Engeland werden meine Verdienste erkennen – / Sie werden es schon empfinden, die dummen Deutschen, was sie an mir verloren haben! / Ich muss mich fremden Ländern zeigen, die sowohl ein Recht auf mich haben als das Vaterland.[7]

Und so schließt das Stück auch mit dem Aufbruch ins Exil; und als letzte Handlung, bevor der Vorhang fällt, wirft der Büchervergötterer Damis seinem Diener Anton mit nicht verkennbarer Symbolik ein Buch hinterher. Der junge Gelehrte Damis flieht also nach Europa, wo ihn ja immer noch die »Republik der Gelehrten« empfangen und das verkannte Genie beherbergen kann.

Nun könnte man sich mit der Interpretation begnügen, dass dieser überspannte Repräsentant einer weltfernen, philologischen und antiquarischen Quisquiliengelehrtheit in seinem Größenwahn sein angemessenes Schicksal gefunden hat. Die satirische Vorführung dient, durchaus über Gottscheds Postulate hinaus, fundamental dem »Lachen« über die Unvernünftigkeit der Vorstellungen und Handlungsweisen des Damis. Auch sein Gegenüber, der zeitweilige Mitbewerber um die Tochter des Hauses (Valer), zeigt Züge eines gemischten Charakters, ebenso der Vater Chrysander.

Aber die von Lessing so herausgetriebenen Stichworte »Republik der Gelehrten«, »Europa«, »Cosmopolit«, die Verkennung der »Genies« in Deutschland, der Spott der Nachbarländer, der Gang ins Exil – das alles besitzt etwas Überschüssiges, welches im »Lachen«, auch in der Zuordnung zum Typus »Problemkomödie«, nicht seine hinreichende Funktionsbestimmung findet. So wie die »Narren«, die Lessing (seit St. Afra) kennt, und die »Republik der Gelehrten« im Stück nachgerade beredet werden, so auch die verkannten Genies, die spottenden europäischen Nachbarn, schließlich das Exil. Es sind europäische Themen, Topoi, auch Klischees, die sich früh dem lessingschen Hauptvorrat an Begriffs- und Wortreflexion eingliedern. Die Sache verhält sich noch konkreter. Nicht nur die gelehrten »Narren« gehören zu Lessings früher Lebenswelt, auch etwa die »Freigeister«, und nicht zuletzt die jungen Talentierten, die Schriftsteller, Künstler, die in Deutschland ihre Anerkennung und ihr Auskommen nicht finden können und ihre Hoffnung auf Europa setzen. Der nahe Verwandte Lessings, Christlob Mylius, das enfant terrible der Familie (dieser so genannte 'Vetter' braucht hier in Kamenz nicht vorgestellt zu werden), ist ein solches poetisches und naturwissenschaftliches »Genie«, dem Deutschland eine Chance nicht eröffnet und der schließlich nach England geht (wo er mit nicht einmal 32 Jahren in London stirbt).

---

7 Bd. 1, S. 232–234.

Ihm, dem Vielseitigen, der aus dem Französischen, Italienischen und Englischen übersetzt hat (und aus dem Griechischen und Lateinischen), der Gedichte und Lustspiele verfasste und in seinen naturkundlichen Interessen vor allem durch Albrecht von Haller angeregt wurde, diesem unruhigen und hochbegabten Freund setzt Lessing 1754 ein eigenartiges Monument, indem er »Vermischte Schriften des Herrn Christlob Mylius« mit einer umfangreichen Vorrede in der Form von sechs fiktiven Briefen herausbringt. Jetzt erweist sich definitiv, dass das Gerede des Damis von England, Europa und vom undankbaren »Vaterland« alles andere als bloß singuläre isolierte Spintisiererei war, sondern dass sich hier zeittypische Probleme einer ganzen Gruppe junger Talente spiegelten, die auch Lessing persönlich betrafen. In England hatten sich weltoffene Geldgeber auftreiben lassen, mit deren Unterstützung Mylius nach Amerika und sogar nach Surinam reisen sollte, zugleich als »Commissionair« nach Objekten für deren naturkundliche Sammlungen Ausschau haltend. An den vornehmen Briten bewundert Lessing die Ruhe und Souveränität, mit der sie sich ihre Kenntnisse erwerben. Im Vergleich mit ihnen wird Mylius durchaus kritisch betrachtet, ja fast mit lessingscher Selbstdistanzierung als aus engen Verhältnissen stammend gekennzeichnet, überehrgeizig, undiszipliniert. Aber für Mylius gilt eben auch Lessings dort bitter formulierte These, dass »ein gewisses neidisches Geschick über die deutschen Genies, welche ihrem Vaterlande Ehre machen könnten, zu herrschen scheine«.[8] So erklärt Mylius schließlich seinen poetischen »Abschied aus Europa«, wie es Lessing zitiert.

»Europa«, das ist – wie zuweilen im heutigen Sprachgebrauch noch, insbesondere aus britischer Perspektive – der Kontinent. So findet es sich auch etwa bei Lichtenberg im Zusammenhang seiner Reisen in England 1769 und 1774/75. Gleiches gilt für Lessing selbst, als er 1756 in Begleitung des jungen Leipziger Kaufmannssohns Christian Gottfried Winkler (aber unter Betonung, dass er nicht dessen »Hofmeister« sei) eine mehrjährige Reise nach England, Frankreich und Italien antritt. Bekanntlich ist man nur bis Amsterdam gekommen; der Ausbruch des Siebenjährigen Krieges hat das Unternehmen abrupt beendet, und Lessing hat dies dem Preußenkönig noch später mit Groll angekreidet.

»Europa«, »England«, »Frankreich«, die »Welt«, das »Vaterland«, die jungen »Genies«, das »Reisen«, der »Eifer« des Wissenwollens und Sichbewährens – das ist, wie erkennbar wurde, für den jungen Lessing ein dichtbesetztes Feld. »Der junge Gelehrte« und die umfangreiche Vorrede zu den »Vermischten Schriften« des Mylius belegen exemplarisch, dass sich Lessings einschlägige Ideen, Einschätzungen, Pläne immer wieder um bestimmte Begriffe zentrieren, die er 'beredet', denen er »wortgrübelnd« nachgeht.

---

8 Werke (wie Anm. 5), Bd. 3, S. 528.

In diesem metaphorischen Sinne ist die Formulierung vom »europäischen Wörterbuch« Lessings gemeint, aber noch mit einer besonderen Nuance. Natürlich ist jene »Wortgrübelei« im Kern zugleich dem in der Wolle gefärbten »Philologen« Lessing zuzuschreiben. Sein charakteristisches Insistieren auf dem »Wort« hat man zusätzlich seinem tief protestantischen Erbe zuordnen wollen: gewiss nicht ganz von der Hand zu weisen. Ebenso aus dem 'erzphilologischen' lessingschen Habitus hervorgehend ist das lebenslange spezielle Interesse für Wörterbücher, und zwar das aktive, das produktive Interesse. Ist das nicht ein marginales, eher zufällig betretenes Feld? Es wird sich zeigen, dass Lessings 'europäisches Wörterbuch' auch in einen solchen größeren Kontext eingebettet ist, wie es sich bei den »Wortgrübeleien« schon andeutete. Seit Ende der 1750er Jahre begegnen – wechselnd benannte – Pläne zu einem »Deutschen Wörterbuch«. Was Lessing an Instrumenten zur philologischen Analyse deutschsprachiger Texte – ganz im Gegensatz zum Feld der Antike – vorfindet, ist rundheraus gesagt: kläglich. 1691 erst ist, nach partiellen Vorstudien, Caspar Stielers »Teutscher Sprachschatz« erschienen, und gewiss hat es dann bei Gottsched und in seinem Umkreis manche Bemühung um die Erklärung und Herleitung deutscher Wörter gegeben, auch etymologische Spekulation, wobei das neu erwachte Interesse für ältere deutsche Dichtung eine Rolle spielte (so auch bei dem Schweizer Bodmer). Johann Adelungs großes »Grammatisch-Kritisches Wörterbuch der Hochdeutschen Mundart« jedoch beginnt erst 1774 zu erscheinen, von Lessing aufmerksam registriert und dann auch wiederholt benutzt, ja sogar mit kritischen Anmerkungen versehen, die erhalten sind (ebenso wie zu Christoph Ernst Steinbachs schmalerem »Deutschen Wörterbuch« von 1734). Aber in den Jahrhunderten vor Adelung erscheint ihm das Feld spärlich bestellt. Allenfalls den »Provinzialsprachen«, wie er das nennt, habe man etwa lexikographische Bemühung gewidmet.

Lessings Hauptinteresse gilt der sich herausbildenden Hoch- und Literatursprache und in ihrem Zusammenhang der Sprache einzelner herausragender Dichter. Der notorische Projekte-Macher (und -Abbrecher) Lessing wirft sich nun auch auf dieses Gebiet. In seinen letzten Wolfenbütteler Jahren hat er noch einmal besondere Mühe an das früh begonnene Vorhaben gewendet. Bezeichnend für Lessings Bestrebungen sind in diesem größeren Kontext die Ansätze zu ausgewählten Autoren-Wörterbüchern, so zu Luther (Notizen sind erhalten) und zu Poeten des 17. Jahrhunderts. Das erscheint zunächst als verwunderlich. Es erklärt sich daraus, dass er in einzelnen dieser Autoren die Sprachreformbestrebungen des Martin Opitz repräsentiert fand. Der Ausgabe der »Sinngedichte« des schlesischen Epigrammatikers Friedrich von Logau gab er nicht nur eine Vorrede, eine Vita und einen »Vorbericht von der Sprache des Logau« bei, sondern auch ein regelrechtes erläuterndes »Wörterbuch« (1759 erschienen; der Freund Karl Wilhelm Ramler hatte mitgearbeitet). Analoges leistete er für den Opitzianer Andreas Scultetus (1771) und plante er für den

Opitz-Schüler Andreas Tscherning. Es sei nur erwähnt, dass sich in Lessings Nachlass im Umkreis des Projekts »Deutsches Wörterbuch«[9] auch lexikonartikel-ähnliche »grammatikalisch-kritische Anmerkungen« etwa zu Klopstock, Hagedorn und Wieland fanden.

Diese kleine, exkursartige Übersicht über ein wenig bekanntes, aber von Lessing lebenslang beackertes Arbeitsfeld besitzt in unserem Zusammenhang einen dreifachen Zweck. Hier konkretisiert sich im typisch lessingschen Insistieren auf dem einzelnen »Wort«, dem lexikographischen Lemma das durch und durch »philologische« Moment (wie es sich auch in vielen entsprechenden »Anmerkungen« über griechische und römische Autoren findet). Die wenigen Hinweise sollen der Einsicht dienen, dass sich bei Lessing 'technisch'-philologisches Vorgehen und innere Denkform nicht trennen lassen; »Wortgrübelei« ist prinzipiell immer beides, und in der Addition der Beobachtungen zielt sie konkret oder virtuell auf »Wörterbücher«, auf geschriebene oder gedachte. Und drittens: Schon die stets gegenwärtigen antiken Fundamente konstituieren dabei einen selbstverständlich europäischen Horizont; Zugehörigkeit zur europäischen, ja weltbürgerlichen Gelehrtenrepublik aber bedeutet bei Lessing, in allem Stolz auf die humanistische Fundierung, zugleich Tätigwerden für die Sprache der eigenen »Nation«, auch für das »Deutsche Wörterbuch«.

Die dialektische Spannung zwischen »Nation« und »Gelehrtenrepublik«, zwischen »deutschem« bürgerlichem Trauerspiel und antik-europäischer Tragödienüberlieferung ist in der Rezeptionsgeschichte Lessings wohl an keinem seiner Werke so explizit geworden wie im Fall der »Hamburgischen Dramaturgie«. Sie besteht ja keineswegs nur aus kritischen Urteilen über einzelne Stücke einerseits und auf der anderen Seite neuen theoretischen Sätzen, die aus der Auseinandersetzung mit Aristoteles gewonnen werden. Nur wo die genannte Dialektik, die man auch Balance nennen kann, krampfhaft ausgeblendet wurde, konnte man hier von einem Dokument des »Franzosenfressers« Lessing reden. Seine Kritik an der einseitigen Hochschätzung der französischen tragédie classique (nicht nur durch Gottsched) ist fest integriert in seine argumentative »Begründung« des neuen »bürgerlichen« Trauerspiels, bei dem die englischen »Muster« (Lillo, Thomson u. a.) sich als förderlicher erwiesen. Der Denkhorizont ist auch hier von vornherein europäisch. »Miss Sara Sampson« und dann vor allem »Emilia Galotti« wurden vom zeitgenössischen Publikum als deutsche »Originale« (also nicht als Imitate oder als Bearbeitungen) gefeiert. Aber eben mit diesen Stücken – und mit »Laokoon« und »Minna von Barnhelm« – beginnt Lessings europäische, dann weltliterarische Karriere. Mit einiger Zuspitzung lässt sich formulieren – bei den Dramen gilt das besonders für »Minna von

9 Jetzt gesammelt in Bd. 10, S. 245–338.

Barnhelm« und für »Emilia Galotti« –, dass Lessing desto »europäischeres« Profil gewann, je »nationaler« sein Impetus wurde – und vice versa.

Diese bemerkenswerte Konstellation zwischen europäisch orientierten Ideen und explizit nationaler Zielsetzung hat in der Geschichte der Lessing-Interpretationen immer wieder zu Missverständnissen geführt. Das alte, schon von römischen Autoren im Verhältnis zu den Griechen propagierte Prinzip des ehrgeizigen Wetteiferns, der »aemulatio«, gehört zu dem Grundbestand von Handlungsvorstellungen, mit denen Lessing aufgewachsen ist. Es begegnet bei ihm im Kontext der berühmten, europaweiten, zunächst französischen Debatte, ob die »Neueren« – namentlich im Zeitalter Ludwigs XIV. – nicht doch in der Poesie, in der Technik, in den Wissenschaften den »Alten« (also den Griechen und Römern) überlegen seien. Die Debatte, die so genannte *Querelle des anciens et des modernes*, beherrscht noch das ganze 18. Jahrhundert, gerade in Deutschland. Ein Langgedicht Lessings vom Jahre 1748 rollt den Streit in seinen Feinheiten witzig auf, beginnend mit den beiden Zeilen:

> Der lobt die Neuern nur, und der lobt nur die Alten.
> Freund, der sie beide kennt, sprich, mit wem soll ich's halten?[10]

Natürlich lässt sich Lessing in diesem europäischen Streit nicht auf ein Entweder-Oder ein. Die »Meisterstücke« der Alten zu kennen, genau zu verstehen und es – etwa im gleichen Genre – für die Gegenwart noch besser zu machen, etwa auf dem Feld des Epigramms: Das ist allemal eine produktive Einstellung. Die noch fruchtbarere Konkurrenz ereignet sich für Lessing zwischen den gegenwärtigen europäischen Nationen, aus deutscher Sicht vor allem gegenüber den Engländern und noch zugespitzter gegenüber Frankreich. Die Tierfabeln des Jean de la Fontaine aus der zweiten Hälfte des 17. Jahrhunderts, mittlerweile – das heißt zu Lessings Zeit – zu Weltgeltung gelangt, sind ein solches Paradefeld. Lessing, mit der großen antiken Überlieferung unter den Namen Äsop und Phaedrus exzellent vertraut, misst die La Fontaine'schen Fabeln an der Knappheit und dem Lakonismus Äsops, und der renommierte Franzose zeigt: »Geschwätzigkeit«, überall Ausschmückung, Draperie. Mit Stolz und Können stellt sich Lessing indirekt in die Linie der äsopischen Knappheit und Präzision, indem er La Fontaine kritisiert:

> Freilich würde nun auch *Plato*, der die Dichter alle mitsamt ihrem *Homer*, aus seiner Republik verbannte, dem *Aesopus* aber einen rühmlichen Platz darin vergönnte, freilich würde auch Er zu dem *Aesopus*, so wie ihn *la Fontaine* verkleidet hat, sagen: Freund, wir kennen einander nicht mehr![11]

---

10 Bd. 1, S. 115.
11 Bd. 3, S. 403 f.

Der Fall ist für Lessing von exemplarischem Charakter. So wie er – nicht als einziger in Deutschland – an vielen französischen Theaterautoren das Einfügen und detaillierte Ausspinnen von Liebesgeschichten kritisiert (auch bei der Bearbeitung antiker Stücke), so bei La Fontaine die gefällige Oberfläche und in der Erzählweise die »Geschwätzigkeit«. Da sind, auch bei Lessing, alte europäische Nationalklischees, 'Bilder' voneinander, im Spiel, um die sich die so genannte Imagologie gekümmert hat.

Lessing wächst hier, in der ersten Hälfte des 18. Jahrhunderts, noch in eine andere bekannte europäische Debatte hinein, an der vor allem Franzosen, Engländer und Deutsche sich beteiligen, aber auch Spanier und Italiener: die Debatte um den »Geist« der Nationen, ihr »Naturell«, ihren »Geschmack«. Dieser Problembereich hat Lessings europäisches Wörterbuch entscheidend geprägt. Es sind, wie schon manche Zeitgenossen beobachtet haben, die unterschiedlichen sozialen, ökonomischen, politischen Veränderungen in den drei genannten europäischen Ländern, die seit dem letzten Drittel des 17. Jahrhunderts auch auf den Feldern der Kultur, insbesondere der Literatur zu immer neuen Wellen des gegenseitigen europäischen Vergleichens geführt haben, mit unverkennbaren Gesichtspunkten auch der Nationenkonkurrenz. Die zum Teil noch heute vertrauten wechselseitigen Stereotypen sind naturgemäß zumeist holzschnittartig. So steht französisch-höfischer Glanz im Gefolge vor allem des Sonnenkönigs gegen die stolzen Errungenschaften des sich auch politisch emanzipierenden englischen Bürgertums, schließlich mit der »Declaration of Rights« von 1689. Deutsche Poeten, Künstler, Philosophen, Journalisten vor allem in der ersten Hälfte des 18. Jahrhunderts spüren die Attraktion, fühlen sich zu kultureller Imitation oder gar Konkurrenz gedrängt: Individuen wie Thomasius, aber auch die Gottschedianer und die Schweizer, dann wieder solche, die eine unabhängigere Position erstrebten, wie Johann Elias Schlegel und eben Lessing. In dem europäischen Wörterbuch, das hierbei bemüht wird, erhalten drei Einträge besonders hohen Rang: »Geschmack«, »Geist«, »Naturell«, alle drei zunehmend mit »Nationen« oder auch »Völkern« verknüpft. Zu den Wortführern in diesen transnationalen Debatten gehörten etwa David Hume (zum »Geschmacks«-Begriff, der natürlich schon eine längere, vor allem romanische Vorgeschichte besitzt) und insbesondere Montesquieu mit seinem »Geist der Völker« innerhalb seines Schlüsselwerks »Esprit des lois« von 1748 (dort besonders Kapitel 18).

Lessing zeigt sich früh, besonders in seinen Rezensionen über fremdsprachige Titel, mit diesen Debatten bestens vertraut, denn sie sind ja einschlägig für seine frühe Positionsbestimmung als freier Schriftsteller gegenüber dem deutschen Publikum. In der mit »Oktober 1749« datierten (noch von Mylius mitgezeichneten) programmatischen Vorrede zu den »Beiträgen zur Historie und Aufnahme des Theaters« ist die Ausbildung oder Ausbreitung von »Geschmack« oder »gutem Geschmack«

bei den Deutschen vornehmstes Ziel (bis in die Wortwahl hinein ähnlich wie dann in Winckelmanns Programmschrift von 1755). Aus keiner anderen »Sache«, so Lessing, sei »das Naturell« eines Volkes »besser zu erkennen«, als aus »ihrer dramatischen Poesie«[12] (dieser wichtigen Auffassung kann hier nicht weiter nachgegangen werden). Darin ist sich Lessing etwa mit Johann Elias Schlegel einig, in dessen 1747 niedergelegten »Gedanken über die Aufnahme des dänischen Theaters«. Die damals vieldiskutierte These von der näheren Verwandtschaft des deutschen und des englischen »Naturells«, im Vergleich mit dem französischen, ist bekannt. Sie begleitet die Shakespeare-Rezeption und -Nachahmung bis zu den Stürmern und Drängern, zu Goethe, den Romantikern und darüber hinaus. Bei Lessing und seinen Mitstreitern, etwa in Berlin, wird sie noch fast als eine Entdeckung verkündet. Doch welche Konsequenzen sind zu ziehen? Für den Theater-Projektemacher Lessing vom Jahre 1749 sind sie klar. Im Vergleich zu den einseitig (vor allem von Gottsched) bevorzugten Franzosen sind die faktisch wenig bekannten – nur pauschal gelobten – »Alten« (also etwa Plautus) und vor allem die neueren Engländer zu erschließen, durch einen kulturpolitischen Akt: umfassende historisch-philologische Erschließung der Vernachlässigten und vor allem Zubereitung dieser europäischen Schätze für die gegenwärtige Bühne.

Ich füge an dieser Stelle ein weiteres, funktionell eng hiermit verbundenes Schlüsselwort aus (nicht nur) Lessings europäischem Wörterbuch ein, das er nicht nur als Problem wieder und wieder erörtert hat, dem er vor allem in seinem dritten Lebensjahrzehnt einen beträchtlichen Teil seiner schriftstellerischen Energie zugewendet hat. Es handelt sich um das harmlose Wort »übersetzen«. Auch für Lessings Zeit gilt: ohne Übersetzungen keine europäische Kommunikation. Nicht indem er sich diesem Feld widmet, ist Lessing originell, sondern in seinen Postulaten und in der Qualität jedenfalls einzelner seiner eigenen Übersetzungen. Seit den ersten Jahrzehnten des 18. Jahrhunderts regt sich in Deutschland (gewiss mit lange zurückreichenden Vorstufen) eine auch den Buchmarkt mit verändernde Welle des Übersetzens vorzugsweise aus europäischen Sprachen. Im Jahre 1982 hat das Deutsche Literaturarchiv in Marbach eine reichhaltige Ausstellung gezeigt unter dem Titel: »Weltliteratur. Die Lust am Übersetzen im Jahrhundert Goethes«. Rasch erweist sich, dass Lessing auch hier ein Pionier seiner Epoche geworden ist. Dass ein wichtiger Teil des Geleisteten schlichtweg Brotarbeit war (wie auch bei manchen seiner frühen Rezensionen und Vorreden), bekennt er selbst freimütig. Aber seinen Übersetzungen aus dem Englischen, Französischen, Spanischen, Lateinischen kommt nicht lediglich die Funktion des Hereinholens europäischer Literaturproduktion auf den deutschen Markt zu. Bei den Dramenübersetzungen Lessings tritt als Auszeichnen-

12 Bd. 1, S. 729.

lern, Kritikern, Philosophen, Kulturdenkern beliebt, den deutschen Autoren, Poeten, ja »den Deutschen« schlechthin jegliche Fähigkeit zum »Witz« im Sinne des französischen »esprit« abzusprechen. Europaweit bekannt wurde die 1671 veröffentlichte Behauptung des angesehenen französischen Stilkritikers Père Bouhours, in Deutschland finde man einen »bel esprit« ungefähr so selten wie bei den Moskovitern. Bis weit ins 18. Jahrhundert hinein hat das gewirkt. Ein Aufschrei der Empörung ging durch die deutschen Schriftsteller- und Gelehrtenstuben, hunderte von Epigrammen – der 'witzigsten' Gattung im Sinne von esprit – mussten zum Beweis des Gegenteils geschrieben und gedruckt werden. Der Stachel saß für Jahrzehnte tief.

Lessing ist mit den französisch-deutschen Kabbeleien und ihren Stereotypen, auch den Wörterbuch-Stereotypen, von früh an vertraut. Ein einziger von zahllosen Belegen: In einer Rezension vom 25. September 1751 in der »Berlinischen Privilegierten Zeitung« fasst er ein französisches Nationalklischee so zusammen: »Der artige Kopf in Paris hält die Begriffe ein Deutscher und saufen für eben so unzertrennlich als Wasser und naß.«[15] Es ist das Dumpfe, Schwere, Übergründliche, das insbesondere den deutschen Gelehrten im Übergang zu den Schriftstellern zugeschrieben wird – Thomasius schon hat hier mit seinem Reformprogramm zu vermitteln gesucht.

»Witz« ist der Begriff aus dem europäischen Wörterbuch, der sich in all seiner schillernden Semantik auch durch Lessings Gesamtwerk zieht. Aus seiner Leipziger Zeit kannte er schon die Zeitschrift »Belustigungen des Verstandes und Witzes« (1741 bis 1745). Unter den Periodica seines Berliner Verlegers Voß gab es zu der »Berlinischen Privilegierten Zeitung« zeitweise eine gelehrte Monatsbeilage, die Lessing betreute, aber auch »Das Neueste aus dem Reiche des Witzes«, wo Lessing vor allem im Hinblick auf Belletristik freiere Hand hatte. Mir geht es hier nicht um das ganze Epochenthema 'Witz' (der Begriff wandelt sich bekanntlich im Deutschen während des 18. Jahrhunderts tendenziell im Sinne von esprit), sondern um Lessings Literaturpolitik und um die Weise, in der er sich dabei des »europäischen Wörterbuchs« bedient. Was er hier mit »Reich des Witzes« stolz als schon gegeben zitiert, muss auch für Deutschland natürlich erst noch kultiviert werden. Es ist wie bei seinen Publikumscharakteristiken, die immer zugleich Feststellung, Forderung und Ermunterung darstellen. Was Lessing mit seinen Gesinnungsgenossen propagiert (früh mit Mylius, dann auf neuer Stufe mit Mendelssohn und Nicolai), heischt unverkennbar immer zugleich nach Anerkennung von außen. Das gemeineuropäische Konzept mit seinen Abschattierungen (esprit, wit usw.) lädt offenkundig zur Instrumentalisierung ein. Frankreichs Kulturhegemonie lässt die jungen Ehrgeizigen in Berlin zuallererst nach Anerkennung beim westlichen Nachbarn schielen. Höchst

[15] Bd. 2, S. 206.

bezeichnend ist der schon zitierte Schlussteil des »Jungen Gelehrten«. In III, 15 schlüpft der von den Deutschen enttäuschte Damis nicht nur in französische Perspektive: »Ihr werdet ewig in eurer barbarischen Finsternis bleiben und ein Spott eurer witzigen Nachbarn sein.«[16] Das ist also das usurpierte Klischee. Er als Genie aber wird, wie Damis behauptet, in Frankreich und England die verdiente Anerkennung finden. In Frankreich? Um einmal aus dem Lustspiel herauszuspringen: Mylius setzte seine Hoffnung auf England.

So illusionär und »närrisch« die Vorstellungen des Damis auch sind – es hat sich gezeigt, wie viel an europäischen Orientierungen und Wünschen Lessings sich hier spiegeln, von der »Gelehrtenrepublik« über »Europa« bis zum »Weltbürger«. In jenen Teilen von Lessings europäischem Wörterbuch, in denen sich aufklärerische Hoffnungen konzentrierten, auch Kritik des Bestehenden, finden wir noch das Signalwort Freigeist. Die Hinweise auf das schwarze Schaf der Familie, Christlob Mylius, der als Freigeist galt, und auf das Lustspiel »Der Freigeist« von 1749 erübrigen sich fast. Auffällig ist, dass in den brieflichen Auseinandersetzungen mit den Eltern in Kamenz über Mylius, auch über das Stück, schon früh jene lessingsche »Wortgrübelei« beginnt. Er verteidigt das Konzept (und die Person) gegen Unterstellungen, Vorurteile. In jedem einschlägigen Lexikon kann man heute nachschlagen, dass eine Synonymenkette ungefähr so aussah: Freigeist, Freidenker, Deist, Unmoralischer, Atheist. Und so durchzieht es auch das Lustspiel, gleich vom 1. Auftritt an: Theophan, der junge Geistliche: »Nennen Sie es, wie sie wollen, Freidenker, starker Geist, Deist; ja, wenn Sie ehrwürdige Benennungen missbrauchen wollen, nennen Sie es Philosoph: es ist ein Ungeheuer, es ist die Schande der Menschheit.« (I, 1)[17] Lessing hat das verfolgt, bis zum Fragmentenstreit, wo das erste von Lessing veröffentlichte Reimarus-Fragment (1774) »Von Duldung der Deisten« heißt.

Es kann kaum Zweifel sein, dass jedenfalls den frühen Lessing an dem Konzept »Freigeist« auch die englische Herkunft gereizt hat, der Bewegungsspielraum, den sich die »free-thinkers« gegen Ende des 17. Jahrhunderts unter anderen sozialen und religiösen Verhältnissen errungen haben; festgeschrieben wurde dieser Freiraum 1689 in der schon genannten »Declaration of Rights« (die französischen Varianten der »libertins« und der »esprits forts« scheinen ihn weniger interessiert zu haben). Toleranzforderung, Distanz zur Kirchlichkeit, Überspringen sozialer Schranken – es ist keine Frage, dass vieles davon in Lessings Engagement für die Freimaurerei eingegangen ist, bis hin zu »Ernst und Falk« (1778). Früh wird die Freimaurerei ein europäisches Phänomen, noch im 18. Jahrhundert auch ein nordamerikanisches, und später ein weltweites. Auf die Nähe von Lessings Kosmopolitismus und Weltbürgeridee zur Freimaurerei wurde schon hingewiesen.

16 Bd. 1, S. 232.
17 Bd. 1, S. 364.

Lessings europäisches Wörterbuch, so wie es bisher in kleinen Auszügen vorgeführt wurde, ist auf weite Räume von Überlieferung bezogen, auf Konkurrenz und Ehrgeiz, auf Gestaltung einer nationalen Kultur vor allem des Theaters, auf Projekte -Machen, -Ingangsetzen, -Bewegen – aber auch auf die Befestigung persönlicher, schriftstellerischer, ideologischer Freiheit. Die Verteidigung des – von Lessing keineswegs blank akzeptierten – Freigeistkonzepts gegen Vorurteile ist ein besonders charakteristisches Exempel.

Weit in Europa herumgekommen ist Lessing nicht.[18] Die frühe Reise als Begleitung nach London, Frankreich, Italien ist ihm verwehrt geblieben, durch den Ausbruch des Siebenjährigen Krieges. Die Reise nach Italien von Wolfenbüttel aus ereignet sich für ihn in einer viel späteren Lebensphase, und unter ungünstigen familiären Vorzeichen. In Deutschlands Norden hat sich Lessing, jedenfalls zeitweise, lebhaft bewegt. Lessings kulturelles Europa ist primär ein vorgestelltes, über das Wort vermitteltes Europa, mit der bezeichnenden antiken Fundierung (über Bücher und Lektüre), und was das neuere Europa betrifft, über Berichte und Lektüre aufgenommen, aber gerade was die Literatur angeht, als ein vielfältiges Spannungsfeld wahrgenommen: mit 'Mustern' und Prinzipienstreiten, mit Konkurrenz und Verteidigung, auch mit europäischen Erfolgen; die Resonanz von »Laokoon« und »Minna von Barnhelm« hat er noch bewusst wahrgenommen.

Geht man die ausgewählten »Lemmata« von Lessings europäischem Wörterbuch noch einmal durch, so steckt Forderndes, hoch Inspirierendes darin, wie bei »Geschmack«, »Toleranz«, »Witz« und anderem, aber auch Einengendes, das an Defizite denken lässt: die herabsetzende Kritik von Frankreich her, die deutsche Enge, die bei dem Gedanken an die »free-thinkers« gespürt wird. Überhaupt lassen sich die europäischen Signalwörter nicht als europäisch isolieren, sondern zu ihnen gehört im lessingschen Gebrauch die – oft desillusionierende – Relation zu dem, was in Deutschland möglich ist. Von der notwendig dialektischen Betrachtung war die Rede.

Lessings frühe Beteiligung an der Schaffung einer neuen deutschen literarischen Kultur, besonders auf dem Theater, unter Herbeiziehung alles Europäischen, das herausfordernd und zukunftsträchtig war – in seiner Perspektive war dies, bei allem persönlichen Ehrgeiz, eine Tat für das Gemeinwesen, eine 'patriotische' Tat im Sinne des 18. Jahrhunderts (aber keine 'fanatische' wie einige von Gleims Grenadierliedern). Noch in die »Ankündigung« der »Hamburgischen Dramaturgie« – da spricht er freilich zugleich für andere – setzt er die Formulierung »freiwillige Beförderung

---

[18] Darauf hat zur Eröffnung der 39. Kamenzer Lessing-Tage schon Jürgen Stenzel in seinem Vortrag hingewiesen: Kleine Welt – Große Welt. Gotthold Ephraim – Lessing. In: Lessing. Kleine Welt – Große Welt. Kamenz 2000, S. 13–35 (Erbepflege in Kamenz, 20. Jahresheft).

des allgemeinen Besten«.[19] Dass die Realisierung eines »Nationaltheaters« schließlich scheitert, rechnet Lessing selbst dem harten Faktum zu, dass »wir noch keine Nation sind«. Aber aus der »Hamburgischen Dramaturgie« selbst wird ein Zentralwerk der europäischen Literatur.

Erfahrungen des Scheiterns, der Ausweglosigkeit haben in Lessing – und einzelnen seiner Figuren – wiederholt Reaktionen des 'Flüchtens' hervorgerufen (aber hier sind nicht nur die Abschiede aus Leipzig, Berlin, Breslau und – auf andere, wiederholte Weise – Wolfenbüttel gemeint). Emigration, Exil: beides sind heutige Worte, die Lessing nicht kennt. Aber er kennt das Phänomen, die Vorstellung. Damis verlässt die »dummen«, undankbaren Deutschen und geht ins europäische Ausland. Christlob Mylius sucht Förderung und Erfolg in London, und Lessing arbeitet in seiner Vorrede von 1754 heraus, dass Mylius kein untypischer Fall seiner Zeit ist. Es gibt in einigen lessingschen Stücken das Sichzurückziehen in eine ferne Ecke, bei Werner in »Minna von Barnhelm« als Vorstellung und Wunsch, bei Appiani in »Emilia Galotti« als fester Plan zusammen mit Emilia. Wenig bekannt ist das »Alcibiades«-Fragment Lessings von etwa 1763 (also in Breslau entstanden), in dem der athenische Politiker Alkibiades, der historischen Überlieferung gemäß, in die »Verbannung« geht. In Persien kann er endlich »sich selber leben« (eine lessingsche Traumformel). Und er lernt den hohen ästhetisch-moralischen Wert der Zoroaster-Religion schätzen (ein europäisches Aufklärungsthema etwa in der Linie von Montesquieus »Lettres persanes« von 1721). Nicht nur das Religionen-Thema, sondern auch das orientalische Ambiente (»unter Palmen«) deutet auf »Nathan den Weisen« voraus. »Nathan« ist Lessings erstes Stück, das nicht in Europa spielt. Die Lustspiele sind (eine Bearbeitung wie »Die Matrone von Ephesus« ausgenommen) sämtlich in Deutschland angesiedelt, sogar in Lessings persönlichem Erfahrungskreis. »Miss Sara Sampson« trägt einen dünnen englischen Namenfirnis, »Emilia Galotti« einen entsprechenden italienischen, aber durchaus ohne Nationalkolorit. »Philotas« gehört zu einer nicht näher spezifizierten antikischen, mehr griechischen als römischen Welt, also jedenfalls einer im weiteren Sinne europäischen.

»Nathans« vorderorientalischer Schauplatz, so könnte man sagen, ergibt sich einfach aus der Konstruktion der Handlung. Dass das Geschehen aus der Enge Europas – bei aller geschichtlichen Verbundenheit mit dessen Strukturen – herausgerückt ist, lässt sich aber mit Vorsicht auch als eine Weise der Distanzierung deuten. In seinem bewegenden letzten Brief an Moses Mendelssohn, am 19. Dezember 1780, berichtet Lessing von Wolfenbüttel aus von einem Juden Alexander Daveson, dem von Juden und Christen »sehr hässlich mitgespielt« worden sei und den er zeitweise bei sich beherbergt hat. Er ist selbst gesundheitlich erschöpft, nicht nur durch

[19] Bd. 6, S. 183.

die Anstrengungen des Fragmentenstreits, und bittet, Moses möge »ihm den kürzesten und sichersten Weg nach dem Europäischen Lande vorschlagen, wo es weder Christen noch Juden gibt«. Und er fügt über Daveson an: »ich verliere ihn ungern; aber sobald er glücklich da angelangt ist, bin ich der erste, der ihm folgt.«[20]

Zu diesem Nicht-Land in Europa, das der ratlose und enttäuschte späte Lessing sucht, führt ein Weg, bei dem das europäische Wörterbuch, in dem Lessing immer wieder »Wortgrübelei« trieb, über Jahrzehnte Orientierung gegeben hat. Da er mit diesem Wörterbuch anders als mit seinem »Deutschen Wörterbuch« umgegangen ist, hat er es auch nicht abbrechen müssen, da er es gar nicht aufgeschrieben hat.

[20] Bd. 12, S. 369 f.

Barbara Stollberg-Rilinger

Europa in der Aufklärung – Aufklärung in Europa

Zwei Stichworte bilden das Thema meines Vortrags:»Europa« und »Aufklärung«.[1] Beide Begriffe verstehen sich nicht von selbst; beide sind nicht leicht und eindeutig zu definieren. Beide Begriffe waren Schlagworte des 18. Jahrhunderts. Und nicht zuletzt: beide hängen eng miteinander zusammen. Mein Thema – das soll die Formulierung andeuten – kann in zwei Richtungen aufgefasst werden: erstens die Aufklärung als ein europäisches Phänomen. Zweitens: »Europa« als ein Konzept der Aufklärung, eine aufklärerische Idee.

Zum einen möchte ich mich dem Phänomen »Aufklärung« zuwenden und fragen, inwieweit diese Bewegung ganz Europa erfasst hat. Dazu ist erforderlich, dass ich kurz versuche zu charakterisieren, was ich überhaupt unter Aufklärung verstehe bzw. was die Zeitgenossen des 18. Jahrhunderts darunter verstanden haben. Sodann: Welche Möglichkeiten hatten die Menschen dieser Zeit, europaweit miteinander in Kontakt zu treten? Und inwiefern ist diese grenzüberschreitende Kommunikation charakteristisch gerade für das Zeitalter der Aufklärung?

Zum anderen möchte ich die Perspektive umkehren und fragen, was unter Europa im 18. Jahrhundert überhaupt zu verstehen ist. Denn: »Europa« war – und ist – ja keine natürlich vorgegebene geographische Größe, und es war auch keine politisch in irgendeiner Weise institutionalisierte Einheit. Europa hat keine klaren Grenzen und eindeutigen Zugehörigkeiten. Europa ist vielmehr ein Begriff, unter dem man zu verschiedenen Zeiten durchaus Verschiedenes verstand und womit man Verschiedenes zum Ausdruck zu bringen suchte. Wenn man von »Europa« spricht, beschreibt man – heute wie damals – ja keinen objektiven Sachverhalt, sondern man bringt ein Zusammengehörigkeitsgefühl zum Ausdruck, man formuliert ein bestimmtes Identitätsbewusstsein, man grenzt eine Gruppe von Ländern gegen andere ab, oder man hat ein politisches Programm vor Augen. Mit anderen Worten: »Europa« ist ein kulturelles Konstrukt, etwas, das in den Köpfen entsteht, indem bestimmte strukturelle Gemeinsamkeiten hervorgehoben und Unterschiede in den Hintergrund gerückt werden. Mit »Europa« wird immer auch ein ganzes Bündel von inhaltlichen Assoziationen ausgelöst. Die Frage ist also: Was waren die Gemeinsamkeiten, die man im

[1] Vgl. dazu ausführlicher Barbara Stollberg-Rilinger: Europa im Jahrhundert der Aufklärung. Stuttgart 2000.

Zeitalter der Aufklärung betonen wollte, wenn man von Europa sprach? Welche Assoziationen verband man damit? Was hatte man damit im Sinn, worauf zielte man? Diesen beiden Fragenkomplexen möchte ich im Folgenden nachgehen.

1. Aufklärung in Europa

Der Begriff »Aufklärung« ist keine spätere Erfindung rückblickender Historiker wie so viele andere Epochenbegriffe. Vielmehr waren schon viele Menschen im 18. Jahrhundert selbst der Überzeugung, in einem Zeitalter der Aufklärung zu leben. Das heißt, man wollte Licht in das Dunkel der Unvernunft bringen, den Nebel des Aberglaubens, der Vorurteile und der geistigen Bevormundung vertreiben, eigene, klare, überprüfbare Begriffe von allen Gegenständen entwickeln. In vielen europäischen Sprachen benutzte man ähnliche Metaphern und sprach von *lumières*, *to enlighten*, *illuminismo* oder *ilustración*. Die gebildeten Eliten dieser Zeit huldigten dem Optimismus, dass die allen gemeinsame Vernunft die Menschen prinzipiell dazu befähige, Vorurteile, Aberglauben und angemaßte Autorität zu durchschauen und alle menschlichen Verhältnisse in vernunftgemäßer Weise neu zu ordnen. An diesem Fortschritt wollte man praktisch mitwirken; alle Lebensbereiche sollten planmäßig vervollkommnet werden. Dem menschlichen Handeln schien sich ein bisher ungeahnter Gestaltungsspielraum zu öffnen, indem es sich auf die Zukunft und das Diesseits richtete. Mit Aufklärung meinte man einen offenen, unabgeschlossenen Prozess, eine Aufgabe, die der Menschheit ganz allgemein gestellt war, als stets zu erstrebendes, aber nie vollständig zu erreichendes Ziel. Die gebildeten Eliten des 18. Jahrhunderts betrachteten es in der Mehrzahl als hervorragendes Verdienst ihrer eigenen Zeit und ihres eigenen Weltteils, auf diesem Wege des Menschheitsfortschritts ein gutes Stück vorangekommen zu sein, hielten diesen Prozess aber keineswegs für beendet, sondern erwarteten von der Zukunft, dass er zielgerichtet weiter fortschreiten werde.

Das Zeitalter der Aufklärung ging mit einem Mentalitäts- und Stilwandel einher, der herkömmlich sehr vereinfachend als »Verbürgerlichung« bezeichnet worden ist: eine schlichtere, teils nüchternere, teils aber auch gefühlsbetontere, jedenfalls aber als »natürlicher« betrachtete Art zu sprechen, zu schreiben, sich zu kleiden, zu wohnen, miteinander zu verkehren, als sie in der bisher dominierenden höfischen Kultur üblich war. Indessen waren es, wie man heute weiß, keineswegs nur »Bürgerliche«, die die Bewegung der Aufklärung trugen, sondern es war eine – in den verschiedenen europäischen Ländern verschieden zusammengesetzte – Elite, die sich aus verschiedenen Ständen rekrutierte und die sich vor allem durch gemeinsame Bildung und Umgangsformen, Geschmack und Wertvorstellungen als Gruppe definierte und sich damit ihrerseits wiederum vom »gemeinen Volk« einerseits und von der traditionellen Hofkultur andererseits abgrenzte. Dass man gerade im 18. Jahrhundert solche neuen Wertvorstellungen entwickelte, war kein Zufall, sondern hing aufs engste zusammen mit den spezifisch sich wandelnden strukturellen Rahmenbedingungen in dieser Zeit: mit dem unaufhörlichen Wachstum der Staatsgewalt, mit der zunehmend globalen Verflechtung des Marktes und mit der Erosion der Ständegesellschaft, um nur die wichtigsten Prozesse zu nennen. Diese Umstände schufen den Nährboden zur Verbreitung bestimmter Gedanken, und zugleich wirkten diese neuen Gedanken ihrerseits auf die Strukturen ein und veränderten sie.

Mehr noch vielleicht als durch neue Ideen ist das Jahrhundert der Aufklärung gekennzeichnet durch neue Formen des Austauschs von Ideen. Beides hing aufs engste zusammen und bedingte sich gegenseitig. Denn: Kommunikation wurde von den Zeitgenossen als unerlässlich für Aufklärung und Fortschritt angesehen. Die Wahrheit erschien nicht mehr als sicherer Besitz, etwa in Form eingeborener göttlicher Ideen, sondern als etwas erst zu Erwerbendes, als Ergebnis von Wahrnehmungen, Empfindungen, Forschungen und nicht zuletzt von wechselseitigem Austausch. Der Mensch wurde als geselliges Wesen schlechthin verstanden, als *animal sociale*, das ohne seinesgleichen hilflos ist. Nicht mehr müßige Kontemplation, sondern *vita activa*, das weltzugewandte, gesellige, praktische Handeln galt als höchste menschliche Lebensform.

Der soziale Austausch sprengte nun zunehmend die hergebrachten Bahnen und nahm neue Formen an. Traditionell hatte sich der gesellige Umgang des Einzelnen in dem unmittelbaren ständischen Umfeld abgespielt, in das er hineingeboren war: im Haus, in der Verwandtschaft, in der Dorfgemeinde, im Kirchspiel, in der Zunftstube, im Stadtviertel, in der Adelskorporation. Soziale Verbindungen beruhten vorwiegend auf unmittelbaren, persönlichen Kontakten, sie waren kleinräumig und überschaubar, dem Einzelnen in hohem Maße von Geburt an vorgegeben und nicht willentlich und frei gewählt. Diese hergebrachten ständisch-korporativen Beziehungen wurden nun in immer stärkerem Maße überformt (nicht unbedingt ersetzt) durch andere: durch ständeüberschreitende, frei gewählte Geselligkeitsformen und durch medial vermittelte Kommunikationsnetze. Diese überregionale Vernetzung der Kommunikation bildete die Voraussetzung dafür, dass man von Aufklärung als europaweitem Phänomen sprechen kann. Allerdings gab es solchen europaweiten Austausch nicht erst im 18. Jahrhundert. So verfügte der hohe Adel traditionell über ein gesamteuropäisches Kommunikationsnetz; die Gelehrten bildeten spätestens seit den Zeiten des Humanismus ein dichtes Geflecht überregionaler Beziehungen; und es gab die Handelsnetze der Kaufleute, die mit der überregionalen Marktverflechtung seit jeher einhergegangen waren. Die Entwicklung, die das 18. Jahrhundert prägte, bestand nun darin, dass bestehende Kommunikationsstrukturen intensiviert wurden und dass neue, ständeüberschreitende Formen hinzutraten.

Voraussetzung dafür war die Schaffung eines europaweiten Verkehrs- und Postnetzes, das die schnelle Beförderung von Menschen, Waren und Nachrichten ermöglichte. Im 18. Jahrhundert nahmen sich die Obrigkeiten in höherem Maße als je zuvor dessen an, was man heute Infrastruktur nennt, sie legten Kanäle und Chausseen an und sorgten für deren Instandhaltung. Damit brach das »Postkutschenzeitalter« an. Während es vorher wegen der schlechten Straßenverhältnisse fast ausschließlich reitende Postboten gegeben hatte, verkehrten nun reguläre Postkutschen mit zunehmender Pünktlichkeit auf immer mehr Strecken zwischen Posthaltereien, an denen die Pferde gewechselt wurden und Personen zu- und aussteigen konnten. Damit entstand erstmals ein organisierter öffentlicher Personenverkehr, der die gesamte Reisekultur veränderte. Das Postwesen war auch für das Funktionieren des schriftlichen Austauschs unerlässlich: für den Transport der individuellen Briefe ebenso wie für die pünktliche Auslieferung von regelmäßig erscheinenden Druckwerken wie Zeitungen und Zeitschriften. Auch wenn die Post nach heutigen Maßstäben extrem langsam war – ein Postreiter brauchte für eine Meile (zirka 7,5 km) durchschnittlich eine Stunde, eine Postkutsche noch eine halbe Stunde mehr; ein Brief war von Leipzig nach Paris elf bis zwölf Tage unterwegs –, so wurden Brief-, Waren- und Personenverkehr nun doch dichter, stetiger und pünktlicher als je zuvor. Damit waren sowohl der persönliche Austausch zwischen den Menschen als auch die vermittelte Kommunikation über gedruckte Medien auf eine neue Grundlage gestellt. Neue Schriften konnten rascher zirkulieren, neue Experimentiermethoden rascher nachgeahmt, neue Forschungsergebnisse rascher rezipiert werden usf.

Kristallisationskerne der Aufklärungsbewegung waren und blieben zweifellos *persönliche* Freundeszirkel, die auf unmittelbarer Kommunikation vis-à-vis beruhten. Das wohl bedeutendste Zentrum des europaweiten Kommunikationsnetzes von aufklärerisch Gesinnten waren die Pariser Salons – quasi Erben des französischen Hofes als Meinungsführer in allen Fragen des Geschmacks in Kunst, Literatur, Wissenschaft und Politik. Ihr intellektueller Glanz bildete einen unerhörten Anziehungspunkt für jeden gebildeten Reisenden – und Paris war ja schon lange das klassische Reiseziel einer adeligen Kavalierstour und einer gelehrten Bildungsreise. Aus allen europäischen Ländern kam man nach Paris, schloss persönliche Kontakte, befruchtete die Diskussionen und nahm seinerseits Impulse in sein Heimatland mit. Ähnliche Freundeszirkel engagierter Aufklärer bildeten sich aber auch in zahlreichen anderen europäischen Städten, um alle möglichen wissenschaftlichen, literarischen, politischen Neuheiten zu diskutieren, zu propagieren und ihnen in den jeweiligen Zentren der Macht zum Durchbruch zu verhelfen. Dabei wurde die Freundschaft als besondere Form des Umgangs in neuer Weise emphatisch kultiviert: als frei gewählte, von individueller Seelenverwandtschaft und Authentizität der Gefühle geprägte Beziehung, die den konventionellen, ständisch geprägten Sozialbeziehungen entgegengesetzt wurde. Zwischen den über ganz Europa verstreuten Aufklärerzirkeln wurden die Beziehungen durch Reisen und durch Korrespondenz aufrechterhalten und weitergesponnen. Die Gelehrten waren in der Frühen Neuzeit ohnehin eine relativ mobile Gruppe; man wechselte die Universitäten und die Dienstherren in der Regel mehrfach. Und Gelehrte begleiteten die jungen adeligen Herren auf ihren Kavalierstouren und gelangten so nicht nur nach Paris und in die anderen höfischen Residenzen, sondern auch in die berühmten Universitäts- und Handelsstädte, nach Edinburgh, Göttingen oder Leiden, nach Hamburg, Genua oder Amsterdam. Darüber hinaus wurde das Reisen in weiten Kreisen der Gebildeten zu einer Tätigkeit, die man nicht nur notgedrungen unternahm, sondern die man um ihrer selbst willen pflegte – um seine Kennntisse zu vermehren, um Kontakte zu knüpfen, um berühmte Gelehrte und Literaten persönlich kennen zu lernen. Nicht zufällig zählten Reisebeschreibungen und Reiseführer zu den beliebtesten Literaturgattungen des 18. Jahrhunderts.

Die auf Reisen geknüpften Beziehungen setzte man fort durch ein heute kaum mehr vorstellbares Ausmaß an persönlicher Korrespondenz. Das Briefschreiben wurde in der adelig-bürgerlichen Mittelschicht in nie dagewesener Weise kultiviert: Man tauschte nicht nur Alltagsinformationen aus, sondern man nutzte das Medium des Briefes auch, um (das war ebenfalls neu) die eigene Gefühlswelt zu thematisieren und über philosophische und wissenschaftliche Fragen zu räsonnieren. Die erhaltenen Briefe wurden ihrerseits zum Gegenstand des Austauschs: Man reichte sie im Freundeskreis herum und las sie einander vor. Es ist kein Zufall, dass nicht nur die erfolgreichsten Romane, sondern auch zentrale philosophische Werke des 18. Jahrhunderts die Form eines fiktiven Briefwechsels haben.

Es blieb indessen nicht bei spontanen Kontakten: Organisierte Formen der Geselligkeit traten hinzu. In ganz Europa entstand seit dem 17. Jahrhundert ein Netz verschiedener Sozietäten: Begonnen mit den wissenschaftlichen Akademien, also den außeruniversitären Stätten einer neuartigen wissenschaftlichen Forschung, die auf Empirie, Nachprüfbarkeit, Öffentlichkeit, Austausch und Kritik setzte, über die so genannten »Patriotischen oder Gemeinnützigen Gesellschaften«, die sich der praktischen Verbesserung der allgemeinen Lebensumstände verschrieben hatten, bis hin zu der aufklärerischen Geselligkeitsform par excellence, den Freimaurerlogen. Bei allen diesen Sozietäten, so unterschiedlich ihr Organisationsgrad und ihre Ziele auch waren, handelte es sich um gemeineuropäische Phänomene, die sich vor allem an den Residenz-, Universitäts- und Handelsstädten etablierten. Wie sehr sie den Bedürfnissen der Zeit entsprachen, zeigt sich daran, dass sie sich nirgends unterdrücken ließen: So hatten etwa die päpstlichen Verbote der Freimaurerlogen in den Jahren 1738 und 1751 keinen Erfolg und konnten nicht verhindern, dass sich diese Form der ständeüberschreitenden Geselligkeit in den katholischen Ländern

Südeuropas genauso rasch verbreitete wie im protestantischen Raum. Die persönlichen Kontakte der Aufklärer untereinander reichen indessen allein nicht aus, um die Intensität und Reichweite der Aufklärung zu erklären. Ganz wesentlich kommt hinzu, dass der Druckmarkt im 18. Jahrhundert förmlich explodierte und es einer immer größeren Zahl von Lesefähigen ermöglichte, an ein und demselben Kommunikationsprozess teilzunehmen, ohne einander persönlich zu kennen.

Es bestand eine Parallele zwischen der kommunikativen Verflechtung der Öffentlichkeit (durch das Medium des Drucks) und der wirtschaftlichen Verflechtung des Marktes (durch das Medium des Geldes); das war schon den Zeitgenossen bewusst. Sie brachten das zum Ausdruck, indem sie vom »Marktplatz der Ideen« sprachen: Wie Waren, so wurden nun auch Gedanken ausgetauscht, und von deren möglichst ungehindertem Zirkulieren versprach man sich Wohlfahrt und Fortschritt. »Marktplatz der Ideen« ist dabei ganz wörtlich zu verstehen: Ideen wurden nun ihrerseits buchstäblich zur Ware, zum Gegenstand des Marktes. Das veränderte die Lesepraxis und das Verhältnis zum Buch in breiten Schichten von Grund auf: Man las nun nicht mehr dasselbe Buch – für gewöhnlich die Bibel oder ein religiöses Erbauungsbuch – immer wieder im Familienkreis laut vor, sondern man las viele verschiedene Bücher, dafür aber nur einmal, einzeln, still und für sich. Indem das Buch zum Konsumartikel wurde, hörte es auf, ein quasi kanonischer Gegenstand sakraler Verehrung zu sein. Was in Büchern stand, galt auch für Laien nicht mehr als selbstverständliche Autorität, sondern wurde Gegenstand der Diskussion und der kritischen Auseinandersetzung.

Dass die gleichen Ideen europaweit diskutiert wurden, setzte indessen auch voraus, dass man sich sprachlich verständigen konnte. Herkömmlicherweise war das für die Gelehrten kein Problem gewesen: Die grenzüberschreitende gewissermaßen virtuelle Republik der Gelehrten, die *Res publica litteraria*, verständigte sich bekanntlich auf Latein. Im 18. Jahrhundert indessen wurde das in dem Maße zum Problem, wie man die Kommunikation bewusst auch auf die nicht Lateinkundigen, das heißt die nicht im engeren Sinne Gelehrten auszuweiten bemüht war. Zwar wurde das Französische als Sprache der Höfe von den Gebildeten und vom Adel europaweit beherrscht. Doch es kennzeichnet ja auch das 18. Jahrhundert, dass der Eigenwert der nationalen Volkssprachen und ihrer Literaturen in neuer Weise betont wurde. Und gerade das Englische, die Sprache eines der Kernländer aufklärerischer Ideen, sprach in Europa noch kaum jemand von den Gebildeten. Das führte zu einer bisher unbekannten Intensität des Übersetzungswesens, das in der zweiten Hälfte des 18. Jahrhunderts »mit einer geradezu vehementen Plötzlichkeit« expandierte.[2]

[2] Weltliteratur. Die Lust am Übersetzen im Jahrhundert Goethes. Ausstellung des Deutschen Literaturarchivs im Schiller-Nationalmuseum Marbach. Hrsg. von Reinhard Tgahrt. München 1982. S. 6 f.

Goethe nannte die Übersetzer »die Vermittler des allgemeinen geistigen Handels«, der das Zeitalter kennzeichne und dafür sorge, dass »die Nationen [...] einander gewahr werden«.[3] Nicht nur die antiken Autoren, auch die zeitgenössische europäische Literatur wurde nun übersetzt und in Almanachen und Literaturzeitschriften bekannt gemacht[4] (Lessing – um nur dieses eine Beispiel anzuführen – übersetzte nicht nur Diderot, sondern auch Schriften aus dem Spanischen und vor allem aus dem Englischen). Dabei war allerdings – wegen des mangelnden Urheberrechts – die Grenze zwischen Übersetzungen, Nachdichtungen und Bearbeitungen noch nicht klar zu ziehen. So entwickelte sich aus einem anfänglich eher bescheidenen Übersetzungsprojekt – nämlich von William Chambers' »Cyclopedia« – schließlich das aufwändigste und erfolgreichste Buchunternehmen der Aufklärung schlechthin, die französische *Encyclopédie*.

Alle diese geschilderten Entwicklungen führten zur Herausbildung dessen, was man »kritische Öffentlichkeit« nennt: Der Begriff bezeichnet sowohl die neue Sphäre der Kommunikation als auch die neue Gemeinschaft der Menschen, die daran teilnahmen. Im 18. Jahrhundert fand nicht nur eine quantitative, sondern eine qualitative Veränderung von Öffentlichkeit statt. Die neue »kritische Öffentlichkeit» der Aufklärung kennzeichnete es nämlich, dass sie auf dem »Richterstuhl der Vernunft« Platz nahm, das heißt einen räsonierenden Diskurs führte, der vor territorialen Grenzen und politischen Arkanbereichen nicht halt machte. Ein Blick in die wichtigsten Zeitschriften des 18. Jahrhunderts zeigt, wie gut man über die Vorkommnisse in anderen europäischen Ländern unterrichtet war. Schon die Titel solcher Periodika deuten das an: »Europäische Fama«, »Europäische Staatskanzlei«, »Europäische Annalen« – um nur ein paar deutsche Titel zu nennen. Da wurde berichtet von Fürstenhochzeiten und Thronwechseln, von Kriegen und Friedensschlüssen, aber auch von dem Amerikanischen Unabhängigkeitskampf und von den Debatten um die britische Parlamentsreform, von der Freigabe des Getreidehandels und der Finanzkrise in Frankreich; da wurden höfische Skandale aufgedeckt, die konfessionelle Intoleranz von Regierungen angeprangert, aber auch immer wieder vom Durchbruch aufklärerischer Reformprogramme in den Kabinetten berichtet. Von diesem öffentlichen Diskurs versprach man sich optimistischerweise, dass er allein schon der Wahrheit und damit auch dem rechten Handeln zum Durchbruch verhelfen werde. Zwar herrschte keineswegs allgemeine Pressefreiheit; in fast allen Staaten bedurfte alles Gedruckte eines obrigkeitlichen Imprimatur. Doch kein Staat

---

3 Zitiert nach ebd., S. 7.

4 Ebd., S. 50 f., z.B. Bibliothèqiue germanique ou histoire littéraire de l'Allemagne, 1720–1760; Britische Bibliothek, 1756–1776; Russische Bibliothek, 1772–1789; Neue Auszüge aus den besten ausländischen Wochen- und Monatsschriften, 1765–1769; Britisches Museum für die Deutschen, 1777–1780, u.v.a.

verfügte bereits über eine moderne Kontrollapparatur, die es erlaubt hätte, diese Zensur auch wirkam durchzusetzen. Und vor allem: was im einen Land verboten war, durfte im anderen – etwa in England, Dänemark oder den Niederlanden – womöglich gedruckt werden und ließ sich nicht wirklich von den Landesgrenzen fernhalten.

Um zusammenzufassen: Die Aufklärung war von ihrem Selbstverständnis her grenzüberschreitend, kosmopolitisch, kritisch und auf öffentlichen Austausch angelegt und von daher ein europäisches, kein nationales Phänomen. Ihr Programm war einerseits ein Reflex auf die erweiterten Kommunikationsmöglichkeiten; andererseits trieb sie deren Verdichtung und Nutzung selbst massiv weiter voran. Europa war also etwas, das in der sozialen Praxis zumindest der gebildeten Eliten existierte: als Kommunikationsnetz zwischen Paris, Hamburg, London, Wien, Edinburgh, Göttingen, Neapel, Stockholm, Leipzig, Sankt Petersburg usw. Es erscheint paradox: Gerade in dem Jahrhundert, in dem der Prozess der Staatsbildung wie nie zuvor beschleunigt vorangetrieben wurde (und gerade die Aufklärer stellten sich ja vielfach in dessen Dienst), gerade in diesem Jahrhundert wurde zugleich ein die Staatengrenzen überschreitendes, gemeineuropäisches Bewusstsein pointiert.

Damit komme ich zum zweiten Teil meiner Thematik:

2. Europa in der Aufklärung

Das heißt, es stellt sich die Frage nach der Sicht der Zeitgenossen selbst. Worin bestand für sie »Europa«; welche Gemeinsamkeiten hatten sie im Auge, wenn sie von Europa sprachen; welche Art von »Einheit« war gemeint?

In verfassungspolitischer Hinsicht stellte Europa ja zunächst einmal keinerlei Einheit dar, sondern war ein Konglomerat von Monarchien, Fürstentümern, Republiken und Föderationen – ohne übergeordnete politische Institutionen. Trotzdem sprach man von einem *corps politique de l'Europe*, einem politischen Körper, ja sogar einer Republik Europa. Was war damit gemeint?[5] Dazu ein etwas ausführlicheres Zitat. Voltaire schreibt in seinem epochemachenden Werk über das Zeitalter Ludwigs XIV.:

[5] Vgl. aus der kaum überschaubaren Literatur zur Europaidee nur: The Cultural und Political Construction of Europe. Hrsg. von Paul Slack, Joanna Innes. Past & Present 137, 1992; Peter Burke: Did Europe exist before 1700? In: History of European Ideas 1980, H. 1, S. 21–29; Winfried Schulze: Europa in der Frühen Neuzeit. In: ‚Europäische Geschichte' als historiographisches Problem. Hrsg. von Heinz Duchhardt und Andreas Kunz, Mainz 1997; Klaus Malettke: Europabewusstsein und europäische Friedenspläne im 17. und 18. Jahrhundert. In: Francia 21, 1994, S. 63–93; Europa – aber was ist es? Aspekte seiner Identität in interdisziplinärer Sicht. Hrsg. von Jörg A. Schlumberger und Peter Segl. Köln, Weimar, Wien 1994; zuletzt mit ausführlichen Literaturhinweisen Wolfgang Schmale: Geschichte Europas. Wien, Köln, Weimar 2001. Vgl. auch demnächst die Bände zweier Tagungen: Europa. Hrsg. von Elke Anna Werner; sowie EuropaGestalten. Hrsg. vom Forschungszentrum Frühe Neuzeit der Universität Frankfurt a.M.

> Schon seit langem durfte man das christliche Europa – Rußland ausgenommen – für eine Art großer Republik ansehen, die in mehrere teils rein monarchische, teils konstitutionelle, teils aristokratische, teils demokratische Staaten zerfiel, welche jedoch sämtlich miteinander harmonierten, sämtlich, wenn auch in verschiedene Sekten zersplittert, dieselbe religiöse Grundlage hatten und sich sämtlich zu denselben völkerrechtlichen und politischen Grundsätzen bekannten, die den übrigen Erdteilen noch fremd waren. Diesen Grundsätzen nach machen die europäischen Völker ihre Kriegsgefangenen nicht zu Sklaven, achten sie die Gesandten ihrer Feinde, [...] namentlich aber stimmen sie in der klugen Politik überein, daß sie soviel als möglich ein Gleichgewicht an Macht unter sich erhalten, indem sie beständig, sogar mitten im Kriege, das Mittel der Unterhandlung anwenden oder [...] Gesandte [...] unterhalten.[6]

Mit anderen Worten: Europa definierte sich bei aller politischen Heterogenität über eine Reihe gemeinsamer völkerrechtlicher und politischer Normen und Spielregeln. Zwar war die einheitstiftende universelle Ordnung der abendländischen Christenheit mit Papst und Kaiser an der Spitze schon im 17. Jahrhundert unwiderruflich zerbrochen. Die komplizierte mittelalterliche Hierarchie der verschiedenen Herrschaftsträger war auf dem Weg, sich in eine Gemeinschaft prinzipiell gleichberechtigter, unabhängiger, nach außen und innen souveräner Staaten zu verwandeln. Wenn im 18. Jahrhundert vom *corps politique de l'Europe* die Rede war, so meinte man damit einen inzwischen weitgehend abgeschlossenen Kreis von Mächten, die sich gegenseitig als handlungsfähige, ebenbürtige Vertragspartner ansahen, weil sie alle über souveräne, nach innen und außen unabhängige Herrschaftsgewalt verfügten.

Diese 'Staaten' wiesen eine Reihe struktureller Gemeinsamkeiten auf. Eine davon war der nach wie vor dynastische Charakter der Politik. Einige große Hochadelsfamilien, untereinander vielfältig verwandt und verschwägert, teilten sich im Wesentlichen die Herrschaft in Europa: die Habsburger und Bourbonen, die Wasa und Romanov, die Oranier und Braganza, die Welfen, Wettiner, Wittelsbacher usf. Politik war noch immer in hohem Maße eine Sache von Verwandtschaftsbeziehungen. Länder wurden getrennt und wieder vereint, weil es dynastische Erbregelungen zum Fortbestand der Familie so wollten. Dabei schuf die europaweite verwandtschaftliche Verflechtung der Familien eigentlich weniger, wie Voltaire in dem Zitat behauptet, eine gemeineuropäische Harmonie, sondern eher ein unübersehbares Konfliktpotential: Bei dem im 18. Jahrhundert immer wieder vorkommenden Aussterben einer Linie wurden allenthalben konkurrierende Erbansprüche angemeldet und meist militärisch ausgefochten. Um die Länderansammlungen der Familien abzurunden und Glanz und Ehre des Hauses zu steigern, wurden Territorien nicht nur geerbt und erobert, sondern auch getauscht, gekauft und aufgeteilt. Das Europa des

[6] Voltaire: Das Zeitalter Ludwigs XIV. (1751), zitiert nach: Stollberg-Rilinger, Europa, S. 288.

18. Jahrhunderts war alles andere als friedlich. Nur: Der Charakter der militärischen Konflikte hatte sich verändert. Während es in den Konfessionskriegen der vorausgegangenen Jahrhunderte noch um die Definitionsmacht über die geistliche und weltliche Ordnung schlechthin gegangen war, ging es nun um einzelne konkurrierende Rechtstitel und Machtansprüche. Die gemeinsame Grundlage des Konfliktaustrags hingegen war kaum mehr strittig: nämlich dass alle Potentaten als solche prinzipiell voneinander unabhängig seien und alle rechtmäßigen Beziehungen unter ihnen auf vertraglicher Übereinkunft beruhten. Seit dem Westfälischen Frieden war dieses Nebeneinander von Staaten verschiedener Konfessionen ein völkerrechtlich sanktioniertes Faktum, gegen das der Papst nur noch ohnmächtig protestieren konnte.

Bei aller Konfliktträchtigkeit folgte die europäische Mächtepolitik des 18. Jahrhunderts gewissen strukturellen Grundregeln, die allerdings weniger moralisch begründet waren, sondern sich aus pragmatischen Erwägungen im Sinne der jeweiligen 'Staatsräson' ergaben. Die großen Mächte kamen nicht umhin, sich gegenseitig die Wahrung gewisser staatlicher Interessen zuzugestehen, zu deren Verfolgung auch militärische Mittel unter Umständen als legitim galten. So kam es z.B. zur Maxime des 'europäischen Gleichgewichts'. Damit war das von vielen Mächten geteilte und insbesondere von der englischen Politik aktiv verfolgte Kalkül gemeint, die extreme Hegemonie einer einzelnen Macht mit vereinten Kräften zu verhindern und stattdessen die Interessen der verschiedenen Großmächte möglichst optimal auszubalancieren – was allerdings unter Umständen auf Kosten kleinerer Mächte ging. Die Kabinettskriege, die die Potentaten untereinander in wechselnden Bündnissen führten, waren indessen keine Vernichtungskriege auf der Grundlage ideologischer Unversöhnlichkeit, sondern – jedenfalls im Vergleich zu den Konfessionskriegen des 16./17. Jahrhunderts oder den Weltkriegen des 20. Jahrhunderts – kühl kalkulierte Kriege, die zu exakt berechneten Zwecken dienten.

Die Masse der zwischenstaatlichen Verträge und Friedensschlüsse, der dynastischen Hausgesetze und Erbregelungen wuchs allmählich zu einem immer komplizierteren Corpus von Rechtsmaterien zusammen, das nun als *Ius publicum Europaeum*, »Öffentliches Recht Europas«, sorgfältig gesammelt und in großen Kompendien publiziert wurde. Zugleich suchte man das zwischen den Staaten geltende Recht auf ein geschlossenes System rationaler Grundsätze zurückzuführen, ohne sich dabei noch auf eine göttlich begründete Ordnung zu stützen – das heißt man machte das Thema zum Gegenstand des modernen Vernunftrechts. Danach befanden sich die Staaten untereinander in einem Zustand natürlicher Freiheit und Gleichheit, das heißt es gab keine erzwingbaren Rechte und Pflichten, sondern nur einige Grundregeln, die die Vernunft selbst diktiere. Im optimistischen Vertrauen auf die Friedensliebe der Regierungen entwarf man darüber hinaus verschiedene vernunftrechtliche Projekte zu einer positiven Rechtsordnung zwischen den europäischen Staaten. Auf der Basis wechselseitiger Selbstverpflichtung durch Vertrag und freiwilliger Einschränkung der Souveränitätsrechte erschien es möglich, Europa tatsächlich zu einem politischen Körper mit einheitlichem Willen und gemeinschaftlicher Sanktionsmacht umzuformen – Pläne, die bekanntlich noch mehr als zwei Jahrhunderte brauchten, um realistisch zu werden.

Das Europa des 18. Jahrhunderts war aber nicht nur eine Gemeinschaft von Potentaten oder Staaten mit gemeinsamen politischen Spielregeln. Es erschien vor allem auch als kulturelle Einheit. Der Name Europa kann gewissermaßen als eine Chiffre aufgefasst werden, mit dem die Gebildeten ihren Stolz auf die zivilisatorischen Errungenschaften des eigenen Kulturkreises zum Ausdruck brachten. So heißt es beispielsweise in »Zedlers Universal-Lexicon«:

> Obwohl Europa das kleinste unter allen 4 Theilen der Welt ist, so ist es doch um verschiedener Ursachen willen allen übrigen vorzuziehen. Die Luft ist darinnen gemäßiget, und die Landschaften sind sehr fruchtbar [...]. Die Einwohner sind von sehr guten Sitten, höflich und sinnreich in Wissenschafften und Handwercken. [...] Die Europäer haben auch durch ihre Geschicklichkeit und Tapfferkeit die vortrefflichsten Theile der Welt unter sich gebracht. Ihr Witz erhellet aus ihren Wercken: ihre Klugheit aus ihrer Regierung: ihre Stärcke und Macht aus ihren Armeen: ihre gute Conduite aus ihrem Handel und Wandel: und endlich ihre Pracht und Herrlichkeit aus ihren Städten und Gebäuden.[7]

Europa ist hier augenscheinlich nur ein anderer Name für alles, worauf die Zeitgenossen meinten stolz sein zu können. Indessen schärfte sich der Blick der Europäer für die Eigenart des eigenen Kulturkreises in dem Maße, wie sie sich für das ganz Andere, Fremde interessierten.[8] Die Menschen des 18. Jahrhunderts waren fasziniert von allem Exotischen. Entdeckungsreisende sammelten alle nur erdenklichen Kenntnisse über die Sitten und Lebensumstände der verschiedenen Völker und brachten Beschreibungen, Zeichnungen, Sammelstücke und gelegentlich auch Eingeborene mit nach Hause. Asiatische Hochkulturen wie Ägypten, Persien und vor allem China weckten Bewunderung als Inbegriffe uralter Zivilisation und weiser Ordnung; in den Kulturen der indianischen und pazifischen Völker hingegen suchte man den Schlüssel zum Ursprung der eigenen Geschichte – hier glaubte man den Naturzustand der Menschheit vor Augen zu haben. Die Sitten der fremden Völker

---

7 Johann Heinrich Zedlers Universal-Lexicon aller Wissenschafften und Künste. Bd.8. Leipzig 1734. Sp. 2191–2196, hier: Sp. 2195 f.

8 Sergio Moravia: Beobachtende Vernunft. Philosophie und Anthropologie in der Aufklärung. Frankfurt a.M. 1977; Karl Heinz Kohl: Entzauberter Blick. Das Bild vom Guten Wilden und die Erforschung der Zivilisation. Berlin 1981; Urs Bitterli: Die Wilden und die Zivilisierten. Grundzüge einer Geistes- und Kulturgeschichte der europäisch-überseeischen Begegnung. 2. Aufl. München 1991; Jürgen Osterhammel: Die Entzauberung Asiens. Europa und die asiatischen Reiche im 18. Jahrhundert. München 1998.

wurden zu den verschiedenen Stadien der europäischen Zivilisation in Parallele gesetzt, so dass ein Weltreisender gleichsam die ganze Menschheitsgeschichte durchwandern konnte. Friedrich Schiller brachte das auf den Punkt: Die Entdeckungen fremder Erdteile »zeigen uns Völkerschaften, die auf den mannigfaltigsten Stufen der Bildung um uns herum gelagert sind, wie Kinder verschiednen Alters um einen Erwachsenen herumstehen und durch ihr Beispiel ihm in Erinnerung bringen, was er selbst vormals gewesen und wovon er ausgegangen ist«.[9]

Durch das neue, aufklärerische Konzept von einer einheitlichen 'Menschheitsgeschichte' wurde die Vielfalt der ständig anwachsenden Kenntnisse über andere Weltgegenden und Zeiten geordnet und zu einem zielgerichteten Gesamtverlauf, zu einem Ganzen zusammengefügt. Die Geschichtsschreiber handelten nun von all dem, was zu den materiellen und geistigen Umwälzungen der Menschheit beigetragen hatte. Sie interessierten sich für die Erfindung des Feuermachens, des Brotes, der Druckerpresse, des Wechselbriefes oder der Taschenuhr, mehr als für Kriege und Eroberungen. Dabei waren sie durchaus bemüht, die Beiträge fremder Völker zum universalen Menschheitsfortschritt zu würdigen. Dem Fremden als solchen wurde eine durchaus neuartige, im Vergleich zu früheren Epochen unvoreingenommene Neugier zuteil. Doch die neue 'Geschichtsphilosophie' sah sich im Besitz eines sicheren Maßstabs, an dem die anderen Kulturen gemessen werden konnten – ihr Maßstab war die eigene europäische Zivilisation, die eben im Begriff war, sich weltweit als Hegemonialkultur durchzusetzen.

Die Masse der neuen Kenntnisse, die die Forschungsreisenden mitbrachten, musste gebändigt werden; man suchte nach einer neuen Ordnung des Wissens. Da boten sich u.a. die Weltteile als Etiketten an. Ich gebe auch für die anthropologischen Systematisierungsversuche des 18. Jahrhunderts ein etwas ausführlicheres Zitat, das zum Ausdruck bringt, nach welchen Kategorien man die Menschen zu ordnen versuchte.

> Die Amerikaner haben rote Haut, ein galliges oder cholerisches Temperament und eine gerade Statur. Die Haare sind schwarz, gerade und dick. Die Nasenlöcher weit [...]. Sie sind hartnäckig, fröhlich, lieben die Freiheit; sie gehen meistens nackend, bemalen sich mit roten Strichen und lassen sich durch alte Gewohnheiten beherrschen. – Die Asier haben braune Haut, ein schwarzgalliges oder melancholisches Temperament und eine zähe Struktur. Ihre Haare sind schwarz, die Augen sind grau, die Gemütsart ist streng; sie lieben Pracht, Hoffart und Geld, ihre Kleider hangen weit um den Leib, und sie lassen sich durch Meinungen regieren. – Die Afrikaner [...] haben eine schwarze Haut, dabei aber ein wässeriges oder melancholisches Temperament; die Haare sind wollig, schwarz und kraus. Die Haut ist sanft wie Samt, die Nase platt, die Lippen

[9] Friedrich Schiller: Was heißt und zu welchem Ende studiert man Universalgeschichte? (1789). In: Nationalausgabe, Bd. 17: Historische Schriften. Weimar 1970, S. 359–376, hier: S. 364.

> dick und aufgeworfen. [...] Die Gemütsart ist boshaft, faul, nachlässig. Sie beschmieren sich mit Fett und werden durch Willkür regiert. [Und die Europäer?] Die Europäer haben eine weiße Haut, ein blutreiches und sanguinisches Temperament und einen fleischigen Körper. Die Haare sind gelblich und gelockt, die Augen blau, die Gemütsart wankelmütig, vernünftig und zu Erfindungen geschickt. Sie tragen Kleider, die dicht an den Leib schließen, und lassen sich durch Gesetze regieren.[10]

Diese merkwürdige Klassifizierung stammt von keinem Geringeren als Carl von Linné, dem großen Systematiker der Tier- und Pflanzenwelt, dessen »Systema Naturae« von 1735 noch heute die Grundlage des biologischen Klassifikationssystems darstellt. Die uns etwas wahllos scheinenden Kategorien, die er seiner Klassifikation der Menschen aus den vier Erdteilen zugrunde legt, sind durchaus kennzeichnend für solche Systematisierungsversuche im 18. Jahrhundert: Da ist die äußere Beschaffenheit des Körpers, wie Statur, Haut-, Haar- und Augenfarbe, aber auch die Form der Kleider, da ist das Temperament – entsprechend der zeitgenössischen Lehre von den Körpersäften –, da ist aber auch die Art, sich regieren zu lassen.

Hinter solchen Klassifikationen stand zunächst einmal ein intensives, um Vorurteilslosigkeit zumindest bemühtes anthropologisches Interesse. Man ging im 18. Jahrhundert ja in der Regel von einer allen Menschen gemeinsamen vernünftigen Natur aus und war sich noch keineswegs so sicher wie später im 19. Jahrhundert, welche Unterschiede zwischen den Völkern angeboren und welche erworben seien. Noch hatte sich nicht die Überzeugung durchgesetzt, dass die Menschheit nach angeborenen und unveränderlichen körperlichen Unterschieden in bestimmte Rassen zerfalle, denen bestimmte kulturelle und geistige Vorzüge und Mängel entsprächen. Vielmehr hielt man es für möglich, dass äußere Umstände wie Klima, Landschaft, Ernährung, Wirtschaftsweise, Sitten, Erziehung usw. nicht nur die geistigen, sondern auch die körperlichen Eigenschaften der Menschen prägten und eben auch verändern könnten. So glaubte man etwa die »milden Sitten«, die die Europäer kennzeichneten, dem mildem Klima der mittleren Breiten zu verdanken.

In dem Zitat von Linné kommt auch zum Ausdruck, wodurch sich die Europäer in politischer Hinsicht besonders auszuzeichnen glaubten: durch die Herrschaft der Gesetze nämlich. Das war zweifellos eher ein Wunsch als eine Tatsache, weniger eine Selbstbeschreibung der Europäer als ein politisches Ideal, das es erst noch einzulösen galt. Dem Ideal einer Herrschaft der Gesetze suchte man dadurch schärfere Konturen zu verleihen, dass man es absetzte vom »orientalischen Despotismus«, der Herrschaft despotischer Willkür ohne ständische Teilhaberechte, wie man ihn vor allem dem Osmanischen Reich zuschrieb. Und noch ein weiteres schienen die

[10] Carl von Linné: Systema Naturae. Zitiert nach: Europäische Geschichte. Quellen und Materialien. Hrsg. von Hagen Schulze und Ina Paul. München 1994, S. 56 f.

Europäer gemeinsam zu haben, noch etwas grenzte sie vom »orientalischen Despotismus« ab: Das war ihr Umgang mit dem weiblichen Geschlecht. Europa galt – jedenfalls den europäischen Männern – als Paradies der Frauen. Nichts schien den Europäern so fremd und beschäftigte sie zugleich so sehr wie der orientalische Harem und andere Formen exotischer Polygamie. Der eigene zivilisatorische Standard drückte sich nach ihrer Meinung darin aus, dass die Frauen in Europa nicht geknechtet, ausgebeutet und verachtet würden, dass sie hier andererseits aber auch keine unzulässige Herrschaft über die Männer ausübten. Vielmehr schienen die europäischen Frauen der naturgemäßen Bestimmung aller Frauen am nächsten zu sein: nämlich sich allein der Aufsicht über das Hauswesen, der liebenden Sorge für den Ehemann und der aufopferungsvollen Mutterschaft zu widmen. Was den Zeitgenossen als gemeineuropäische historische Errungenschaft erschien, war allerdings tatsächlich ein spezifisches Weiblichkeitsideal, das den Lebensumständen einer schmalen bürgerlichen Mittelschicht entsprach. Man sieht: Was als Gemeinsamkeiten aller europäischen Völker hervorgehoben wurde, hing ganz wesentlich von den jeweiligen Idealen und Wunschvorstellungen ab.

Die intensive Beschäftigung mit der Variabilität der Lebensformen, Sitten und Gesetze der Völker anderer Erdteile rief bei manchen Zeitgenossen des 18. Jahrhunderts allerdings auch ein grundsätzliches Umdenken hervor. Die Wahrnehmung des Fremden konnte nämlich auch dazu führen, die eigene europäische Kultur mit fremden Augen zu sehen, auch sie als relativ, das heißt als Ergebnis spezifischer Umstände wahrzunehmen. Das Exotische konnte auch dazu dienen, der eigenen Kultur kritisch den Spiegel vorzuhalten. So wurde es im 18. Jahrhundert zu einer literarischen Mode, dass der Erzähler in die Rolle eines außereuropäischen Reisenden schlüpfte und aus dieser Sicht sein Staunen über die teils bewundernswerten, teils sonderbaren europäischen Sitten ausdrückte. Montesquieu führte das in seinen »Persischen Briefen« meisterhaft vor. Dort lässt er beispielsweise den persischen Reisenden Usbek nachsichtig und tolerant über die Europäer urteilen:

> Sie ähneln [...] den Unglücklichen, die in der Finsternis der Ketzerei lebten, ehe das göttliche Licht ihnen das Antlitz unseres größten Propheten erleuchtete. Wenn man ihre Religion genauer überprüft, erkennt man in ihr so etwas wie den Samen unserer Lehre. Ich habe oft die Geheimnisse der Vorsehung bewundern können, die sie so für die allgemeine Bekehrung vorbereitet zu haben scheint. [...] Eines Tages wird der Ewige nur noch Rechtgläubige auf Erden erblicken.[11]

[11] Charles de Montesquieu: Perserbriefe. Aus dem Französischen von Jürgen von Stackelberg. Frankfurt a.M. 1988, S. 65 f. (35. Brief).

Genauso sprachen viele gebildete Christen über den Islam. Eine einfache Perspektivenumkehr führte auf diese Weise den christlichen Lesern die Relativität ihres eigenen kulturellen Überlegenheitsgefühls vor Augen. Viele solcher fiktiven exotischen Fremden bevölkerten die Literatur und dienten den Europäern als höchst wirkungsvolles Kunstmittel, sich mit ihrer eigenen Kultur auseinanderzusetzen, indem sie sie – scheinbar – aus fremder Perspektive betrachteten. Verband sich dies mit einer grundsätzlich zivilisationskritischen Einstellung, wie sie vor allem Rousseau populär machte, so konnte man zu dem Schluss kommen, dass die europäische Kultur nicht fraglos als Maßstab für alle anderen dienen könne.

Wenn ich zum Schluss ein Fazit ziehen soll, so lautet es: Das Verhältnis der Aufklärung zu Europa erweist sich als ambivalent. In diesem Zeitalter wurde der Grund zur politischen, wirtschaftlichen und kulturellen Hegemonie Europas über die Welt gelegt. In ihrem Begriff von »Europa« manifestiert sich das entsprechende Selbstbewusstsein der Gebildeten. Zugleich brachte die Aufklärung aber auch die Werkzeuge zur Kritik dieses Selbstbewusstseins hervor. Europäische Aufklärer waren es, die erstmals das Fremde als etwas Eigenwertiges wahrnahmen und sich um ein Verständnis seiner Andersartigkeit bemühten. Der kritische Geist der Aufklärung machte auch vor ihrer eigenen kulturellen Überheblichkeit selbst nicht Halt. Aus diesem Grund halte ich diese Epoche heute mehr denn je der aufmerksamen Beschäftigung für überaus wert.

sind so bekannt, dass sie keiner näheren Kommentierung hier bedürfen; der erste große Lessing-Biograf Theodor Danzel fasst das Ergebnis in folgenden Worten zusammen: »Die englische Literatur ist der Stab gewesen, an welchem sich die deutsche den größten Teil des [18.] Jahrhunderts hindurch emporgerankt hat, bis sie [...] hinlänglich erstarkt war, um [...] allein stehen [...] zu können.«[11] Es ist aber bemerkenswert, dass nicht nur Christlob Mylius, sondern auch nach dessen frühzeitigem Tod – er starb übrigens auf einer Englandreise – Lessings neue Mitarbeiter Moses Mendelssohn und Friedrich Nicolai einen großen Teil ihrer selbsterworbenen Bildung aus englischen Quellen schöpften. Der angehende Philosoph Mendelssohn hatte neben Leibniz und Wolff den englischen Empiriker John Locke studiert, bevor er Lessing kennen lernte, und er begeisterte sich bald für die Schriften von Shaftesbury, auf die Lessing ihn aufmerksam gemacht hatte.[12] Mendelssohn bemühte sich in den folgenden Jahren darum, den deutschen Rationalismus durch die psychologischen Ansätze der englischen Philosophie zu ergänzen. Nicolai hingegen, der in seiner Freizeit im Buchhandel englisch gelernt hatte, widmete seine literarische Erstlingsarbeit einer Verteidigung Miltons gegen Vorwürfe des Plagiats, und seine »Briefe über den jetzigen Zustand der schönen Wissenschaften in Deutschland« berufen sich ständig auf englische Muster.[13]

Es ist daher nicht zu verwundern, dass die erste Zusammenarbeit der drei Freunde mit englischer Literatur zu tun hatte. Der Aufsatz »Pope ein Metaphysiker!« von Lessing und Mendelssohn (1755) rettet Alexander Pope gegen die Annahme, dass seine Gedichte bloß in Verse gebrachte Philosophie seien, und Nicolai liefert ein paar Jahre später eine »Geschichte der englischen Bühne« als Beitrag zu Lessings »Theatralischer Bibliothek«. In dem selben Jahre (1759) fingen die drei jungen Kritiker an, die berühmten »Literaturbriefe« zu veröffentlichen, in denen die englische Literatur regelmäßig auf Kosten der französischen gelobt wird, vor allem im unvergesslichen »17. Literaturbrief« Lessings, der den französischen Klassizismus Gottscheds lächerlich macht und eine Lobrede auf Shakespeare hält. Das deutsche Publikum war jetzt am Ende der fünfziger Jahre mit zahlreichen englischen Werken vertraut, aber fast ausschließlich in deutscher Übersetzung. Die englische Sprache

11 T.W. Danzel und G.E. Guhrauer: Gotthold Ephraim Lessing. Sein Leben und seine Werke. 2. berichtigte und vermehrte Auflage. Hrsg. von W. v. Maltzahn und R. Boxberger. Berlin 1880–1881, Bd. 1, S. 278.

12 Vgl. Alexander Altmann: Moses Mendelssohn. A Biographical Study. Philadelphia 1973, S. 38.

13 Vgl. Eva J. Engel: Vivida vis animi. Der Nicolai der frühen Jahre (1753–1759). In: Friedrich Nicolai 1733–1811. Essays zum 250. Geburtstag. Hrsg. von Bernhard Fabian. Berlin 1983, S. 9–57, hier: S. 11–12.

blieb bis ins späte 18. Jahrhundert der Mehrzahl auch der Gebildeten verschlossen:[14] Selbst Kant und Schiller lasen kein Englisch.

Diese zweite Stufe in der Rezeption englischer Literatur wurde in den fünfziger Jahren durch gleichzeitige politische Entwicklungen unterstützt. Die anglophile Bewegung erhielt auch im preußischen Machtbereich eine offizielle Bestätigung durch das neue Bündnis zwischen Preußen und England, das 1756 und 1758 von Friedrich II. und Georg II. in den zwei Konventionen von Westminster geschlossen wurde und gegen den gemeinsamen Feind Frankreich gerichtet war; dieses Bündnis blieb während des ganzen Siebenjährigen Krieges in Kraft. Auch die literarische Kampagne Lessings gegen den französischen Klassizismus und die höfische Kultur Frankreichs erreichte ihren Höhepunkt in den Kriegsjahren: Die »Literaturbriefe« waren nicht zufällig an einen verwundeten preußischen Offizier gerichtet. In dieser Zeit – wie auch später in den sechziger und siebziger Jahren[15] – hört man oft den Vergleich zwischen England und Deutschland als stammesverwandten germanischen Nationen, deren uralte, schon von Tacitus gerühmte Freiheit in England weitgehend erhalten geblieben sei.[16] Solche Erscheinungen, wie auch das Bardenwesen Klopstocks und seiner Anhänger in der deutschen Literatur, markieren die Anfänge des deutschen Nationalismus. Lessings Angriffe auf französische Schriftsteller und Kultur haben aber wenig mit Nationalismus zu tun. Man braucht nur an seine negative Reaktion zu denken, als Gleims »Preußische Kriegslieder« (1758) Franzosenhass zu verbreiten anfingen und den Punkt erreichten, wo in Lessings Worten »der Patriot [...] mich vergeßen lehrt, daß ich ein Weltbürger seyn sollte«;[17] man darf ebenfalls nicht vergessen, dass Lessing mitten im Siebenjährigen Krieg die Schriften seines französischen Geistesverwandten Diderot in eigener deutscher Übersetzung herausgab. Selbst Riccaut de la Marlinière in »Minna von Barnhelm« ist keine Satire auf die Franzosen im allgemeinen, sondern nur auf jenen Schwarm von zugewanderten französischen Abenteurern und Betrügern, die aus der damaligen deutschen Schwäche für französische Allüren Kapital zu schlagen versuchten;[18] Riccaut

[14] Vgl. Michael Maurer: Europäische Kulturbeziehungen im Zeitalter der Aufklärung. In: Das achtzehnte Jahrhundert, 15, 1991, S. 35–61, hier: S. 45.

[15] Vgl. Otto Dann: Herder und die Deutsche Bewegung. In: Johann Gottfried Herder 1744–1803. Hrsg. von Gerhard Sauder. Hamburg 1987, S. 308–340, hier: S. 337–340.

[16] Dieser Vergleich ist schon bei Montesquieu zu finden (L'Esprit des Lois. 2. Teil, 6. Kapitel); vgl. Maurer: Aufklärung und Anglophilie, S. 75, 409–410; auch Gonthier-Louis Fink: Baron Thunder-ten-Tronckh und Riccaut de la Marlinière. Nationale Vorurteile in der deutschen und französischen Aufklärung. In: Interferenzen. Deutschland und Frankreich. Hrsg. von Lothar Jordan. Düsseldorf 1983, S. 24–51, hier: S. 49.

[17] Lessing an Gleim, 16. Dezember 1758. In: LM, Bd. 17, S. 156; vgl. Wilfried Barner: Patriotismus und Kosmopolitanismus bei Lessing während des Siebenjährigen Krieges. In: Revue d'Allemagne, 18, 1986, S. 612–623, hier: S. 618–619.

[18] Vgl. Fink: Baron Thunder-ten-Tronckh, S. 42–47.

ist aber zugleich Lessings Erwiderung auf Voltaires satirische Darstellung der Deutschen in seinem Roman »Candide« von 1759.[19]

Negative Vergleiche von Franzosen mit Engländern kommen in Lessings Werken zwischen etwa 1750 und 1770 dennoch regelmäßig vor. Im Jahre 1750 beschränkt sich dieser Vergleich noch auf das Drama, von dem Lessing behauptet: »Das ist gewiß, wollte der Deutsche in der dramatischen Poesie seinem eigenen Naturell folgen, so würde unsre Schaubühne mehr der englischen als der französischen gleichen.«[20] Spätere Äußerungen beziehen sich aber auf den Geschmack im allgemeinen, wenn es zum Beispiel im »17. Literaturbrief« heißt, »daß wir [das heißt die Deutschen] mehr in den Geschmack der Engländer, als der Franzosen einschlagen«.[21] Solche Bemerkungen sind auch nicht ohne politische Untertöne, die im Jahre 1754 offen zur Sprache kommen, indem Lessing die neue englische Gattung des bürgerlichen Trauerspiels im Gegensatz zur höfischen Tragödie Frankreichs anpreist:

> Der Franzose ist ein Geschöpf, das immer grösser scheinen will, als es ist. Der Engländer ist ein anders, welches alles grosse zu sich hernieder ziehen will. [...] Dem [Engländer] war es ärgerlich, gekrönten Häuptern viel voraus zu lassen; er glaubte bey sich zu fühlen, daß gewaltsame Leidenschaften und erhabne Gedanken nicht mehr für sie, als für einen aus seinen Mitteln wären.[22]

Es gibt viele ähnliche Aussagen über nationale Unterschiede in der Zeit zwischen den »Literaturbriefen« und der »Hamburgischen Dramaturgie«. Nicht die Franzosen als solche sind Lessings Zielscheibe, sondern vor allem das affektierte Verhalten des französischen Adels und dessen deutscher Nachahmer, das mit den ungezwungenen Umgangsformen der Engländer negativ kontrastiert wird. In dem Sinne erklärt Lessing z.B.: »daß das Große, das Schreckliche, das Melancholische besser auf uns wirkt als das Artige, das Zärtliche, das Verliebte«;[23] oder in bezug auf den Moralphilosophen Adam Smith: »Es ist ein Engländer, [...] ein Mann also, bey welchem man nicht leicht eine falsche Delikatesse argwöhnen darf«;[24] oder wenn er zu einem Verstoß gegen die französischen Trauerspielregeln in einem englischen Stück ironisch bemerkt: »[...]eine Ohrfeige in einem Trauerspiele! Wie englisch, wie unanständig!«[25]

---

19 Vgl. Gonthier-Louis Fink: Nationalcharakter und nationale Vorurteile bei Lessing. In: Nation und Gelehrtenrepublik. Lessing im europäischen Zusammenhang. Sonderband zum Lessing Yearbook. Hrsg. von Wilfried Barner und Albert M. Reh. Detroit, München. 1984, S. 91–119, hier: S. 110–111; auch Barner, Patriotismus und Kosmopolitanismus, S. 621.

20 LM, Bd. 4, S. 53.

21 LM, Bd. 8, S. 42; vgl. ebd., S. 282.

22 LM, Bd. 6, S. 7.

23 LM, Bd. 8, S. 42.

24 LM, Bd. 9, S. 29.

25 LM, Bd. 10, S. 14.

Dass solche Äußerungen in der »Hamburgischen Dramaturgie« besonders scharf werden, hängt zum Teil mit einer Änderung in Lessings persönlichen Lebensumständen zusammen. Er war nämlich nach Jahren preußischen Staatsdienstes in Breslau zweimal für die Stelle als königlicher Bibliothekar in Berlin vorgeschlagen worden, die aber schließlich an einen völlig unbekannten Franzosen vergeben wurde.[26] Er hatte sich dann an die freie Handelsstadt Hamburg gewandt, wo er nicht mehr von der Gunst des Hofes, sondern von dem bürgerlichen Publikum abhängig war; als es ihm aber klar wurde, dass dieses Publikum noch immer das französische Repertoire bevorzugte, verdoppelte er sein Lob der Engländer in der Hoffnung, den Geschmack des Publikums umzubilden. Auch diese Hoffnung wurde enttäuscht. Aber seine langjährigen Bemühungen, seinen Landsleuten englische Modelle vorzuhalten – wobei ihm neue Verbündete wie Herder und immer bessere Übersetzungen wie z.B. Wielands Shakespeare-Übertragung zu Hilfe kamen – fingen endlich an, Früchte zu tragen. Es ist interessant festzustellen, dass er am Ende der »Hamburgischen Dramaturgie« dasselbe Bild verwendet, um die positive Wirkung der englischen Literatur auf Deutschland zu beschreiben, das Kant einige Jahre später benutzt, wenn er berichtet, dass er erst durch den britischen Philosophen David Hume aus seinem »dogmatischen Schlummer« geweckt wurde.[27] Lessing schreibt in ähnlicher Weise über das Gefühl der Deutschen für echte Tragödie:

> Dieses [Gefühl] ward, glücklicher Weise, durch einige Englische Stücke aus seinem Schlummer erwecket, und wir machten endlich die Erfahrung, daß die Tragödie noch einer ganz andern Wirkung fähig sey, als ihr Corneille und Racine zu erteilen vermocht.[28]

Wie soll man am Ende Lessings allgemeine Urteile über Franzosen und Engländer bewerten? Wenn er im frühen Lustspiel »Die Juden« seinen Helden sagen lässt, er sei kein Freund allgemeiner Urteile über ganze Völker, hat er vor allem moralische Urteile im Sinne. Derselbe Held setzt nämlich hinzu: »Ich sollte glauben, daß es unter allen Nationen gute und böse Seelen geben könne.«[29] Es war eben das moralische Vorurteil, dass kein Jude ein ehrlicher Mensch sein könne, das die Juden noch von allen Bürgerrechten ausschloss. Dass Lessing in den nächsten zwanzig Jahren oft genug pauschale Urteile über Franzosen und Engländer fällt, steht nicht im Widerspruch zu seiner Abneigung gegen moralische Vorurteile. Er verfolgt dabei im Gegenteil das Ziel, einem in Deutschland verbreiteten kulturellen Vorurteil entge-

---

26 Vgl. Eduard Schaefer: »Charles Guichard nommé Quintus Icilius«. Ein commensalis Friedrichs des Großen von Preußen. In: Lessing Yearbook, 28, 1996, S. 35–49, hier: S. 44–45; vgl. auch Lessing an Johann Gottfried Lessing, 21. Dezember 1767. In: LM, Bd. 17, S. 240.

27 Immanuel Kant: Prologomena zu einer jeden künftigen Metaphysik. In: Werkausgabe. Hrsg. von Wilhelm Weischedel. 12 Bde. Frankfurt a.M. 1968, Bd. 5, S. 118.

28 LM, Bd. 10, S. 215.

29 LM, Bd. 1, S. 386.

genzuwirken – dem Vorurteil nämlich, dass die französische Kultur per definitionem der Kultur aller anderen europäischen Nationen, einschließlich Deutschland und England, überlegen sei. Indem er französische Einflüsse durch englische auszugleichen sucht, will Lessing den Deutschen eben zu einer selbständigen kulturellen Identität verhelfen. So kann um die gleiche Zeit sein Bundesgenosse Herder in ähnlichem Sinne sagen: »Das Mittel zwischen einem Engländer und Franzosen ist ohngefähr – ein Deutscher.«[30]

Nach dem Scheitern des Theaterexperiments in Hamburg hörte Lessing schließlich auf, den französischen Einfluss zu bekämpfen – zum Teil aus Enttäuschung,[31] wobei er sich in den nächsten Jahren kaum mehr zu aktuellen literarischen Fragen äußerte. Das Verschwinden allgemeiner Urteile über Franzosen und Engländer aus seinen Werken der siebziger Jahre ist aber zugleich eine Folge jener weltbürgerlichen und weltoffenen Haltung, die seine späteren Werke überhaupt kennzeichnet und die in den berühmten Äußerungen über Toleranz und Völkerverständigung in »Nathan der Weise« und »Ernst und Falk« ihren Gipfel erreicht. Er sagt ja schon gegen Ende der »Hamburgischen Dramaturgie«:

> [...] ich bin sehr überzeugt, daß kein Volk in der Welt irgend eine Gabe des Geistes vorzüglich vor andern Völkern erhalten habe. Man sagt zwar: der tiefsinnige Engländer, der witzige Franzose. Aber wer hat denn die Theilung gemacht? Die Natur gewiß nicht, die alles unter alle gleich vertheilet. Es giebt eben so viel witzige Engländer, als witzige Franzosen; und eben so viel tiefsinnige Franzosen, als tiefsinnige Engländer: der Braß von dem Volke aber ist keines von beiden.[32]

Ich komme jetzt zum zweiten Teil des Vortrags, der Lessings Bekanntschaft mit England und der englischen Gedankenwelt behandeln wird. Wie so viele andere Deutsche im 18. Jahrhundert – darunter Lichtenberg, Hamann, Justus Möser, Karl Philipp Moritz und nicht zuletzt Lessings eigener Freund Mylius[33] – nahm sich Lessing einmal vor, England zu besuchen. Er machte sich im Jahre 1756 in Begleitung eines jungen Leipzigers aus reicher Familie auf den Weg, musste aber in Holland unvermittelt umkehren, da sein Begleiter beim Ausbruch des Siebenjährigen Krieges sein Leipziger Eigentum durch den Einmarsch der Preußen in Sachsen gefährdet sah. Die Reise wurde zuerst nur aufgeschoben, aber auch nachdem der Plan

30 Johann Gottfried Herder: Sämmtliche Werke. Hrsg. von Bernhard Suphan. 33 Bde. Berlin 1877 bis 1913, Bd. 2, S. 360 (1768).

31 Vgl. Wilfried Barner: Respublica litteraria und das Nationale. Zu Lessings europäischer Orientierung. In: Nation und Gelehrtenrepublik (wie Anm. 19), S. 69–90, hier: S. 83.

32 LM, Bd. 10, S. 127.

33 Weitere Beispiele und Auszüge aus den betreffenden Reiseberichten in: O Britannien, von deiner Freiheit einen Hut voll. Deutsche Reiseberichte des 18. Jahrhunderts. Hrsg. von Michael Maurer. München, Weimar 1992; vgl. auch Robson-Scott: German Travellers (wie Anm. 4), S. 117–210.

wegen Uneinigkeit der zwei Beteiligten endgültig fehlschlug, suchte Lessing engere Kontakte zu England. Wir wissen zum Beispiel aus einem Brief des folgenden Jahres von seinem Freund Ewald von Kleist an einen Berliner Hofbeamten, dass Lessing die freigewordene Stelle als Sekretär beim britischen Gesandten in Berlin, Sir Andrew Mitchell, zu bekommen hoffte;[34] auch aus diesem Plan wurde nichts. Lessing hat zweifellos in Hamburg, das einen ständigen Verkehr mit England hatte, verschiedene Engländer kennen gelernt; sein Briefwechsel mit Eva König scheint z.B. anzudeuten, dass Sir Ralph Woodford, englischer Resident in Hamburg, ihm persönlich bekannt war.[35] Aber erst in Wolfenbüttel – oder vielmehr in Braunschweig – trat er in eine Gemeinschaft, wo englische Einflüsse überall anzutreffen waren. Die Einladung nach Wolfenbüttel kam vom Erbprinzen Karl Wilhelm Ferdinand, der mit der älteren Schwester des englischen Königs, der Prinzessin Augusta, verheiratet und englandfreundlich gesinnt war. Der Prinz hatte selber das Collegium Carolinum besucht, das sein Vater als höhere Schule nach englischem Muster gegründet hatte und zu dem Schüler adliger und bürgerlicher Herkunft aus mehreren Ländern und von allen Konfessionen zugelassen wurden.[36] Zu den Lehrkräften zählten Johann Joachim Eschenburg, der gerade mit einer neuen Shakespeare-Übersetzung beschäftigt war und den englischen Schülern deutschen Unterricht gab, und Johann Arnold Ebert, der Richard Glovers Epos »Leonidas« und Thomas Youngs »Nachtgedanken« übersetzt hatte; besonders Eschenburg war mit Lessing eng befreundet. Auch durch Besuche in Göttingen, wo sein alter Leipziger Lehrer Kästner als Professor wirkte, blieb Lessing mit der angelsächsischen Welt in Berührung.[37]

Lessings eigene Leistungen als Übersetzer sind nie in der Forschung hinreichend gewürdigt worden, weil selbst die größten Ausgaben seiner Werke nur einzelne Beispiele und Auszüge aus seinen zahlreichen Übertragungen englischer, französischer, spanischer und lateinischer Texte enthalten.[38] Seine Übersetzungen aus dem Eng-

---

34 Ewald von Kleist an Christian Ludwig von Brandt, 27. Mai 1757. In: Daunicht: Lessing im Gespräch, S. 118.

35 Lessing an Eva König, 29. Juli 1772. In: LM, Bd. 18, S. 52.

36 Vgl. Helmuth Albrecht: Das Collegium Carolinum und seine Studenten. In: Brunswiek 1031 – Braunschweig 1981. Hrsg. von Gerd Spies. Braunschweig 1982, S. 73–84; Fritz Meyen: Bremer Beiträge am Collegium Carolinum in Braunschweig. Braunschweig 1962, S. 15–25; auch Maurer: Aufklärung und Anglophilie, S. 52–58.

37 Ein Bericht von Johann Matthias Hassenkamp scheint anzudeuten, dass Lessing auf seinem Besuch von 1766 in Göttingen mit Sir John Pringle, Präsident der Royal Society, und dem amerikanischen Staatsmann und Naturforscher Benjamin Franklin zusammengekommen sei: vgl. Daunicht: Lessing im Gespräch, S. 209.

38 Vgl. aber die nützlichen Bemerkungen Wilfried Barners in: Gotthold Ephraim Lessing: Werke und Briefe in zwölf Bänden. Hrsg. von Wilfried Barner u.a. Frankfurt a. M. 1985 ff, Bd. 5/1, S. 566–573 (künftig mit der Sigle FA sowie Band- und Seitenzahl); auch Vail: Lessing's Relation (wie Anm. 6), S. 12–90 ; Zu Lessings eigenen Grundsätzen als Übersetzer vgl. LM, Bd. 9, S. 214–215, 262–264.

lischen sind sehr umfangreich. Im Gegensatz zu solchen Freunden wie Kästner, Eschenburg, Ebert und Bode, die meistens dichterische Werke übersetzten, übersetzte Lessing größtenteils nichtliterarische Texte. Außer Fragmenten von James Thomsons Trauerspielen hat er vor allem kritische, philosophische und moralische oder homiletische Werke übertragen.[39] Dazu gehören vor allem Francis Hutchesons Hauptwerk zur Moralphilosophie, die »Sittenlehre der Vernunft«,[40] William Laws »Ernsthafte Ermunterung an alle Christen zu einem frommen und heiligen Leben«[41] und Samuel Richardsons »Sittenlehre für die Jugend in den auserlesensten Aesopischen Fabeln«.[42] Lessing hat diese Werke – besonders das homiletische Werk Laws – wohl hauptsächlich aus finanziellen Gründen übersetzt.[43] Aber weil diese drei größten Übersetzungen gerade in den Jahren 1756 und 1757 erschienen sind, hat er sie wahrscheinlich auch als Mittel betrachtet, in Erwartung der geplanten Englandreise seine Englischkenntnisse aufzufrischen. Das Bemerkenswerteste an dieser Arbeit ist der Umfang der übersetzten Werke: Die Werke von Hutcheson, Law und Richardson machen in Lessings deutscher Übersetzung insgesamt mehr als zweitausend Oktavseiten aus.[44] Seine Übersetzungen sind fließend, elegant und im allgemeinen zuverlässig; sie liefern mit anderen Worten den Beweis, dass Lessing die englische Sprache souverän beherrschte.[45]

Noch zu erörtern sind Lessings Kenntnisse von Werken englischer Autoren. Das einzige, was ich zum oft besprochenen Thema des Dramas sagen möchte, ist folgendes: Lessing kannte eine erstaunliche Zahl von englischen Dramen des 16. bis 18. Jahrhunderts. Die Zahl der englischen Dramatiker – vor allem Lustspieldichter – die er entweder ausdrücklich erwähnt oder nachweislich gekannt hat, beträgt weit über

---

39 LM, Bd. 22, S. 47–69 (Thomsons Trauerspiele); vgl. auch LM, Bd. 6, S. 53–70 (»Leben des Herrn Jacob Thomson«, nach Theophilus Cibber) und ebd., S. 249–294 (Auszug aus Drydens »Versuch über die dramatische Poesie«) ; Lessings Übersetzung »aus dem Englischen« von Johann Gotthilf Vockerodt: An Impartial Foreigner's Remarks (1753; vgl. LM, Bd. 5, S. 22 und FA, Bd. 2, S. 1144–1157) geht vielleicht zum Teil auf die französische Fassung zurück, da das Werk in französischer sowie englischer Sprache vorlag.

40 LM, Bd. 7, S. 64–65.

41 LM, Bd. 7, S. 72.

42 LM, Bd. 7, S. 73.

43 Vgl. Karl S. Guthke: Gotthold Ephraim Lessing. 3. Aufl. Stuttgart 1979, S. 37 (Sammlung Metzler, Bd. 65).

44 Vgl. Lessing-Bibliographie. Hrsg. von Siegfried Seifert. Berlin, Weimar. 1973, Nr. 1736, 1742 und 1772 (jeweils mit Angabe der Seitenzahl).

45 Vgl. Vail: Lessing's Relation (wie Anm. 6), S. 33–36, 42–53, 58–61, 90.

dreißig,[46] von denen viele damals auch in England wenig bekannt waren. Es wäre eine faszinierende Aufgabe, nachzuforschen, wie und wo es ihm gelang, schon zur Zeit seiner frühen Komödien[47] in Leipzig und Berlin die Werke vieler dieser Dramatiker einzusehen, da es kaum vorstellbar ist, dass sie damals in Universitätsbibliotheken oder öffentlich zugänglichen Sammlungen stark vertreten waren.

Ein weniger bekannter Aspekt von Lessings Belesenheit ist seine Liebe zum englischen Roman. Er scheint solche Romane hauptsächlich zum Vergnügen gelesen zu haben, denn er erwähnt sie recht selten in seinen literaturtheoretischen Schriften,[48] vermutlich weil der Roman damals noch als Gattung zweiten Ranges oder sogar als Trivialliteratur betrachtet wurde. Es steht jedoch fest, dass Lessing alle Hauptromane Richardsons, Fieldings und vor allem Sternes gelesen hat.[49] Als er 1768 von den Todesfällen Winckelmanns und Sternes erfuhr, sagte er seinen Freunden, dass er diesen beiden Schriftstellern gern ein paar Jahre seines eigenen Lebens geschenkt hätte.[50] Wir wissen auch, dass er in Hamburg seinem Freund Bode bei dessen Übersetzungen von Sternes »Tristram Shandy« und »Empfindsamer Reise« behilflich war.[51] Er hatte auch eine Zeit lang die Absicht, den langen und kuriosen Roman »The Life of John Buncle, Esq.« von dem irischen Exzentriker Thomas

---

46 Folgende englische Dramatiker werden in Lessings Schriften erwähnt (vgl. die Personenregister in LM, Bd. 23 sowie in Gotthold Ephraim Lessing: Werke. Vollständige Ausgabe in 25 Bänden. Hrsg. von Julius Petersen und Waldemar von Olshausen. Neudruck Hildesheim 1970, Bd. 24; künftig mit der Sigle PO) oder in den Arbeiten von Paul Kies (vgl. Anm. 47) über Lessings Rezeption englischer Dramatiker als von Lessing benutzte Quellen angeführt: Addison, Banks, Beaumont, Brooke, Burnaby, Centlivre, Colley Cibber, Coffey, Colman, Congreve, Daniel, Dryden, Etherage, Farquar, Fletcher, Granville, Hill, Home, Charles Johnson, Henry Jones, Ben Jonson, Lee, Lillo, Mason, Moore, Otway, Portal, Rowe, Shadwell, Shakespeare, Steele, Thomson, Vanbrugh, Whitehead, Wycherley (Diese Liste erhebt keinen Anspruch auf Vollständigkeit.).

47 Dazu vor allem Paul P. Kies: The Influence of English Drama on the Early Plays of Lessing. In: The University of Chicago. Abstracts of Theses. Humanistic Series. Vol. 7. Chicago 1928–1929, S. 529 bis 533; ders.: Lessing's Early Study of English Drama. In: Journal of English and Germanic Philology, 28, 1929, S. 16-34; ders.: Lessing and the Early English Domestic Tragedy. In: Research Studies of the State College of Washington, 2, 1930, S. 130–147; ders.: Lessing's Relation to Early English Sentimental Comedy. In: Publications of the Modern Language Association of America, 47, 1932, S. 807 bis 826; ders.: Lessing and Burnaby. In: Modern Language Notes, 50, 1935, S. 225–230.

48 Eine der wenigen Ausnahmen ist die Diskussion von Wielands »Agathon« in der »Hamburgischen Dramaturgie«: LM, Bd. 10, S. 78–80.

49 Auch wenn man von den vielen Hinweisen auf Richardson, Fielding, Smollett usw. in den frühen Rezensionen absieht (da Lessings Urheberschaft oft unsicher ist: vgl. Anm. 53), sind folgende Stellen zu nennen: (zu Richardson) LM, Bd. 4, S. 407; Bd. 7, S. 75; Bd. 9, S. 271; Bd. 15, S. 62; (zu Fielding) LM, Bd. 9, S. 212; Bd. 15, S. 62; (zu Sterne) LM, Bd. 3, S. 407; Bd. 10, S. 210; Bd. 15, S. 120–124, 231; Bd. 17, S. 256; Bd. 18, S. 131.

50 Daunicht: Lessing im Gespräch, S. 243–244; vgl. auch Lessing an Nicolai, 5. Juli 1768. In: LM, Bd. 17, S. 255.

51 Daunicht: Lessing im Gespräch, S. 244–245.

Amory zu übersetzen, ließ den Plan aber wegen anderer Verpflichtungen fallen.[52] Eine abschließende Bemerkung noch zur englischen Literatur: Es ist klar, dass Lessing sich lebenslänglich darum bemühte, sich bzw. seine Leser über Neuerscheinungen auf dem englischen Büchermarkt zu informieren. Als er den Rezensionsteil der »Berlinisch Privilegierten Zeitung« redigierte, nahm er zahlreiche Besprechungen von Werken englischer Herkunft auf. Es ist zwar in Einzelfällen oft unklar, ob die betreffende Rezension von Lessing selbst oder von einem seiner Mitarbeiter geschrieben wurde; soviel steht aber fest, dass er alle Rezensionen wenigstens in Auftrag gegeben hat.[53] Verschiedene Hinweise in seinen Werken auf das englische Rezensionsorgan »The Monthly Review« legen es nahe, dass er sich mit Hilfe solcher englischsprachigen Zeitschriften über das literarische Leben in England auf dem Laufenden hielt.[54]

Ich habe schon klarzumachen versucht, dass der Wert der englischen Literatur für Lessing zum Teil eben darin lag, dass sie englisch – das heißt nicht französisch – war, so dass sie dazu beitragen konnte, den übermäßigen kulturellen Einfluss Frankreichs auszugleichen. Dieser Maßstab trifft aber bei nichtliterarischen Texten in weit geringerem Grade zu. Lessing liest und erwähnt die Werke sehr vieler englischer Gelehrter aus zahlreichen Disziplinen, besonders Altphilologen, Orientalisten, Theologen und Philosophen, aber er führt sie nicht in erster Linie darum an, weil sie englisch sind, sondern weil er sie als Mitbürger jener internationalen Gelehrtenrepublik betrachtet, von der er sich selbst schon während seiner humanistischen Ausbildung in Meißen und Leipzig als Mitglied fühlte.[55] Es hat daher keine besondere Bedeutung, dass die Namen von etwa dreiundzwanzig englischen Altphilologen und Sprachwissenschaftlern in seinen Werken vorkommen;[56] viele von ihnen schrieben ohnehin lateinisch, und ähnliche Namenslisten ließen sich auch für Gelehrte aus anderen europäischen Ländern aufstellen. In einigen Bereichen aber ist der englische Beitrag so profiliert, dass er besonderer Erwähnung bedarf. Die Orientalistik z.B. wurde durch die britische Kolonialherrschaft im Nahen und Fernen Osten enorm bereichert, und Lessing verdankte englischen Gelehrten einen großen

---

52 Lessing an Karl Lessing, 11. November 1770. In: LM, Bd. 17, S. 348 und Lessing an Nicolai, 30. März 1779. In: LM, Bd. 18, S. 312; vgl. H.B. Nisbet: The German Reception of an Irish Eccentric. The Controversy over Thomas Amory's »Life of John Buncle, Esq.«, 1778–79. In: Connections. Essays in Honour of Eda Sagarra on the Occasion of her 60th Birthday. Hrsg. von Peter Skrine, Rosemary E. Wallbank-Turner, Jonathan West. Stuttgart 1993, S. 179–189, hier: S. 180–181.

53 Vgl. Karl S. Guthke: Besuch in einem Kartenhaus. Lessings Rezensionen. In: Ders.: Der Blick in die Fremde. Das Ich und das andere in der Literatur. Tübingen, Basel 2000, S. 351–392.

54 Vgl. z.B. LM, Bd. 6, S. 405; Bd. 15, S. 49, 60, 194, 312.

55 Vgl. Barner: Respublica litteraria (wie Anm. 30), S. 73.

56 Barnes, Baxter, Bentley, Blackwell, Clarke, Cowley, Farnaby, Francklin, Gale, Goulston, Hickes, Hill, Hudson, Hurd, Thomas Johnson, Markland, Marsham, Martyn, Patrick, Spence, Stanley, Nicholas Tindal, Trapp.

Teil seiner Kenntnisse der morgenländischen Kulturen.[57] Wie viele seiner Zeitgenossen benutzte er unter anderem George Sales kommentierte Übersetzung des Koran, um sich über den Islam genauer zu informieren.[58]

Auch in den Werken britischer Theologen und Bibelausleger war Lessing sehr bewandert; er nennt mehr als dreißig solche Autoren in seinen Schriften.[59] Statistische Angaben dieser Art besagen freilich an sich selbst nicht viel; wenn man sich aber vor Augen hält, wie schwierig es sein würde, einen englischen oder französischen Theologen aus Lessings Zeiten zu finden, der auch nur ein halbes Dutzend deutscher Theologen (außer den großen Reformatoren) zu nennen vermöchte, gewinnt man einen Einblick in die Mühe, die sich Lessing gab, um sich die Erkenntnisse der europäischen Aufklärung anzueignen. Das 18. Jahrhundert war allerdings keine Blütezeit der anglikanischen Theologie, und was Lessing am meisten interessierte – besonders im Zusammenhang mit seiner Ausgabe von Reimarus – war die Bibelkritik der englischen Deisten des frühen 18. Jahrhunderts wie Collins, Morgan und Tindal, aber ebenfalls die Werke der christlichen Apologeten, die den wörtlichen Sinn der Bibel gegen die Kritik solcher Deisten zu retten versuchten.[60] Man hat jedoch den Eindruck, dass die Bibelkritik kontinentaler Exegeten wie Spinoza, Richard Simon, Reimarus und Lessing selbst die Leistung der englischen Bibelkritiker schon weit hinter sich gelassen hatte. Ein Sonderling unter den englischen Theologen hat wenigstens das Verdienst, Lessing in seiner »Erziehung des Menschengeschlechts« zur Interpretation der alttestamentarischen Epoche als Elementarstufe des moralischen Bewusstseins angeregt – oder vielmehr provoziert – zu haben: William Warburton hatte nämlich das Fehlen einer Unsterblichkeitslehre im Alten Testament durch die überspannte Hypothese ständiger göttlicher Eingriffe zur Belohnung und Bestrafung jedes einzelnen Israeliten zu erklären versucht.[61] Für Lessing erklärt sich dieser Tatbestand einfach daraus, dass sich die althebräische Gesellschaft in einem sehr frühen Entwicklungsstadium befand und noch keiner differenzierten Vorstellungen über das Jenseits fähig war.

---

57 Darunter Dow, Gagnier, Hyde, Ockley, Pocock, Prideaux, Sale; zu diesen und anderen von Lessing angeführten Orientalisten vgl. Karl-Josef Kuschel: Vom Streit zum Wettstreit der Religionen. Lessing und die Herausforderung des Islam. Düsseldorf 1998, S. 48–50, 99–102, 160, 166.

58 Zu Sale vgl. LM, Bd. 5, S. 153, 325; Bd. 9, S. 392; Bd. 12, S. 268–269.

59 Abbot, Abernethy, Bingham, Bower, Cave, Collins, Ditton, Dodwell, Forbes, Gataker, Jortin, Kennicott, Lewis, King, Lyttleton, Lowth, Middleton, Mill, Potter, Prideaux, Scotus Erigena, Sharpe, Sherlock, Tillotson, Matthew Tindal, Ussher, Walton, Warburton, West, Whiston, Wiclef, Woolston u.a.

60 Zu Lessing und den Deisten vgl. die Bemerkungen Leopold von Zscharnacks in: PO, Bd. 18, S. 9–12; auch LM, Bd. 5, S. 443–445 und Bd. 12, S. 254–271. Zu den Apologeten vgl. z.B. LM, Bd. 12, S. 449.

61 Zu Lessing und Warburton vgl. LM, Bd. 4, S. 373–374; Bd. 13, S. 420; Bd. 14, S. 298; auch Leslie Stephen: History of English Thought in the Eighteenth Century. 3. Aufl. London 1902, Bd. 1, S. 344 bis 371; Nicholas Boyle: Pascal, Warburton and the Argument from Despair. In: Nation und Gelehrtenrepublik (wie Anm. 19), S. 239–247.

Die englische Philosophie spielte auf der anderen Seite eine wichtige Rolle in Lessings geistiger Entwicklung. Der deutsche Rationalismus schien ihm, wie auch anderen deutschen Denkern des späteren 18. Jahrhunderts (z.B. Mendelssohn, Herder und Schiller), in gewissen Bereichen – vor allem in der Ästhetik und Moralphilosophie – allzu abstrakt und lebensfremd, während die englische Philosophie größere Rücksicht auf Erfahrung nahm und als nützliche Ergänzung zur abstrakten Begrifflichkeit von Leibniz und Wolff dienen konnte. Aus diesem Grunde war Lessing bereit, eine neue Ausgabe von William Hogarths »Zergliederung der Schönheit« in Mylius' Übersetzung herauszugeben und zur Bekräftigung seiner eigenen ästhetischen Ansichten im »Laokoon« anzuführen.[62] Er erkannte auch die Bedeutung von Edmund Burkes Abhandlung »Vom Erhabenen und Schönen« und fing an, das Werk zu übersetzen; die Übersetzung blieb unvollendet, aber Lessings Ausführungen im »Laokoon« über die poetische Funktion der Sprache scheinen zum Teil auf Burkes Ideen zurückzugehen.[63] Der Einfluss einiger anderer englischer Ästhetiker und Kunsttheoretiker auf Lessing bleibt noch zu erforschen, wie zum Beispiel Jonathan Richardson, dessen »Versuch über die Malerei« im »Laokoon« und den Vorarbeiten dazu häufig angeführt wird;[64] Joseph Spence dagegen, der das Verhältnis zwischen Poesie und Malerei in der Antike behandelte, dient im »Laokoon« nur als Zielscheibe für Lessings Polemik.[65]

Wenn aber gefragt wird, welche Aspekte des englischen Denkens Lessing am tiefsten beeinflusst haben, so sind vor allem zwei Bereiche zu nennen. Erstens gibt es in der englischen Moralphilosophie die weit verbreitete Überzeugung, dass jeder Mensch einen angeborenen »moral sense« (moralischen Sinn) besitzt, der nicht im Verstand, sondern in den Gefühlen wurzelt und sich in der natürlichen Neigung manifestiert, mit anderen Menschen im Unglück Mitleid zu haben. Diese Überzeugung kommt bei mehreren britischen Philosophen von Shaftesbury und Hutcheson

---

62 Zur Hogarth-Ausgabe vgl. LM, Bd. 5, S. 368–372; zu »Laokoon« LM, Bd. 9, S. 137–138.

63 LM, Bd. 9, S. 137–138; vgl. Lessing an Mendelssohn, 21. Januar und 18. Februar 1758. In: LM, Bd. 1, S. 134, 137; LM, Bd. 14, S. 220–225; auch William Guild Howard: Burke among the Predecessors of Lessing. In: Publications of the Modern Language Association of America, 22, 1906–1907, S. 608 bis 632.

64 Andere einschlägige Autoren sind z.B. Alexander Gerard, Henry Home und Daniel Webb; auch John Brown (vgl. Daunicht: Lessing im Gespräch, S. 262–263); zu Richardson vgl. LM, Bd. 9, S. 44, 48, 81, 155 und Bd. 14, S. 392–397.

65 Vgl. Donald T. Siebert Jr.: »Laokoon« and »Polymetis«. Lessing's Treatment of Joseph Spence. In: Lessing Yearbook, 3, 1971, S. 71–83 ; weitere von Lessing angeführte englische Philosophen sind z.B. Bacon, Berkeley und Locke; zu Locke vgl. Arnold Heidsieck: Lessing, Locke und die anglikanische Theologie. In: Lessing und die Toleranz. Sonderband zum Lessing Yearbook. Hrsg. von Peter Freimark, Franklin Kopitzsch, Helga Slessarev. Detroit, München 1986, S. 71–79 ; zu Ferguson, Hume, Hutcheson, Adam Smith und Shaftesbury vgl. unten.

bis zu Adam Smith und David Hume vor und liegt auch der Literatur der Empfindsamkeit zugrunde, wie z.B. Richardsons Romanen und den bürgerlichen Trauerspielen von Lillo und Moore. Sie bildet auch die Grundlage von Lessings Theorie des Trauerspiels, dessen Funktion für ihn ausschließlich darin besteht, Mitleid zu erregen und dadurch die gemeinsame Humanität aller Menschen zu kultivieren.[66] In seinen eigenen Worten: »Das Mitleiden [...] bessert unmittelbar, bessert, ohne daß wir selbst etwas dazu beitragen dürfen; bessert den Mann von Verstande sowohl als den Dummkopf.«[67] Die egalitäre Tendenz dieser ethischen Lehre steht in auffallendem Kontrast zu den elitären Voraussetzungen der Ethik von Leibniz und Wolff, die jede moralische Besserung von überlegener Erkenntnis abhängig macht. Lessing, der in der Philosophie eher Eklektiker als Systematiker war, vertritt beide ethische Positionen in verschiedenen Kontexten, ohne sich um den dabei entstehenden Widerspruch zu kümmern;[68] aber im Bereich des Trauerspiels, das an alle Menschen gerichtet ist und nicht nur an jene »fähigeren Individuen«, die laut seiner »Erziehung des Menschengeschlechts« den Fortschritt der Menschheit vorantreiben,[69] bleibt Lessing der in der englischen Ethik vorgebildeten Mitleidstheorie treu.

Zweitens fühlte sich Lessing besonders in seinen späteren Jahren von den fortschrittlichen politischen Anschauungen angezogen, die er im englischen Leben und Denken erkannte. Als er einmal von den Neujahrsfestlichkeiten am Braunschweiger Hof zurückkehrte, denen er jedes Jahr beiwohnen musste und die er als höchst unangenehme Pflicht empfand, blätterte er in einem englischen Buch, das ihm Mendelssohn eben zugeschickt hatte. Bereits im Inhaltsverzeichnis findet er Wahrheiten angedeutet, die er in seinen eigenen Worten als »Wahrheiten, in deren beständigem Widerspruche wir nun schon einmal leben« bezeichnet.[70] Das Buch ist Adam Fergusons »Geschichte der bürgerlichen Gesellschaft«, und die Kapitelüberschriften, auf die Lessing anspielt, sind zweifellos solche wie (ich übersetze) »Von Korruption und politischer Sklaverei«, »Von der Entwicklung und Beseitigung des Despotismus«, usw.[71] Dazu bemerkt Lessing: »Mit dem Ferguson will ich mir nun ein eigentliches

---

66 Zu diesem ganzen Problemkreis vgl. H.B. Nisbet: Lessing's Ethics. In: Lessing Yearbook, 25, 1993, S. 1–40; zu Lessing und Shaftesbury vgl. Theodor Cornelis van Stockum: De beteekenis van Shaftesbury voor Lessings levensbeschouwing. In: Stockum. Ideologische zwerftochten. Groningen 1957, S. 230–254 ; zu Lessing und Hutcheson vgl. Arnold Heidsieck: Der Disput zwischen Lessing und Mendelssohn über das Trauerspiel. In: Lessing Yearbook, 11, 1979, S. 7–34, hier: S. 13-17 ; zu Smith vgl. LM, Bd. 9, S. 29.

67 LM, Bd. 17, S. 75; vgl. ebd., S. 66.

68 Vgl. Nisbet: Lessing's Ethics, S. 32–33.

69 LM, Bd. 13, S. 429.

70 Lessing an Mendelssohn, 9. Januar 1771. In: LM, Bd. 17, S. 364.

71 Adam Ferguson: An Essay on the History of Civil Society. Hrsg. von Fania Oz-Salzberger. Cambridge 1995, S. 4–5 ; zu Lessings Lektüre von Ferguson vgl. Georges Pons: Gotthold Ephraim Lessing et le Christianisme. Paris 1964, S. 240.

Studium machen.«[72] Seine Opposition gegen den Absolutismus, die in diesen Jahren oft zum Ausdruck kommt,[73] spielte gewiss auch schon bei seinem Eintritt in den Freimaurerorden in Hamburg eine Rolle, wo die erste deutsche Loge im Jahre 1737 nach englischem Muster gegründet worden war.[74] Er fühlte sich aber sofort enttäuscht und besuchte die Sitzungen nicht mehr, als ihm klar wurde, dass die demokratischen und kosmopolitischen Prinzipien der ursprünglichen Verfassung überall durch Hierarchie und Exklusivität verdrängt worden waren; die »wahren« Freimaurer jedoch, die er einige Jahre später in den Dialogen »Ernst und Falk« darstellt, bleiben den liberalen Grundsätzen der alten englischen Verfassung treu.[75] Ein letztes Beispiel: Lessing scheint im letzten Jahr seines Lebens eine der scharfsinnigsten philosophischen Untersuchungen der Religion entdeckt zu haben, die bisher erschienen waren, nämlich David Humes postum veröffentlichte »Dialoge über die natürliche Religion«. Er empfahl sie dem jungen Fritz Jacobi, zweifellos weil sie seine eigene skeptische Überzeugung bestätigten,[76] dass Worte, Begriffe und Formeln völlig unzulänglich sind, Religionswahrheiten zu vermitteln.

Es ist natürlich unmöglich, im Rahmen dieses Vortrags der komplexen Frage von Lessings Rezeption in England gerecht zu werden.[77] Ganz allgemein lässt sich mit den Worten eines neueren Forschers sagen, »dass gegenüber einer relativen Häufigkeit von Lessing-Übersetzungen [in England] die inhaltliche Aufnahme seines Werks eher bescheiden ausgefallen ist«.[78] Die vier bekanntesten Dramen wurden immerhin vor Ende des 18. Jahrhunderts ins Englische übersetzt, und zwei von ihnen wurden in London aufgeführt. »Minna von Barnhelm«, mit dem englischen Titel »The Disbanded Officer«, war höchstwahrscheinlich das allererste deutsche Drama auf der englischen Bühne;[79] und bei der Aufführung von »Emilia Galotti« spielte Sarah Siddons, die berühmteste englische Schauspielerin der Zeit, die Rolle

72 Wie Anm. 70.

73 Vgl. Lessing an Nicolai, 25. August 1769. In: LM, Bd. 17, S. 298; auch LM, Bd. 15, S. 227–228.

74 Zur Logengründung vgl. Maurer: Aufklärung und Anglophilie, S. 43.

75 Vgl. H.B. Nisbet: Zur Funktion des Geheimnisses in Lessings »Ernst und Falk«. In: Lessing und die Toleranz (wie Anm. 65), S. 291–309.

76 Daunicht: Lessing im Gespräch, S. 502; zu Lessings möglicher Kenntnis von Humes »Natural History of Religion« vgl. PO, Bd. 20 (24. Teil), S. 62–64.

77 Einschlägige Forschungsbeiträge sind bei Seifert: Lessing-Bibliographie (Nr. 6001–6007) und in: Lessing-Bibliographie 1971–1985. Hrsg.: Doris Kuhles. Berlin, Weimar 1988 (Nr. 2580–2589) zu finden; vgl. auch Richard E. Schade: Lessing in London. James Johnston's »The Disbanded Officer« (1786). In: Erbepflege in Kamenz, 17, 1997, S. 105–117; Carsten Zelle: Der »Lessing« eines englischen Opiumessers. Das deutsche 18. Jahrhundert bei Thomas De Quincey. In: Lessing Yearbook, 32, 2000, S. 209–219.

78 Zelle: Der »Lessing« eines englischen Opiumessers, S. 209.

79 Schade: Lessing in London, S. 105.

der Orsina.[80] Obgleich Lessing in den nächsten hundert Jahren kein breiteres Publikum in England erreichte, erregte er die Aufmerksamkeit von mehreren bekannten Figuren des literarischen Lebens. Coleridge z.B. meinte, dass Lessing »den Witz Voltaires mit der Scharfsinnigkeit Humes«[81] vereinigte, und verbrachte zehn Monate in Deutschland mit dem ausdrücklichen Ziel, eine Biografie Lessings zu schreiben; als er bei seiner Rückkehr aber erfuhr, dass sein Verleger sich eher für die neueste deutsche Literatur interessierte, lieferte er statt der geplanten Lessing-Biografie eine Übersetzung von Schillers »Wallenstein«.[82] Thomas Carlyle, der Lessing für gleichrangig mit Diderot und Hume hielt,[83] hatte ein Lessing-Porträt an exponierter Stelle in seinem Londoner Wohnhaus.[84] Thomas De Quincey bezeichnete Lessing als »den ersten deutschen Schriftsteller, der eine elegante Prosa schrieb« und behauptete, dass nach dem Tode von Leibniz Lessing »den größten Anteil an der Widerbelebung des eingefrorenen deutschen Geistes« hatte.[85] De Quinceys Vergleich Lessings mit Samuel Johnson[86] ist auch zutreffend: Beide waren Dichter, Privatgelehrte, Herausgeber, Journalisten, Kritiker, Polemiker und Sprachforscher; beide wurden von ihren Zeitgenossen geachtet und zugleich gefürchtet; beide waren unterhaltende Gesprächspartner – obgleich Lessing leider keinen Boswell neben sich hatte, um jedes seiner Worte aufzuzeichnen. Der größte Unterschied zwischen ihnen besteht freilich darin, dass Lessing radikale Meinungen über Politik und Religion vertrat, während Johnson lebenslänglich ein Erzkonservativer und frommer Anglikaner blieb.

George Henry Lewes, der die erste bedeutende Goethe-Biografie in englischer Sprache schrieb, führte den Vergleich Lessings mit englischen Schriftstellern weiter und meinte, dass Lessings Geist »von ausgesprochen englischer Art« sei.[87] Lewes dachte hier vielleicht an Lessings Freimütigkeit und an die undogmatische Systemlosigkeit seiner Schriften. Aber man denkt dabei unwillkürlich auch an eine Äußerung von Friedrich Nicolai, der ebenfalls einen entschieden englischen Zug an Lessing bemerkt zu haben meinte. Nicolai schreibt:

---

80 Sydney H. Kenwood: Lessing in England. In: Modern Language Review, 9, 1914, S. 197–212, 344–358, hier: S. 203.

81 Coleridge an Benjamin Flower, 1. April 1796. In: Kenwood: Lessing in England, S. 348.

82 Vgl. Richard Holmes: Coleridge. Early Visions. London 1989, S. 216.

83 Zelle: Der »Lessing« eines englischen Opiumessers, S. 214.

84 John Boening: Carlyle versus the Enlightenment. In: Studies on Voltaire and the Eighteenth Century, 216, 1983, S. 419–421, hier: S. 420.

85 Thomas De Quincey: Gallery of the German Classics No. 1. Lessing. In: Blackwood's Magazine, 20, 1826, S. 728–744, hier: S. 728.

86 Ebd.; zu Lessings Hinweise auf Johnson vgl. LM, Bd. 5, S. 408–409; Bd. 15, S. 226; Bd. 16, S. 67–69; Bd. 18, S. 156, 246, 263, 322.

87 Edinburgh Review (1845), zitiert in: John Boening: Too German, and Not German Enough. Lessing's Reputation in England. In: Lessing Yearbook, 13, 1981, S. 85–92, hier: S. 89.

Lessings Verhältnis zur französischen Kulturwelt könnte aus heutiger Sicht als widersprüchlich gelten. Kein anderer zeitgenössischer Kulturkreis hat ihn so tief beeinflusst, so durchgehend beschäftigt wie der französische, aber keine andere Nation hat bei ihm so viele sarkastisch-bittere Kommentare hervorgerufen, keine so zahlreiche empfindliche und verletzende Vorwürfe einstecken müssen. Dieser paradoxen Sachlage hat die alte Lessing-Forschung lange Zeit wenig Aufmerksamkeit geschenkt. Denn lange begnügten sich die deutschen Literaturhistoriker damit, den unablässigen Kampf des streitbaren Lessing gegen den Anspruch des westlichen Nachbarn auf kulturelle Hegemonie und seine Verdienste um die Bildung einer vom fremden Einfluss befreiten Nationalliteratur zu feiern. Ja, in der nationalistischen Perspektive des 19. Jahrhunderts schreckte man nicht vor dem Gebrauch von kriegerischen und militärischen Metaphern zurück, um sein Wirken darzustellen, und stellte ihn Friedrich II., später sogar Bismarck und Kaiser Wilhelm I. zur Seite. Gedankliche und literarische Leistungen wurden ohne Bedenken politisch-militärischen Aktionen gleichgestellt. Dem friderizianischen Sieg bei Roßbach über die französischen Truppen entsprach so die Zerstörung der französischen klassizistischen Tragödie in der »Hamburgischen Dramaturgie«. So entstand die Preußen-Legende um Lessing, gegen die Franz Mehring schon 1893 entschieden Stellung nahm. Aber auch in Frankreich sprach man gern von der »Ungerechtigkeit« Lessings bei seiner Beurteilung Voltaires und Corneilles, seiner grundsätzlichen Verkennung der ästhetischen Vorzüge der »tragédie classique«. Auf beiden Seiten übersah man dabei, dass Lessing selbst die Einseitigkeit jedes engen nationalen Standpunkts betont hatte, man vergaß den Kernsatz seines berühmten Briefes an Gleim vom 16. Dezember 1758 mitten im Siebenjährigen Krieg: »Vielleicht zwar ist auch der Patriot bey mir nicht ganz erstickt, obgleich das Lob eines eifrigen Patrioten, nach meiner Denkungsart, das allerletzte ist, wonach ich geitzen würde; des Patrioten nehmlich, der mich vergessen lehrt, daß ich ein Weltbürger seyn sollte.«[3]

Wir sind heute glücklicherweise in der Lage, einen ausgewogeneren Standpunkt einzunehmen und die Komplexität der Beziehungen Lessings zum Nachbarland richtiger zu bewerten. Ich möchte im Rahmen der diesjährigen Vortragsreihe »Lessing und Europa« veruchen, auf die Beziehungen Lessings zu seinen französischen Schriftstellerkollegen näher einzugehen, besonders zu Voltaire und Diderot. Diese Problematik ruft eine ganze Reihe von Fragen hervor. Was hat Lessing bei den zeitgenössischen französischen Autoren geschätzt und bewundert? Was verdankte er ihnen? Aber wie erklärt sich die zum Teil sehr scharfe Kritik an der französischen

[3] Alle Lessing-Zitate, wenn nicht anders vermerkt, nach: G.E. Lessing: Werke und Briefe in zwölf Bänden. Hrsg. von Wilfried Barner zusammen mit Klaus Bohnen u.a. Frankfurt a.M. 1985 ff, hier: Bd. 11/1, S. 305. Künftig FA mit Band- und Seitenzahl.

Literatur und Kultur und darüber hinaus sogar manchmal an dem französischen »Nationalcharakter«? Andererseits wie wurde Lessing bei Lebzeiten in Frankreich aufgenommen? War eine positive Rezeption überhaupt möglich? Was stand dieser Rezeption im Wege, und was hat den Dialog erschwert? Dass es unter ungünstigen Umständen doch zu diesem Dialog gekommen ist, werde ich dann zu zeigen versuchen.

Um die Stellungnahmen Lessings richtig zu verstehen, ist es vielleicht nötig, die Lage der deutschen Literatur und insbesondere des deutschsprachigen Theaters in der Lessing-Zeit näher zu betrachten. Die institutionelle Entwicklung hängt damals noch wesentlich von der »Unterstützung durch die Großen« ab, das heißt vom fürstlichen Mäzenatentum. Das Interesse der französisch sprechenden und kosmopolitisch gebildeten Fürsten, von einigen Ausnahmen abgesehen, galt aber, wie schon erwähnt, vorwiegend dem französischen Theater. Seit der »Theaterreform« Gottscheds erhoben sich immer wieder Stimmen, die die politische und gesellschaftliche Elite des Landes an ihre Pflichten der »nationalen Kultur« gegenüber zu erinnern versuchten. Ein Erfolg bei diesen Bemühungen war aber nur zu erhoffen, wenn einerseits das Niveau der einheimischen literarischen und künstlerischen Produktion stieg, andererseits wenn man den Rang der ausländischen Leistungen relativierte. Diese durften nicht weiterhin als das *nec plus ultra*, als ein für die Deutschen unerreichbares Ideal erscheinen. Die Deutschen, so lautete ein weit verbreitetes Urteil, seien nur deshalb so sehr geneigt, alles was vom Ausland kommt, insbesondere vom westlichen Nachbarn, blind zu bewundern und eifrig zu rezipieren, weil es ihnen an Vertrauen in ihr eigenes »Genie« und ihre Fähigkeiten fehle. Die Ausländer verstärkten selbstverständlich durch ihre Überheblichkeit nach Kräften dieses Unterlegenheitsgefühl, das als eine echte Nationalschwäche dargestellt wurde. Die daraus hervorgehende »Nachahmungssucht« verhindere aber die Entfaltung einer eigenständigen Kultur, die am europäischen Dialog teilnehmen könne.

Man hält zu dieser Zeit zwar an dem Gedanken von universell gültigen Normen und Werten auf dem Gebiet der Kultur noch fest, doch dies verhindert nicht das Aufkommen des immer stärker werdenden Gefühls, dass jede Nation Besonderheiten aufweise, die sich in ihrer Literatur und auf ihrer Bühne bemerkbar machten. Jedes Volk müsse sein eigenes, seinem »Nationalcharakter« entsprechendes Theater entwickeln, schreibt Johann Elias Schlegel schon 1747,[4] seinen eigenen Weg finden, anstatt ein ausländisches Modell blind nachzuahmen.

---

[4] Gedanken zur Aufnahme des dänischen Theaters. In: J.E. Schlegel: Werke. Hrsg. von J.H. Schlegel. Kopenhagen, Leipzig 1761–1770, Bd. 3, S. 259–298.

Man verfolgt mühelos in Lessings Kampagne für ein deutsches Nationaltheater die Spur dieser im Grunde pragmatischen und strategischen Überlegungen. In der ersten Zeitschrift, die er herausgab, den »Beiträgen zur Historie und Aufnahme des Theaters« (1750), die sich anscheinend noch völlig im Fahrwasser Gottscheds bewegt, bedauert er schon, dass man bisher nur französische Stücke für die deutsche Bühne übersetzt habe, was zu ihrer Einförmigkeit geführt habe, während man sich kaum darum bekümmert habe, neben den Alten das spanische, italienische, holländische und englische Theater bekannt zu machen.[5] Deswegen setzt er sich für eine größere Vielfalt bei der Wahl der »Muster« und für die Anerkennung der Eigentümlichkeiten einer jeden nationalen dramatischen Tradition ein. Lessings eigenes Übersetzungsprogramm, das er dann vorschlägt, hat eindeutig einen kosmopolitischen und gesamteuropäischen Charakter. Schon an dieser Stelle wird in der Form eines Aperçus, das heißt ohne tiefere Begründung, ein Gedanke ausgespielt, der später schwerwiegende Folgen haben wird: »Das ist gewiß, wollte der Deutsche in der dramatischen Poesie seinem eigenen Naturelle folgen, so würde unsere Schaubühne mehr der englischen als der französischen gleichen.«[6]

Der Gedanke, dass es eine enge Beziehung geben sollte zwischen dem »Naturell« eines Volkes und seiner Bühne, beginnt zu dieser Zeit die universalistische Auffassung des Kunstschönen zu schwächen und mit ihr die allgemeine Gültigkeit der in Frankreich entwickelten klassizistischen Normen. So formulierte Johann Elias Schlegel: »[...] eine jede Nation schreibt einem Theater, das ihr gefallen soll, durch ihre verschiedenen Sitten auch verschiedene Regeln vor, und ein Stück, daß für eine Nation gemacht ist, wird selten den andern ganz gefallen«,[7] und zieht daraus die praktische Konsequenz: »Bey Einrichtung eines Theaters muß man also die Sitten und den besondern Charakter seiner Nation in Betrachtung ziehen«.[8] Die sklavische Nachahmung eines ausländischen Modells muss notwendigerweise in eine Sackgasse führen. Dies war bekanntlich der Vorwurf, den Lessing in dem berühmten »17. Literaturbrief« (1759) gegen Gottscheds Theaterreform im allgemeinen und die Übersetzungstätigkeit in seinem Kreise insbesondere erhob: Gottsched habe ein »französierendes« Theater schaffen wollen, »ohne zu untersuchen, ob dieses französierende Theater der deutschen Denkungsart angemessen sei, oder nicht«.[9] Der Vorwurf ist zwar ungerecht genug für den großen Vorgänger, die daraus gezogene Konsequenz ist aber von einer nicht zu unterschätzenden Tragweite:

---

5 FA, Bd. 1, S. 728.
6 Ebd., S. 729.
7 J.E. Schlegel: Werke, Bd. 3, S. 262.
8 Ebd., S. 265.
9 FA, Bd. 4, S. 500.

Er hätte aus unsern alten dramatischen Stücken, welche er vertrieb, hinlänglich abmerken können, daß wir mehr in den Geschmack der Engländer, als der Franzosen einschlagen; daß wir in unsern Trauerspielen mehr sehen und denken wollen, als uns das furchtsame französische Trauerspiel zu sehen und zu denken giebt; daß das Große, das Schreckliche, das Melancholische, besser auf uns wirkt als das Artige, das Zärtliche, das Verliebte; daß uns die zu große Einfalt mehr ermüde, als die zu große Verwickelung.[10]

Hätte man infolgedessen statt der Werke von Racine und Corneille, schließt Lessing, »die Meisterstücke des *Shakespeare*, mit einigen bescheidenen Veränderungen« für die Deutschen übersetzt, so hätten sie nicht nur einen größeren Widerhall bei den Zuschauern gefunden, sie hätten auch neue ungeahnte dramatische Fähigkeiten bei den Deutschen ins Leben gerufen.

Die vorgeschlagene Neuorientierung des deutschen literarischen Theaters nach dem »englischen Geschmack«, die übrigens lange eine rein theoretische Forderung bleiben sollte, stützte sich auf Überlegungen, die tiefere Affinitäten zwischen dem englischen und deutschen »Nationalcharakter« postulierten, als zwischen dem deutschen und dem französischen. Wegen der engen Beziehung zwischen dem Charakter eines Volkes und der Art seines Theaters wurden zwei dramatische Traditionen durch Begriffe gekennzeichnet, die man gewöhnlich auf die verschiedenen europäischen Völker bezog. Man war nämlich der Ansicht, dass eine Anzahl von bestimmenden Faktoren, unter denen das Klima als der wichtigste galt, den kollektiven Charakter jedes Volkes prägte. Dass die wissenschaftlichen oder besser größtenteils pseudowissenschaftlichen Überlegungen über den Begriff des Nationalcharakters eine große Zahl von handfesten nationalen Auto- und Heterostereotypen wieder aufnahmen, dürfte für uns heute selbstverständlicher sein als für Lessing und seine Zeitgenossen. Wie dem auch sei, man erkennt mühelos hinter den Bezeichnungen »das Große, das Schreckliche, das Melancholische« das tradierte Bild des heftigen und tiefsinnigen Engländers und hinter dem »Artigen, Zärtlichen, Verliebten« das des galanten, leichtfertigen und flüchtigen Franzosen. Oder unter soziologischem Standpunkt: Es stehen sich hier die aristokratisch geprägte französische Kultur und die »bürgerlichere« englische gegenüber. Schon einige Jahre früher, als Lessing den doppelten Ursprung der »ernsten Komödie« von der englischen »domestic tragedy« und der französischen »comédie larmoyante« (weinerliches Lustspiel) darlegte, rekurrierte er auf die Völkerpsychologie: »der Franzose ist ein Geschöpf, das immer grösser scheinen will, als es ist. Der Engländer ist ein anders, welches alles grosse zu sich hernieder ziehen will«.[11] Die französische Eitelkeit und Liebe zum Schein einer-

[10] Ebd.

[11] G.E. Lessing: Sämtliche Schriften. Hrsg. von Karl Lachmann. 3. Aufl. besorgt durch Franz Muncker. Stuttgart, Leipzig, Berlin 1886–1924, Bd. 6, S. 7. Künftig: LM mit Band- und Seitenzahl.

seits, die englische Freiheitsliebe und Aufmüpfigkeit andererseits standen also Pate bei der Geburt der neuen dramatischen Gattung.

Man ist nach diesen Beispielen etwas überrascht zu entdecken, dass diese Argumentation in der »Hamburgischen Dramaturgie« fast völlig verschwunden ist. Zwar wird die Opposition zur französischen Tragödie hier auf die Spitze getrieben, aber es geschieht mit ganz anderen Mitteln. Die Exegese der »Poetik« des Aristoteles soll jetzt den Erweis erbringen, dass die Franzosen kein tragisches Theater besitzen, weil sie die Lehre der Alten missverstanden haben, und nicht aus irgend einer national bestimmten Unfähigkeit. Lessing stellt sogar im 81. Stück die wissenschaftliche Gültigkeit jeder allgemeinen Kennzeichnung der Völker grundsätzlich in Frage:

> Will ich denn nun aber damit sagen, daß kein Franzose fähig sei, ein wirklich rührendes tragisches Werk zu machen? daß der volatile Geist der Nation einer solchen Arbeit nicht gewachsen sei? – Ich würde mich schämen, wenn mir das nur eingekommen wäre. Deutschland hat sich noch durch keinen Bouhours lächerlich gemacht. Und ich, für meinen Teil, hätte nun gleich die wenigste Anlage dazu. denn ich bin sehr überzeugt, daß kein Volk in der Welt irgendeine Gabe des Geistes vorzüglich vor andern Völkern erhalten habe. Man sagt zwar: der tiefsinnige Engländer, der witzige Franzose. Aber wer hat die Teilung gemacht? die Natur gewiß nicht, die alles unter alle gleich verteilt. Es giebt eben so viele witzige Engländer, als witzige Franzosen, und eben so viele tiefsinnige: der Braß von dem Volke aber ist keines von beiden.[12]

Lessing verwirft hier nicht nur zwei gängig nationale Stereotype, die er früher selbst benutzt hatte. Er drückt auch seine Überzeugung aus, dass alle Völker über die gleiche natürliche geistige Begabung verfügen, sodass keines aus dem Dialog der Kulturen ausgeschlossen bleiben muss. Nur muss auch der Wille vorhanden sein, an diesem Dialog teilzunehmen.

Dies erklärt, dass er in den letzten Nummern der »Dramaturgie«, worin er das Scheitern der Hamburger Musterbühne kommentiert, so scharf mit seinen Landsleuten ins Gericht geht. Einmal mehr scheint für den schmerzlichen Misserfolg der Mangel an kultureller Reife und kollektivem Selbstbewusstsein der Deutschen verantwortlich zu sein. Man kennt den berühmten Satz: »Über den gutherzigen Einfall den Deutschen, ein Nationaltheater zu verschaffen, da wir Deutsche noch keine Nation sind.« Es folgen darauf zornige Worte der Enttäuschung:

> Wir sind immer noch die geschworenen Nachahmer alles Ausländischen, besonders noch immer die untertänigen Bewunderer der nie genug bewunderten Franzosen; alles was uns von jenseits dem Rheine kömmt ist schön, reizend, allerliebst, göttlich; lieber verleugnen wir Gesicht und Gehör, als daß wir es anders finden sollten; lieber wollen wir Plumpheit für Ungezwungenheit, Frechheit für Grazie, Grimasse für Ausdruck, ein Geklinge von Reimen für Poe-

[12] FA, Bd. 6, S. 585–586.

> sie, Geheule für Musik uns einreden lassen, als im geringsten an der Superiorität zweifeln, welches dieses liebenswürdige Volk, dieses erste Volk in der Welt, wie es sich selber sehr bescheiden zu nennen pflegt, in allem, was gut und schön und erhaben und anständig ist, von dem gerechten Schicksal zu seinem Anteil erhalten hat.[13]

Ungefähr zur gleichen Zeit schuf er mit dem Glücksritter Riccaut de la Marlinière, einer Nebengestalt in der Komödie »Minna von Barnhelm«, eine Karikatur des eitlen, hochstaplerischen, in Deutschland als Parasit lebenden Franzosen.

Doch in der »Dramaturgie« selbst sind die nationalpsychologischen Betrachtungen eindeutig poetologischen Argumentationen gewichen. Die Völkerpsychologie hat ausgespielt, das Ziel bleibt dasselbe. Es geht immer noch darum, die Entwicklung einer eigenständigen Theaterkultur zu fördern und das Prestige ihrer gefährlichsten Konkurrentin zu zerstören, was Lessing tatsächlich gelungen ist. Nach der »Hamburgischen Dramaturgie« geht es rapide bergab mit der französischen »tragédie classique« in Deutschland.

Die gerechte Natur hat also kein Volk vor den andern bevorzugt. Auch wenn Lessing in seiner Jugend das Werk des Abbé d'Espiard über die Völkerpsychologie wohlwollend rezensierte und dabei den Primat der physischen, das heißt der klimatischen Elemente auf die Bildung des Nationalcharakters betonte,[14] brachte er im Grunde wenig Interesse für die Klimatheorie auf.[15] Die Behauptung der Einheit des menschlichen Geschlechts wurde zunehmend zu einem Hauptthema seines Werkes, und die Überwindung der künstlichen Trennungen zwischen den Menschen avanciert in seinem Spätwerk zu einem Hauptthema seines philosophischen Denkens. Es soll hier nur auf »Nathan der Weise« und auf »Ernst und Falk« hingewiesen werden. Letztere Schrift beklagt, dass »ein blosser Mensch nicht mehr einem blossen Menschen« begegnen könne, »die vermöge ihrer gleichen Natur gegen einander angezogen werden«,[16] sondern dass sie sich misstrauisch gegenüber stehen. Sie betrachtet alle Unterschiede, auch die der Nationen als künstliche Trennungen und als nebensächliche Akzidentien, denen gegenüber die prinzipielle Einheit der Menschheit behauptet werden muss. Es sei auch bedauerlich, dass die Menschen »sich einen gewissen geistigen Vorzug streitig machen und darauf Rechte gründen, die dem natürlichen Menschen nimmermehr einfallen könnten«.[17] Und »Nathan«

---

13 FA, Bd. 6, S. 684–685.

14 Vgl. Rez. von L'Esprit des Nations. FA, Bd. 2, S. 474–476.

15 Zu diesem Schluss kommt Gonthier-Louis Fink: Nationalcharakter und nationale Vorurteile bei Lessing. In: Nation und Gelehrtenrepublik. Lessing im europäischen Zusammenhang. Hrsg. von Winfried Barner u. Albert M. Reh. Detroit, München 1984, S. 91–119, hier: S. 98.

16 LM 13, S. 356.

17 Ebd., S. 357.

versinnbildlicht die Wiederherstellung der Einheit im Bild der wieder versammelten Familie des Schlusstableaus. Mit gutem Recht sieht man im Spätwerk Lessings ein besonders beeindruckendes Beispiel für den Kosmopolitismus der Aufklärung, der wohlgemerkt von dem traditionellen Kosmopolismus der Aristokratie deutlich zu unterscheiden ist.[18] Kosmopolit aber war Lessing auch in seinem Leben.

*

Lessings Mehrprachigkeit, die er mit vielen Zeitgenossen teilte, gewährte ihm einen direkten Zugang zu den ausländischen Werken und erleichterte den Dialog, den er im gesamteuropäischen Rahmen speziell mit der französischen Kultur unterhielt. Lessing, der Französisch las, sprach und schrieb, hat mehrere französische Werke ins Deutsche übersetzt und zahllose andere rezensiert. Als der junge ehrgeizige Literat nach Berlin kam, gaben einige am Potsdamer Hof etablierte französische Schriftsteller und Gelehrte den Ton an. Man denke an Maupertuis, d'Argens und vor allem an Voltaire. Unter diesen Umständen ist es nicht verwunderlich, dass Lessing seine Kenntnis des Französischen zu vervollkommnen versuchte und bei dem Sekretär Voltaires Richier de Louvain, der dann sein Freund wurde, Unterricht nahm. Diese Bekanntschaft wurde der Anlass zu der unangenehmen Affäre der Druckfahnen des »Siècle de Louis XIV«, die die Beziehungen zwischen Lessing und Voltaire stören sollten. Lessing hatte diese Fahnen von Richier entliehen und war damit nach Wittenberg aufgebrochen, Voltaire, der eine noch üblere als die von Lessing begangene Indiskretion fürchtete, forderte sie ohne Schonung zurück und unterrichtete Friedrich II. über den Vorfall.[19] Diese kleine Episode sollte man aber nicht überbewerten und als den Grund für die spätere Polemik Lessings gegen die Voltairesche Tragödie betrachten. Die Affäre der Druckfahnen war schnell abgetan, während Lessings Opposition zu Voltaire, die weit tiefere Gründe als ein bloß persönliches Ressentiment hatte, sich langsam entwickelte und die Ausbildung einer neuen dramatischen Theorie begleitete. So lobt Lessing 1752 noch überschwänglich Voltaires Stück »Amélie ou le duc de Foix«, eine Tragödie mit mittelalterlichem Sujet, das Lessing nicht nur schön, sondern auch rührend findet. Das Kriterium der Rührung und der emotionalen Wirkung (»die Tränen eines fühlenden Lesers werden unser Urteil

[18] Über diese Frage vgl. Gonthier-Louis Fink: Le cosmopolitisme. Rêve et réalité au siècle des Lumières dans l'optique du dialogue franco-allemand. In: Aufklärung als Mission. La mission des Lumières. Akzeptanzprobleme und Kommunikationsdefizite. Accueil réciproque et difficultés de communication. Hrsg. von Werner Schneiders. Marburg 1993, S. 22–65 (Das achtzehnte Jahrhundert, Supplementa, Bd. 1).

[19] Erich Schmidt: Lessing. Sein Leben und seine Schriften. Berlin 1923, Bd. 1, S. 212–213.

rechtfertigen«), das er später *gegen* die Voltairesche Tragödie ausspielen wird, plädiert hier noch *für* sie.[20]

Lessing übersetzte auch Voltaires »Kleine historische Schriften« (Rostock 1752). Dieses Werk, dem er in der Vorrede des Übersetzers uneingeschränktes Lob spendete,[21] enthielt insbesondere eine »Geschichte der Kreuzzüge«, in der Lessing eine sehr positive Charakterisierung Saladins finden konnte, sowie eine äußerst kritische Darstellung der christlichen Intoleranz. Mit Recht sieht man in dieser Schrift neben Voltaires Tragödie »Zaire«, die während der Kreuzzüge spielt, eine der Hauptquellen von Lessings »Nathan«. Der Gedanke der religiösen Toleranz, der für Voltaire wie für Lessing von grundlegender Bedeutung war, verbindet die beiden Schriftsteller also ebenfalls. Es ist auch bekannt, dass Lessing einen Teil seiner frühen Kenntnis des englischen Theaters gerade Voltaires »Lettres anglaises« verdankte.

Bekanntlich avancierte Voltaire später in der »Hamburgischen Dramaturgie« zur Zielscheibe der lessingschen Kritik.[22] Nicht weniger als acht seiner Stücke: »Alzire«, »Brutus«, »Das Kaffeehaus«, »Der verlorene Sohn«, »Semiramis«, »Zaire«, »Nanine« und vor allem »Mérope« werden dort entweder erwähnt oder auch gründlich untersucht. Das Urteil über die Tragödien ist vernichtend: Sie sind undramatisch und vor allem untragisch, künstlich, kalt und geziert. Der Grund, warum sich die Kritik solcherart auf Voltaire konzentriert, liegt zunächst im Platz, den seine Stücke im Repertoire des Hamburger Nationaltheaters einnahmen, aber auch in der Tatsache, dass Voltaire in ganz Europa als der würdige Nachfolger von Corneille und Racine galt, als der Vollender der »tragédie classique«. Mit ihm stand und fiel das Prestige der Gattung. Wie es Glaser treffend formuliert hat: »Mit ihr (der großen 'Mérope'-Kritik, R. K) ist es Lessing gelungen, Voltaire als Tragödien-Schreiber und die *haute tragédie* selbst für die deutsche Literatur zu stürzen.«[23] Die Entwicklung des deutschen Repertoires in den siebziger Jahren, in denen die Trauerspiele Voltaires allmählich von den Spielplänen verschwinden, bestätigt diese Bemerkung.

Diese Haltung ist auf einen doppelten Grund zurückzuführen. Es geht zunächst darum, in einer nationalkulturellen Perspektive die gefährliche Konkurrenz des aus-

---

20 FA, Bd. 2, S. 466.

21 FA, Bd. 2, S. 227–229.

22 Hermann August Korff: Voltaire im literarischen Deutschland des XVIII. Jahrhunderts. Ein Beitrag zur Geschichte des deutschen Geistes von Gottsched bis Goethe. Heidelberg 1917, S. 89–123.

23 Horst Albert Glaser: Lessing-Streit mit Voltaire. Das Drama der Aufklärung in Deutschland und Frankreich. In: Voltaire und Deutschland. Quellen und Untersuchungen zur Rezeption der Französischen Aufklärung. Hrsg. von Peter Brockmeier, Roland Desné, Jürgen Voß. Stuttgart 1979, S. 399–407, hier: S. 401; vgl. auch von demselben: Lessings Kampf gegen die »tragédie classique« in der Hamburgischen Dramaturgie. In: Les Lettres françaises dans les périodiques allemands du XVIIIè siècle – Die französische Literatur in den deutschen Zeitschriften des 18. Jahrhunderts. Etudes réunies par Pierre André Bois, Roland Krebs et Jean Moes. Bern, Berlin u.a. 1997, S. 123–132.

ländischen Theaters auszuschalten, sein Prestige in den Augen der politischen und gesellschaftlichen Elite zu zerstören. Nur unter dieser Bedingung war an eine institutionelle Unterstützung der einheimischen Bühnen durch die deutschen Fürsten zu denken, von denen letzten Endes so viel abhing. Und gerade das klägliche Scheitern der Hamburger Entreprise zeigte nur zu deutlich, dass das Bürgertum nicht in der Lage war, ein ständiges deutschsprachiges Theater zu unterhalten. Ein zeitgenössiges Dokument bestätigt diese Hypothese. In der »Allgemeinen Deutschen Bibliothek« wirft man Joseph von Sonnenfels vor, der in Lessings Nachfolge in Wien eine Theaterzeitschrift herausgab, dass er darin auch über die Aufführungen der dort spielenden französischen Truppe berichtete:

> Hat er vergessen, wie schädlich sie unserem eigenen Theater sind, und daß wir alles verlohren geben, wenn wir uns dafür interessiren, oder gar als einen Theil unserer Nationalbühne betrachten wollen, Sollten unsere Großen, jemals von dem ungegründeten Vorurtheile, für diese ausländische Schauspiele zurückkomen, so muß sich das ganze Publikum, weit gefehlt, sie zu befördern, ganz gleichgültig dagegen bezeigen, noch viel gleichgültiger, als diese Schauspiele an sich verdienen möchten, und die, denen Einsicht und Erfahrung das Recht zu reden giebt, müssen dreist, laut, entscheidend, dawider reden, viel dreister, lauter, entscheidender, als es sonst geschehen würde, wenn diese fremde Schauspiele nicht unsere deutsche Schaubühne unterdrückten und vernichteten; Dies hat Lessing in Absicht auf das französische Theater gethan, und er verdient den herzlichen Beyfall jedes patriotischen Deutschen, dem es darum zu tun ist, daß seine Nation eine eigene Denkungsart haben soll, und dazu ist gewiß der erste Schritt, daß wir aufhören den Franzosen *nachzuahmen*.[24]

Um am europäischen Dialog teilnehmen zu können, müssen die Deutschen ihren eigenen Weg auf dem Gebiet des Dramas finden, ihr »Nationaltheater« entwickeln. Und dies kann unmöglich geschehen, wenn Autoren und Schauspieler das ausländische Muster unkritisch übernehmen. Institutionell muss auch dem einheimischen Theater die Chance gegeben werden, sich zu entwickeln, und dies fordert, dass man sich »dreist und laut« und manchmal »ungerecht« der fremden Bühne gegenüber äußert. Lessings Stellungnahmen in der »Dramaturgie« werden deswegen in dieser Beziehung als vorbildlich dargestellt.

Aber ein zweiter Grund kommt hinzu: Das Modell der »tragédie classique« entspricht nicht mehr der Gesinnung des sich abzeichnenden bürgerlichen Zeitalters. Die strenge disziplinierte Form, die gehobene und feierliche Verssprache sollten einem neuen Ideal der Natürlichkeit und der Emotionalität weichen. Das so genannte »bürgerliche Trauerspiel«, dessen Theorie Lessing entwickelte, sollte das Fundament der neuen Dramatik bilden. Während einem anderen französischen Autor,

---

24 Allgemeine Deutsche Bibliothek, Bd. 10, 1769, S. 30–31.

Denis Diderot, bei diesem Prozess eine wesentliche Rolle zuerkannt wurde, wurden Voltaires Stücke als Anti-Modelle abgetan.

Aber in einer weltanschaulichen Perspektive blieb Voltaire zeitlebens wichtig für Lessing; auch wenn er seinen Charakter getadelt hat,[25] eine gewisse Flüchtigkeit und Oberflächlichkeit in seinen gelehrten Traktaten bemängelt hat (es gab zwischen beiden Ländern damals eine recht unterschiedliche Auffassung der Gelehrsamkeit und der Wissenschaftlichkeit!), so versagte er Voltaire nie völlig seine Achtung. Das bekannte Sinngedicht »Grabschrift auf Voltairen 1779« zeugt davon:

> Hier liegt – wenn man euch glauben wollte,
> Ihr frommen Herr'n! der längst hier liegen sollte.
> Der liebe Gott verzeih aus Gnade
> Ihm seine Henriade,
> Und seine Trauerspiele,
> Und seiner Verschen viele:
> Denn was er sonst ans Licht gebracht,
> Das hat er ziemlich gut gemacht.[26]

Man hat von der »beleidigenden Schärfe« dieser Verse gesprochen.[27] Sie scheinen mir in ihrem unpathetischen Ton ein eher ausgewogenes Urteil über Voltaire zu fällen, das die Nachwelt im Wesentlichen bestätigt hat. Weder Voltaires Trauerspiele, noch sein Epos (die »Henriade«), noch weniger seine Verse (man wagt kaum von Lyrik zu sprechen!), all das, worauf sich sein Ruhm zu Lebzeiten gründete und dessen Wert Lessing bestreitet, ist heute lebendig geblieben. Aber sein Wirken als Aufklärer, sein Kampf für die Toleranz, die den Zorn der »frommen Herren« verursacht hat, den Lessing selbst während des Fragmentenstreits zu spüren bekam, erntet heute noch Anerkennung und Bewunderung.

*

Die Beziehung Lessings zu Diderot war weit friedlicher als die, die er mit Voltaire unterhielt. Im letzten Jahr seines Lebens, in der Vorrede der zweiten Ausgabe seiner Diderot-Übersetzung »Das Theater des Herrn Diderot«, hat er unmissverständlich seine »Dankbarkeit« einem Manne gegenüber ausgedrückt, der »an der Bildung (s)eines Geschmacks so großen Anteil hat«. »Ohne Diderots Muster und Lehren«, schreibt er, würde dieser Geschmack »eine ganz andere Richtung« bekommen

[25] Vgl. seine Sinngedichte aus dem Jahre 1753. LM, Bd. I, S. 39–40.
[26] Ebd., S. 49.
[27] Glaser: Lessings Streit mit Voltaire, hier: S. 399.

»Klippe des vollkommenen Charakters«. Doch andererseits soll das Theater, in der Komödie wie in der Tragödie, jedesmal Gesetze des menschlichen Handelns berücksichtigen, und alle Gestalten »sollen sprechen und handeln, nicht wie es ihnen einzig und allein zukommen könnte, sondern so wie ein jeder von ihrer Beschaffenheit in den nemlichen Umständen sprechen oder handeln würde und müßte«.[35] Anscheinend findet Lessing dieses Ideal des allgemein menschlichen Charakters im Theater von Diderot selbst realisiert, rückblickend schreibt er: »Denn der Hausvater war weder Französisch, noch deutsch: er war bloß menschlich.«[36] Nur deswegen konnte er dem deutschen Theater dazu dienen, seinen eigenen Weg zu finden. Ein Lob, das uns in Erinnerung ruft, dass der Held des so genannten bürgerlichen Trauerspiels nicht der Bürger noch weniger der Deutsche oder der Franzose ist, sondern der Mensch überhaupt, der Mensch schlechthin.

Lessing hatte ein fast existentielles Bedürfnis nach geistigem Austausch und Gespräch. Er brauchte »das *laut denken* mit einem Freunde«,[37] aber er brauchte gleichzeitig den Kontrahenten, den Gegner. Er selbst gibt dem »kritischen Schriftsteller« den Ratschlag: »Er suche sich nur ersten jemanden, mit dem er streiten kann: so kömmt er nach und nach in der Materie, und das übrige findet sich.«[38] Und es ist Voltaire, den er mit Vorliebe zu diesem Zweck wählt, wie er es in der »Dramaturgie« zugibt. Die Diskussion, die Polemik gar, sind für ihn die wichtigsten Mittel der Wahrheitsfindung. Diderot als Verbündeter und Gleichgesinnter, Voltaire als Antipode, haben so beide nicht unwesentlich zur Präzisierung seiner dramatischen Theorie beigetragen.

*

Ein echter Dialog muss auf Reziprozität beruhen. Wie war es eigentlich damit bestellt? Wurde Lessing, der ohne Zweifel ein Autor von europäischem Rang war, auch als eine europäische Geistesgröße betrachtet, und fand er bei Lebzeiten die nötige Anerkennung in Frankreich? Die Frage ist manchmal verneint worden.[39] Die Geschichte der frühen Lessing-Rezeption ist zwar noch ungenügend erforscht worden, doch lassen sich einige Tatsachen festhalten, die zwar die Hindernisse erhellen, aber auch den Beginn einer positiven Rezeption bezeugen.[40]

---

35 89. Stück, FA, Bd. 6, S. 625.

36 Das Theater des Herrn Diderot – Vorrede des Übersetzers, FA, Bd. 5/1, S. 16.

37 Ernst und Falk. Erstes Gespräch, LM Bd. 13, S. 342.

38 Hamburgische Dramaturgie, 70. Stück, FA, Bd. 6, S. 535.

39 Vgl. den Bericht über die Schlussdiskussion von Albert M. Reh in: Nation und Gelehrtenrepublik, S. 357–363.

40 Folgende Ausführungen beruhen vorwiegend auf François Genton: Des Beautés plus hardies [...] Le théâtre allemand dans la France de l'Ancien Régime (1750–1789). Saint-Denis 1999, S. 155–162.

So werden im September 1761 lange Auszüge aus »Miss Sara Sampson« in Frérons »Journal Etranger« veröffentlicht, einer Zeitschrift, die sich die Aufnahme der ausländischen Literaturen zum Ziel gesetzt hatte und die 1757 feststellen musste, dass »unter allen Bühnen Europas die deutsche die am wenigsten bekannte sei.«[41] Das Stück wurde auch 1764 auf dem Privattheater des Herzogs d'Ayen in Saint Germain en Laye aufgeführt. Nach Melchior Grimm, der darüber in der »Correspondance Littéraire«[42] berichtet, sogar mit Erfolg. Das Experiment der neuen Dramenform interessierte die Leserschaft der aufgeschlossenen Zeitschrift, aber es bedeutete auch für sie eine echte Herausforderung. Weder die Handlung noch die Gestalten und noch weniger der Stil entsprechen den Erwartungen der französischen Leser, aber man lobt nichtsdestoweniger die Wahrheit der Gefühle und die Energie des Ausdrucks. Und doch wird manches in der Übertragung von Trudaine de Montigny verändert und abgeschwächt, um salonfähig zu werden. Der Anstand fordert auch hier seine Rechte und die als zu direkt betrachtete Sprache des Originals muss dem gesellschaftlichen Code des Ziellandes angepasst werden. Dies gilt zu dieser Zeit für alle Übersetzungen aus dem Deutschen. Diese *belles infidèles* (»schönen Untreuen«) – wie man diese Art von Übertragungen zu nennen pflegt – drücken eigentlich den Anspruch aus, den in Frankreich herrschenden Geschmack zur universellen Norm zu erheben, die auch für die ausländischen Werke verbindlich war.

Ein amüsanter Text eines deutschen Zeugen legt die Situation der deutschen Literatur in diesen Jahren sehr anschaulich an den Tag. Helferich Peter Sturz verkehrte während seines Pariser Aufenthalts 1768 in den bekanntesten Pariser Salons und kam in Berührung mit den großen Namen der französischen Aufklärung. Er konnte dabei die Grenzen der Aufnahmefähigkeit von ausländischer Literatur beobachten. In einem geistreichen, auf französisch verfassten Dialog »Sur les François et les Allemans ou L'aprèsdinée de Made; la Marquise de R«[43] hat er später die Situation der deutschen Sprache und Literatur in Frankreich satirisch dargestellt. Die Namen der bekanntesten deutschen Schriftsteller werden im Laufe des Gesprächs furchtbar verballhornt; es fallen die Namen von Le Singe (eigentlich der Affe) für Lessing, L'Albatre (Alabaster) für Lavater oder auch Lovestoque für Klopstock. Nur einer der Gesprächspartner erweist sich einsichtiger und verteidigt die deutsche Literatur, indem er auf ihre Eigenart aufmerksam macht: »Nous avons l'esprit et le goût en partage; ils ont l'énergie et le naturel.« (»Wir haben als Erbteil den Witz und den Geschmack erhalten, sie besitzen Energie und Natürlichkeit.«) Auf diese Werte gegründet, kommt übrigens ein neues Paradigma zustande, ein »deutsches Modell«

41 Ebd., S. 141.

42 Bd. 6, S. 141. Auch die Allgemeine Deutsche Bibliothek berichtet über diese Aufführung, vgl. Bd. I,2. 1766, S. 308–310.

43 Helferich Peter Sturz: Schriften. 2 Bde. Leipzig 1779–1782, Bd. I, S. 312–326.

gar. Expressivität, Natürlichkeit, Unschuld, Einfachheit – es sei daran erinnert, dass den »Idyllen« Geßners zu dieser Zeit der größte Erfolg beschieden war – fesselten einen Teil der literarisch Interessierten in Frankreich, weil sie in diesen ästhetischen Werten einen Gegenpol sahen gegen den herrschenden Geschmack, der ihnen nicht mehr behagte, und auf der Suche nach neuen Wegen waren. Grimm unterrichtete sogar seine deutschen Abonnenten über eine angebliche »deutsche Mode« in Paris, was doch übertrieben sein dürfte oder nur auf Wenige zutraf.[44]

Zu diesen aufgeschlossenen Geistern gehörte Diderot. Er hat sich mehrmals lobend über Lessing ausgedrückt und wollte sogar »Miss Sara Sampson« übersetzen und herausgeben. Er versprach auch der deutschen Literatur eine große Zukunft.[45] Die aristokratischen Kreise ließen sich dagegen nicht so leicht bekehren, wie das Ende des imaginären Dialogs von Sturz es veranschaulicht. Ich übersetze die Stelle:

> Der Abbé: Gehen wir bitte in die Komödie (er zieht seine Taschenuhr). Es ist Zeit.
>
> Der Chevalier: Gehen wir. Man spielt Miss Sara Sampson, eine Tragödie aus dem Deutschen übersetzt.
>
> Der Abbé: Um so besser. Da wird es was zum Lachen geben.[46]

Lessing erwähnt seinerseits im 14. Stück der »Dramaturgie« den anonymen Rezensenten, der die Gattung des bürgerlichen Trauerspiels im »Journal Etranger« verteidigt hat, glaubt aber nicht recht an den Erfolg des Genres in Frankreich wegen der zu großen »Eitelkeit« der Nation, die »Titel und große Vorzüge« zu sehr liebt, also den Pomp der hohen Tragödie dem natürlichen Ton des bürgerlichen Dramas vorzieht. Er gibt zu, dass die Vorwürfe, die man seinem Stück im erwähnten Aufsatz machte, nicht unbegründet sind, antwortet aber, ein Wort von Voltaire wieder aufnehmend, einem Bucklichen »den man seinem Buckel heilen wollte, müßte man das Leben nehmen« und schließt: »Mein Kind ist bucklicht, aber es befindet sich sonst ganz gut.«[47] Es kam so zu einer zwar kurzen, aber echten Diskussion eines deutschen Autors mit der französischen Kritik über die Grenze hinweg. Eine Seltenheit zu dieser Zeit.

In der zweibändigen Sammlung von aus dem Deutschen übersetzten Stücken »Théâtre allemand« (1772) von Junker und Liébault finden sich »Die Juden«, »Der Freygeist« und »Der Schatz« neben »Miss Sara Sampson«. In der zweiten erweiterten Ausgabe (1785) kommen »Minna von Barnhelm« und »Der Mysogin« dazu. In den darauffolgenden zwölf Bänden des »Nouveau Théâtre Allemand« (1782 bis

---

[44] Correspondance littéraire, Bd. 5, S. 11 ff.
[45] Roland Mortier: Diderot en Allemagne. Paris 1954, S. 36.
[46] Schriften, S. 326.
[47] FA, Bd. 6, S. 252.

1785), die von Friedel und Benneville herausgegeben wurden, finden sich »Emilia Galotti«, »Nathan der Weise«, »Philotas« und erneut »Miss Sara Sampson«. Da diese Übersetzungen nach den Maßstäben der Epoche als exakte Übertragungen gelten können, konnten sich die französischen Leser wirklich einen Begriff von Lessings Dramatik machen. Der Diderot-Schüler Louis-Sébastien Mercier, der ein eifriger Verteidiger der neuen Gattung war und die Gedanken von Diderot und Lessing radikalisierte, bewunderte sehr »Emilia Galotti«. Er dachte eine Zeit lang daran, die »Dramaturgie« ins Französische zu übersetzen,[48] verfasste aber dann selbst ein theoretisches Werk »Du Théâtre ou Nouvel Essai sur l'Art Dramatique«, das von Heinrich Leopold Wagner ins Deutsche übersetzt,[49] die Dramatiker des Sturm und Drang stark beeinflusste. Dieses Hin und Her bezeugt die internationale Wirkung von Lessings Dramentheorie.

»Minna von Barnhelm« wurde 1774 in einer sehr freien Bearbeitung Rochon de Chabannes unter dem Titel »Les Amans généreux« in der Comédie Française dreizehnmal aufgeführt. Sie wurde auch in dieser französischen Fassung in Berlin (1778) und Hamburg (1795) gespielt. Die Bearbeitung wurde in Deutschland mit gemischten Gefühlen aufgenommen, einerseits war man froh, dass, wie es der Publizist Schubart etwas ironisch formulierte »die Franzosen allergnädigst geruht [haben] unsers Lessing Minna von Barnhelm [...] öffentlich aufzuführen«,[50] andererseits waren die Eingriffe in das Original so drastisch, dass man gelegentlich von »Pariser Verhunzung« sprach.[51] Rochon de Chabannes seinerseits verteidigte sein Verfahren, indem er unverfroren behauptete, Lessing hätte für Deutsche geschrieben, er selbst für Franzosen, beide wären damit im Recht. Während Karl Lessing sich über diese Worte in einem Brief an seinen Bruder sehr ärgerte,[52] nahm Lessing selbst mit Gelassenheit Lob und Tadel aus Paris hin.[53] Es blieb anscheinend immer noch unmöglich, ein deutsches Stück anders als »im französischen Kleide« (Karl Lessing) einem Pariser Publikum schmackhaft zu machen.

Die Situation änderte sich erst Anfang des 19. Jahrhunderts, als das Deutschlandbuch der Madame de Staël den spektakulären Durchbruch der deutschen Literatur in Frankreich bewirkte. Lessing erscheint darin als der große Wegbereiter der klassisch-romantischen Epoche, derjenige, der durch seine kritische Arbeit die Bil-

---

48 Vgl. Nicolais Brief an Lessing vom 24. April 1777. LM, Bd. 21, S. 160–161.

49 Neuer Versuch über die Schauspielkunst. Aus dem Französischen. Mit einem Anhang aus Goethes Brieftasche. Leipzig 1776. In der Originalsprache erschien das Buch 1773.

50 Schubart: Deutsche Chronik auf das Jahr 1774, 73. St., den 8. December, S. 580.

51 So Johann Jacob Engel, vgl. H.A.O. Reichard. 1751–1828. Seine Autobiografie überarb. und hrsg. von Hermann Uhde. Stuttgart 1877, S. 113.

52 Brief Karl Lessings an seinen Bruder vom 7. Januar 1775. FA 11/2, S. 686.

53 Brief Lessings an Johann Joachim Eschenburg vom 16. Dezember 1774, ebd., S. 681.

dung einer Nationalliteratur und eines Nationaltheaters ermöglichte. Madame de Staël würdigt aber auch die unermüdlich-freudige Wahrheitssuche Lessings wie seinen glänzenden Stil, den sie mit der Knappheit und der Brillanz seiner französischen Zeitgenossen verglich. Ihr Urteil gipfelt in einer Formel, die das Nationale und das europäisch Aufklärerische miteinander verbindet: »Sa manière de voir est allemande, sa manière de s'exprimer européenne.« (»Sein Standpunkt ist deutsch, sein Stil europäisch.«)[54]

*

Als europäischer Gelehrter diskutierte Lessing in seinen Schriften mit Diderot, Voltaire, Rousseau, aber auch mit dem Grafen von Caylus, Pierre Mariette, Dacier, Batteux, Houdar de la Motte und zahlreichen anderen. Er kommentierte die Stücke Corneilles, Molières, Mariveaux', Regnards und zahllose andere in der »Dramaturgie«. Er hat nie einen Hehl daraus gemacht, was er den französischen Autoren verdankte. Sie spielten tatsächlich bei seiner Bildung eine wesentliche Rolle, und sie begleiteten und erleichterten in der Jugend seinen Übergang von der Gelehrsamkeit zur Belletristik. So ließ er sich von Pierre Bayles Beispiel inspirieren, vom fehlerhaften Detail ausgehend die Absurdität eines ganzen Gedankengebäudes zu zeigen. Und in der Form einer Selbstkritik erkennt er, was er Fontenelle schuldete:

> Ich wußte nicht wie sich abstrakte Wahrheiten durch Erdichtungen sinnlich machen ließen, noch vielweniger wie man trocknen Betrachtungen das lachende Ansehen scherzhafter Einfälle geben könne; Ich reimte also meine Gedanken nach einer ziemlich mathematischen Methode; hier und da ein Gleichnis; hier und da eine kleine Ausschweifung; das war alles poetische, was ich dabei anbrachte. Urteilen Sie also, wie beschämt ich einige Zeit darauf ward, als ich die Gespräche des Herrn von Fontenelle in die Hände bekam, die ich vorher nur dem Namen nach gekannt hatte. Die Augen gingen mir auf einmal auf, und aus dem Leben, welches er, als ein prosaischer Schriftsteller, seinem Vortrage gegeben hatte, schloß ich auf dasjenige, was ich als ein angemaßter Dichter, dem meinigen hätte geben sollen.[55]

Man versteht besser nach diesem Bekenntnis das Wort Nietzsches, nach dem Lessing »als Schriftsteller bei den Franzosen am fleißigsten in die Schule gegangen« sei[56] und sich »gerne in die Nähe Diderots und Voltaires [...] flüchtete«.[57]

---

[54] De l'Allemagne. Paris 1968, Bd. 1, S. 184.

[55] Briefe. Elfter Brief an den Herrn D. FA, Bd. 2, S. 682. Erwähnt werden Fontenelles Entretiens sur la pluralité des mondes. 1686.

[56] Friedrich Nietzsche: Werke in drei Bänden. Hrsg. von Karl Schlechta. Darmstadt 1997, Bd. 1, S. 920.

[57] Ebd., Bd. 2, S. 594.

Auch später in den Werken der Reifezeit macht sich dieser Einfluss noch bemerkbar. »Minna von Barnhelm« verbindet ersichtlich rührende Elemente der »ernsten Komödie« *à la Diderot*, mit einem glänzenden Dialog *à la Marivaux*. Und doch verdient das Stück das Lob Goethes, es sei ein Werk »von vollkommenem norddeutschem Nationalgehalt«. Eine einmalige gelungene Synthese also.

Wir haben gesehen, dass in Frankreich Lessing kein Unbekannter war. Man las und schätzte seine Fabeln und seine Stücke, die »Dramaturgie« erschien schon 1785 in der Übersetzung von François Cacault, der eine Zeit lang in Wolfenbüttel gelebt hatte. Aber sie konnte unmöglich dieselbe Wirkung in Frankreich wie in Deutschland haben. Die »tragédie classique« war zu sehr zur Tradition geworden, um so rasch das Feld zu räumen, und sie überlebte sogar die bewegten Jahre der Revolution und des Kaiserreiches. Als die romantische Generation mit Stendhal (»Racine et Shakespeare«, 1823 bis 1825) und Victor Hugo (Vorrede zu »Cromwell«, 1827) gegen die Alexandrinertragödie Sturm lief, lebten dann manche Argumente wieder auf, die schon fünfzig Jahre früher in Deutschland gang und gäbe waren.[58] Aber die Gattung, die sich dann in der anspruchsvollen französischen Dramatik entwickelte, war nicht das »bürgerliche Trauerspiel« lessingscher Prägung, sondern das historische Drama in der Nachfolge Schillers und sogar von »Götz von Berlichingen«.

Lessing lebte in schwierigen Zeiten. Später sagte Goethe, man solle »den außerordentlichen Menschen« dafür bedauern, dass er »in einer so erbärmlichen Zeit leben mußte«.[59] Er rieb sich tatsächlich in zahllosen, nicht immer ergiebigen Polemiken auf. Zu dem großen Anliegen der Zeit, der Bildung einer eigenständigen Nationalliteratur, hat er nichtsdestoweniger einen entscheidenden Beitrag geliefert. Für ihn gab es keinen Widerspruch zwischen diesem Unternehmen und seiner Beteiligung an dem europäischen Geistesleben. Ganz im Gegenteil. Indem er den Zugang der Deutschen zum Kreis der »gesitteten Völker, das jedes sein Theater hatte« förderte, versöhnte er das Partikulare mit dem Allgemeinen, den Patriotismus mit dem Kosmopolitismus. Aus höherer Warte hat Goethe später die Epoche der Nationalliteraturen für abgeschlossen erklärt und an ihrer Stelle den Anbruch der Zeit der Weltliteratur verkündet.[60] Der Begriff, der bei ihm den europäischen Rahmen sprengt und wirklich universell wird, verbindet aber ebenfalls das Besondere mit dem Allgemeinen. In diesem Zusammenhang begrüßt er die Tatsache, dass die Franzosen auf der Suche nach »frischen Quellen, um sich zu erquicken, zu stärken, herzustellen« sich mehr als früher nach außen wenden, »zwar nicht zu einem vollendeten,

58 Dies war schon Goethe nicht entgangen. Vgl. Johann Peter Eckermann: Gespräche mit Goethe in den letzten Jahren seines Lebens. Hrsg. von Regine Otto unter Mitarb. von Peter Wersig. Berlin, Weimar 1982, S. 623 (am 6. März 1830).

59 Ebd. S. 207 (am 7. Februar 1827).

60 Ebd., S. 198 (am 31. Januar 1827).

und zum Realismus andererseits vorbereitet. Politisch gesehen, führt es den Umbruch vom Absolutismus zur Französischen Revolution herbei. In seiner Autobiografie gibt Goldoni seinem künstlerischen Schaffen als Komödiendichter die Bedeutung einer echten Berufung, die mit seinem Leben unlöslich verbunden ist.

In frühen Jahren schon machte er Bekanntschaft mit den großen Komödiendichtern aus Antike (Plautus) und Neuzeit (Molière, Shakespeare, Machiavelli u.a.) und kam mit Schauspielergruppen in Berührung. Zwar übte er auch den Beruf eines Rechtsanwalts in Venedig und Pisa aus, sammlte aber in ihm jene Kenntnisse über die Menschen der verschiedenen Stände, von den einfachen Handwerkern und Dienern bis zu adeligen Herren und geistlichen Würdenträgern, an denen er die menschlichen Schwächen und Laster, seltener auch ihre Tugenden, studieren konnte und dadurch reichlichen Stoff für Komödien gewann (über die Stoffe der überlieferten Komödien hinaus). Persönlich war ihm eine sinnenhaft empfängliche Natur für das schöne Geschlecht zu eigen, die ihn mehrmals in verwickelte Lebensumstände brachte und ihn zum »heiteren Abenteurer« machte, wie er sich selbst nannte.

Hinzu kamen Anfeindungen von Seiten gegnerischer Theaterdichter und Kritiker, die ihn 1744 zwangen, von Venedig nach Pisa überzusiedeln, und nach seiner Rückkehr nach Venedig, ihn ein zweites Mal 1762 veranlassten, seine Vaterstadt zu verlassen, um nach Paris auszuwandern, wo er bis zu seinem Tode 1793 blieb. Die Kritik ist vor dem Hintergrund des Venedigs jener Zeit zu verstehen. Es war eine Republik, in den Händen einer Aristokratie, die in Spannung stand mit einer immer selbstbewusster und freiheitlicher denkenden Bürgerschaft, dem Popolo. Goldonis Komödien lassen etwas von einem neuen bürgerlichen Geist spüren, den seine Gegner als »Unbotmäßigkeit« und »soziale Subversion« denunzierten. Offensichtlich von der Kritik herausgefordert, widmete er sich von 1742 an auschließlich der Komödiendichtung und gab seinen Advokaten-Beruf auf.

b) Goldonis Theaterreform

Die zeitgenössische Kritik an Goldoni war nicht nur eine sozialpolitische, sondern auch eine kunsttheoretische und richtete sich gegen seine bekannte Theaterreform. Eine solche schrieb er sich ausdrücklich zu, sowohl in den »Mémoires« als auch in den »Prefazioni«. Sie ging von dem verkommenen Zustand der Komödie im Italien seiner Zeit aus, da sie abgeschmackte Liebesgeschichten zum Inhalt hatte, die nur auf das Gelächter einer ungebildeten Plebs abgestimmt war.

Bevor ich auf Goldinis Reform eingehe, müssen zwei schon frühere Reformrichtungen erwähnt werden, die der *Comédie française* und die so genannte *Arkadische*. Gegenüber den vulgären, frei improvisierenden Komödien, mit ihren komisch verwickelten Handlungen, strebte die *Comédie française* nach klassischer Einfachheit und einem konsequent aufgebauten Handlungsverlauf nach festen Regeln, mit klar umrissenen Charakteren. Aus dieser Reformrichtung ging auch die *Arkadische* (Crescimbeni, Gravina, Muratori, Maffei, Martello) hervor, mit einer inhaltlich und formal gehobenen Form in Dichtung, Tragödie und Komödie, die sich an klassische Vorbilder anlehnte und einen moralischen Zweck forderte, nämlich die Laster zu korrigieren, was in der Tragödie in ernster, in der Komödie in heiterer Weise geschehen sollte. Wie bekannt, war die *Arkadische* eine literarische Kunstrichtung, die am Ende einer schon dekadenten Barockliteratur[4] die Kunstliteratur zu erneuern suchte durch Wiederaufnahme antiker Autoren und durch Anknüpfung am Humanismusideal, an Petrarcas Dichtung sowie an der Tugendethik und Metaphysik des Rationalismus. Besonders gepflegt wurde die Lyrik (mit idyllischen Szenen), das tragische Reformtheater (mit antiken Stoffen). Doch widmeten sich die Arkadier auch der Komödienreform.

Die Einordnung Goldonis in die Literaturgeschichte erfolgt bei Cecchi und Sapegno mit dem Blick auf den sich im 18. Jahrhundert vollziehenden Übergang von der *Arkadischen* zur *Illuministischen* Periode. Dabei werden beide Perioden in starkem Gegensatz zueinander gesehen und Goldoni der *Illuministischen* zugeordnet.[5]

Doch scheinen mir die Arkadische und die Illuministische Richtung nicht in einem solchen Gegensatz zu stehen, dass die erstere sich in eine künstliche Welt abstrakt allgemeiner Fiktion versteige, während sich die letztere dem konkreten Leben der Individuen zuwende, um es auf der Bühne darzustellen.[6] So fehlt einerseits auch im Arkadischen Theater nicht das Individuelle der Personen, und andererseits findet sich auch im Theater der Aufklärung das Allgemeine in der Typik der Charaktere und der Forderung allgemein moralischer Maßstäbe menschlichen Verhaltens wie der Korrektur der Laster.

Gemeinsam ist beiden Richtungen die Konzeption des Theaters als einer Aussage über das menschliche Leben. Auf der Bühne spiegeln sich menschliche Verhältnisse, Charaktere, Tugenden und Laster wider, die der Künstler nur dann gestalten und darstellen kann, wenn er sie mit einer gewissen Lebensweisheit zu bewerten vermag. Ein schönes Zeugnis solcher Lebensweisheit bietet z.B. das Gedicht von Metastasio (von 1733):[7]

---

4 Gegründet 1690 durch Gravina und Crescimbeni zu Rom, gefördert von der Schwedischen Königin Christina, brachte sie bedeutende Dichter hervor, so besonders Pietro Trapassi, il Metastasio (1698 bis 1732), vgl. Anm. 3, 326 ff.

5 Vgl. Anm. 3, S. 729 ff.

6 Zur Tendenz dieser Entgegensetzung der beiden Richtungen ebd., S. 729 ff.

7 Ebd., S. 453.

Perché bramar la vita? e quale in lei
piacer si trova? Ogni fortuna è pena;
è miseria ogni età. Tremiam, fanciulli,
d'un guardo al minacciar; sam giuco, adulti,
di Fortuna e di Amor; gemiam, canuti,
sotto il peso degli anni. Or ne tormenta
la brama di ottenere; or ne trafigge
di perder il timor. Eterna guerra
hanno i re con se stessi; i giusti l'hanno
con l'invidia e la frode. Ombre, deliri,
sogni e follie son nostre cure; e quando
il vergognoso errore
a scoprir s'incomincia, allor si muore.

In welchem Verhältnis eine solche Lebenseinsicht zum künstlerischen Werk steht, drückt Metastasio in einem Sonett aus (Brief an Pignatelli von 1749):

Sogni e favole io fingo; e pure in carte
mentre favole e sogni orno e disegno,
in lor, folle che io son, prendo la parte,
che del mal che inventai piango e mi sdegno

Ma forse, allor che non m'inganna l'arte,
più saggio io sono? È l'agitato ingegno
forse allor più tranquillo? O forse parte
da più salda cagion l'amor, lo sdegno?

Ah che non sol quello ch'io canto o scrivo
favole son: ma quanto temo o spero,
tutto è menzogna, edelirando io vivo!
Sogno della mia vita è il corso intero.

Deh tu, Signor, quando a destarmi arrivo,
fa ch'io trovi riposo in sen del Vero!

Der Dichter kann die Verrückheiten des Lebens nicht kritisch im Spiegel der Kunst darstellen, wenn sein eigenes Leben nicht über ihnen steht und von überlegener Weisheit ist.

In Goldonis Komödien ist manches von dem Kunstideal der Franzosen und der Arkadier eingegangen: der konsequent aufgebaute Handlungsverlauf, die klare Zeichnung der Charaktere, die moralische Intention, »die Laster zu korrigieren«. Doch stieß er sich auch an den Nachteilen jenes Kunstideals, wie er sie sah, die das nicht zuließen, was Goldoni am Herzen lag: das konkrete Leben der Individuen, mit

Wandlungen in Gefühl und Charakter, mit unvorhersehbaren Wechselfällen, die den geradlinigen Handlungsverlauf verändern usw. Gerade hieraus erwuchs in Goldoni der Gedanke einer eigenen, neuen Theaterreform. Er wollte nicht nur die überkommenen Kunstregeln als Lehrmeister haben, sondern auch die Natur der Menschen. Die Natürlichkeit hat übrigens auch Voltaire an Goldoni geschätzt und in einem hübschen Vers auf ihn zum Ausdruck gebracht:

> Aux critiques, aux rivaux
> la Nature a dit, sans feinte:
> 'Tout auteur a ses défauts,
> mais ce Goldoni m'a painte'.

Es ging Goldoni weniger um die strenge Beachtung äußerer Regeln, sondern um einen guten Aufbau der Handlungen, seien sie einfache oder verflochtene, sowie um die Lebendigkeit, Individualität der Charaktere, auch abweichend von einem streng bestimmten Typ. Seine Hauptregel war, wie er selber sagt, sich an »das Einfache und Natürliche« zu halten, worin nur derjenige Meister werden könne, der »das Buch der Welt« und »das Buch des Theaters« studiert habe. Näher gesehen, entnahm er den Stoff den kuriosen Ereignissen und Personen des Venedigs seiner Zeit, aus den eigentümlichen Bräuchen, Gewohnheiten der Stadt und den Lastern und Fehlern ihrer Bewohner, besonders der höheren Stände. Gerade damit erregte aber Goldoni die Empörung der Betroffenen und der ihnen befreundeten Kunstrichter, wie oben erwähnt, so dass er schließlich die Stadt verlassen musste. Positiven Widerhall fand er beim Volk, den Bürgersleuten; denn seine moralische Norm in den Komödien war der so genannte »gute Geschmack« (buon senso; bon sens) des bürgerlichen Publikums, »seines« Publikums, der ihm mehr Gesetz war als überlieferte Kunstregeln eines Aristoteles oder Horaz.

c) Goldoni im Kunsturteil heute

Überblickt man das literarische Urteil über Goldoni in den nachfolgenden Jahrhunderten bis heute, so war es durchaus schwankend, aber im Ganzen überwiegend positiv: Das Zeitalter der Romantik zeigte für die leichte Muse seiner Komödien wenig Verständnis. Der Idealismus (Croce) übte an der Mittelmäßigkeit der Inhalte Kritik, am mangelnden Tiefsinn ihrer Komik. Die nachromantische und nachidealistische Zeit des 20. Jahrhunderts hingegen schätzte Goldonis Komödien als Charakterstücke, deren Realismus volksnah ist und Kenntnis der Menschennatur verrät. Marxistische Interpreten lobten ihn als Sozialkritiker und als Vorkämpfer des Bürgertums gegen den Feudalismus im Venedig seiner Zeit.

Die anerkannten italienischen Literaturgeschichten von Cesarotti und De Sanctis[8] sprechen von einer doppelten, teilweise gegensätzlichen Physiognomie Goldonis. Einerseits findet sich in seinen Stücken teilweise eine moralische und religiöse Flachheit von geringer Kultur, ohne die innere Welt der tieferen Empfindung und des Gewissens, andererseits aber kommt auch wiederum eine echt menschliche Seite zum Vorschein und die Moral des Maßvollen, des »guten Geschmackes«. Übrigens übt Goldoni nicht nur Kritik an Lastern des Adels, sondern auch eines luxuriösen Bürgertums (*Le smanie per la villeggiatura, Le avventure della villeggiatura, Il ritorno dalla villeggiatura*).

Allgemein wird hervorgehoben, dass sein Theaterschaffen eine bewegte Entwicklung zeigt.[9] In einer ersten Periode, zirka 1737 bis 1742, folgt er enger den Regeln der französischen und arkadischen Reform, von denen er sich in einer zweiten Periode, zirka 1743 bis 1747, mehr und mehr löst – es sind die unruhigen Jahre des Dichters, viel auf Reisen unterwegs, in finanziellen Schwierigkeiten, wieder als Advokat tätig, experimentierend auf der Suche nach einem eigenen Stil, in Hinwendung zum *Teatro del Mondo*, wo es bei der Darstellung der Figuren mehr um die individuelle Charakterzeichnung und die Wandlung der Gefühle geht (*Il servitore di due padroni, Tonin Bellagrazia, I due gemelli veneziani u.a.*). Diese neue Form der Komödie zeigt sich dann ausgereift in der dritten Periode, zirka 1748 bis 1761, die zu einem reichen Komödienschaffen führt. (In den Jahren 1750 und 1751 schreibt Goldoni 16 Komödien!) Dabei gewinnen besonders die Frauenrollen an positivem Wert gegenüber den Männerrollen. Oft werden nun Frauen die Heldinnen der Stücke (*La vedova scaltra, Donna di garbo, Putta onorata, Buona moglie u.a.*). Übrigens führt in dieser Zeit Goldoni auch die Fabel wieder in die Komödie ein (*L'amore delle tre melarance, Il corvo*). Die vierte Periode ist die in Paris, von 1762 an, wo Goldoni bis zu seinem Tode noch eine Reihe bedeutsamer Komödien schafft, ohne zu einem neuen Stil überzugehen.

d) Kunstphilosophische Überlegungen

Wenn ich nun einige kunstphilosophische Überlegungen anfüge, so beschränken sie sich hauptsächlich auf den Zweck der Komödie, den sie mit jedem Schauspiel gemeinsam hat, jedenfalls nach der traditionellen (auf Aristoteles zurückgehenden) Auffassung.

---

8 De Sanctis: Storia della letteratura italiana. 1870.

9 Siehe auch die gute Einleitung der Ausgabe von Guido D. Bonino: Goldoni. Gli innamorati, I rusteghi, La casa nova, Le smanie per la villeggiatura. Milano 2001.

1) Als solcher Zweck ist zuerst der zu nennen, dass der Künstler durch sein Werk etwas Bedeutsames für das menschliche Leben dem Publikum mitteilen will, dass also der Zweck des Stücks nicht im schönen Spiel allein und in der Ergötzung der Zuschauer liegt. Die Mitteilung erfolgt im Medium der fiktiven Theaterwelt, mit Situationen und handelnden Personen in einer dichterischen, allgemein-typischen Form, verschieden von der konkret realen Welt, aber gleichwohl durch ihre allgemeine Typisierung auf etwas Bedeutsames in der realen Lebenswelt der Menschen hinweisend. Das heißt, das Schauspiel erschöpft sich nicht in der Vorstellung einer dichterisch fiktiven Welt, sondern bezieht sich mit ihrer Aussage auf die reale Alltagswelt. In ihr sieht der Künstler hinter dem Alltäglichen mehr Bedeutsames als andere, um es im Medium des Kunstwerks herauszustellen.

Der Wert des Werks wird künstlerisch umso höher sein, je mehr es zur realen Welt Distanz hält und sie nicht einfach auf der Theaterbühne kopiert. Das Bestreben in Goldonis Reform, die Charaktere der Personen von einer zu starren Typisierung zu befreien zu einem lebhaft individuellen Ausdruck, muss nicht jene Distanz zur realen Welt aufheben. Doch wenn auf konkrete Personen der Stadt Venedig angespielt wird, droht die Distanz verloren zu gehen. Ähnliches wäre von Aristophanes' »Die Wolken« zu sagen, die Sokrates auf die Bühne bringen, was zwar ein lustiger Schwank ist, aber ohne besonders künstlerischen Wert.

2) Da es zur bedeutsamen Aussage des Schauspiels gehört, durch die Nachahmung handelnder Personen etwas Bedeutsames über den Menschen und sein Leben auszusagen, was mit Tugend und Laster zu tun hat, ist es für das Theater kennzeichnend, Tugend und Laster nicht zum Gegenstand einer moralischen Belehrung zu machen, sondern zum Gegenstand einer Betrachtung. Nach traditioneller Auffassung gehört die Dichtkunst nicht zu den praktischen, sondern zu den theoretischen Tätigkeiten des Menschen. Dem entspricht, dass die Tugend nicht nur den moralischen Aspekt des Gesollten hat, das zum Handeln auffordert, sondern auch den ästhetischen Aspekt des Schönen, das zur Betrachtung einlädt; wie auch das Laster in seinem Aspekt des Hässlichen betrachtet werden kann. Dabei ist die Betrachtung von Tugend und Laster – und von allem fürs Leben Bedeutsamen – in der Tragödie eine ernsthafte, in der Komödie hingegen eine heitere. Das heißt, wenn Laster kritisiert werden, soll es in heiter-liebenswerter Form geschehen, nicht jedoch darf das Laster als solches liebenswert dargestellt werden, wie es in minderwertigen Stücken geschieht. Kritiker Goldonis haben öfters auf diesen Punkt hingewiesen, dass er gelegentlich schlechte Handlungen oder Worte als ganz natürliche auf der Bühne darstellt, mit liebenswertem Verständnis für die Schwäche der Menschen.

3) Häufig geben die Motive der Handlungen im Schauspiel den meisten Aufschluss über den Charakter der handelnden Personen. Hier kommt auch des Dichters eigene Auffassung von Moral zum Vorschein. Nun muss zwar in der Komödie

die Hauptfigur für ihr Handeln nicht jene tiefe Motivation und sittliche Entscheidung aufweisen, wie der Held in der Tragödie. Doch ist in manchen Stücken Goldonis die Motivation der Handlungen zu flach, wenigstens nach dem Urteil seiner Kritiker, da er nicht selten eher auf den wirkungsvollen Effekt der Handlungen achtet und ihm den Vorrang vor der inneren Motivierung gibt. Dies mag freilich der Einheit eines Stücks zugute kommen, die dann im logisch konsequenten Ablauf der Handlung liegt.

Häufig ist in Goldonis Komödien das Handlungsmotiv eine nicht tiefgründige Verliebtheit der Personen – welchen Standes auch immer – ins andere Geschlecht. Nehmen wir als Beispiel »Die schlaue Witwe« (»La vedova scaltra«): Die ersten Szenen handeln von den vier rivalisierenden Herren – dem englischen Milord, dem französischen Monsieur, dem spanischen Alfaro, dem italienischen Conte – wie sie ihre Aufwartungen bei der Witwe Rosaura machen und um ihre Liebe werben. Dabei geben die »Konversationen« der Witwe mit den Kavallieren – mit dem Conte kommt überhaupt keine zustande – keinen anderen Einblick in deren Inneres als den ihrer Verliebtheit. Sie unterscheiden sich voneinder nur in ihrem äußeren Benehmen – von Goldoni in ergötzlicher Typik gezeichnet – was dann die weiteren Konsequenzen für die Handlung hat. Die letzten Szenen, in denen Rosaura in Verkleidungen, mit entzückender Komik, die vier Herren auf die »Tiefe« ihrer Verliebtheit prüft, enden in der Wahl Rosauras für den Conte, weil seine Verliebtheit auf kein anderes »Objekt« abgelenkt wurde. Aber eine tiefere Motivierung für sein Verhalten fehlt; denn gerade er hatte kein Gespräch mit der Witwe.

Im Übrigen entbehren in diesem Stück die Charaktere einer seelischen Tiefe. Sie äußern sich nur im verschiedenen Temperament der Gefühle. So zeigt Milord ein kühles, gefühlsarmes Verhalten, rational kalkulierend auf das Erreichbare, Gegenwärtige eingestellt, wo auch die Verliebtheit nicht weiter reicht als zum sichtbaren und greifbar nahen Objekt; Monsieur dagegen hat ein heißes, gefühlsgeladenes, leichtlebiges Temperament; bei Alvaro wiederum ist das ebenso heiße Gefühlsleben durch einen aufgeblasenen Stolz mit zu großem Ernst belastet; im Conte mischen sich Leidenschaft und Eifersucht mit rationalem Kalkül, sich auf die Mitmenschen einzustellen. Ihm steht auch die Witwe nahe, die darüber hinaus mit besonderer Schläue ausgestattet ist, womit sie das Begehrte nicht sogleich besitzen will, sondern erst nach einer Prüfung.

4) Der moralische Maßstab ist bei Goldoni, nach seinen eigenen Worten, der *buon senso* oder *buon gusto* des Publikums, den man als guten Geschmack oder Anstand verstehen kann. Er ergibt sich teils aus guter Erziehung, teils aus natürlicher Anlage, worin Goldoni der traditionellen Moral des rechten Maßes im Handeln und Verhalten der Menschen folgt, also etwas von jener volkstümlichen Weisheit enthält, die ja auch in die aristotelisch-scholastische Ethik von der Tugend als

rechter Mitte eingegangen ist. In unserem Beispiel mit der Komödie »La vedova scaltra« legt die schlaue Witwe in der Schlussszene die Bewertung aus ihrer Prüfung der vier Bewerber vor: Der Engländer war zu gleichgültig, der Spanier zu stolz, der Franzose zu ungestüm, alle drei waren zu wenig »treu« in ihrer »Liebe«, das heißt zu wenig konsequent in ihrer Verliebtheit und daher zu langweilig. Die Witwe fürchtete von ihrer Seite *malinconia* und *nausea*.

Wer als moralischen Maßstab den Handlungszweck nimmt, an dem sich das Gewissen prüft, wird einen solchen in »La vedova scaltra« nicht finden, wo der Maßstab auf das anständige, maßvolle Verhalten beschränkt bleibt. Dieses bezieht sich nur auf die Art und Weise, wie ein Handlungszweck verfolgt wird, nicht auf die Wahl des Zwecks selber. So steht der Handlungszweck der vier Herren, um die junge Witwe aufgrund ihrer (ersten) Verliebtheit zu freien, gar nicht in Frage. Und doch beruht ja ihre Verführung durch die verkleidete Rosaura gerade darin, dass die Freier gegenüber der unbekannten Maske nun auch andere Handlungsmotive erwägen (adlige Abkunft, gleiche Nationalität u.a.), die sie bei der ersten Bekanntschaft mit der Witwe nicht erwogen haben. Vielmehr betrachteten sie die Witwe nur als »Objekt« ihres verliebten Begehrens.

Andere Komödien Goldonis gleiten bisweilen ins Banale und Frivole ab, und insofern könnte in der zeitgenössischen Kritik an ihm, trotz ihrer übertriebenen und polemischen Form, doch etwas Wahres liegen. Nicht überzeugen mich indes Versuche von Interpreten unserer Zeit, diese negative Seite positiv auszulegen und von Goldonis Darstellung der natürlichen Vitalität der Menschen zu sprechen, um sie als das »warme Leben« dem »kalten Moralismus« der Kritiker gegenüberzustellen. Ja es wird dann aus dieser Darstellung sogar der Vorzug einer 'Natürlichkeit' der Goldonischen Dichtung, die auf die Sinnesnatur der Menschen geht.[10]

Nach einer solchen Interpretation läge Goldonis Komödien eine Auffassung vom Menschen zugrunde, wonach dieser von Natur leidenschaftlich und lasterhaft sei, so dass dann die Vernunft korrigierend dagegen anzugehen hätte, was zu Konventionen eines »guten Geschmacks« führte, einer Lebenskunst, zu der auch die Theaterkunst das Ihrige beitragen sollte.

Meiner Meinung nach ist aber Goldonis Auffassung vom Menschen nicht negativ die eines bloßen Triebwesens, sondern durchaus positiv die eines »rationalen Lebewesens«. In »La vedova scaltra« handeln zwar die Freier in ihrer ersten Verliebtheit triebhaft, um dann jedoch, nachdem sie getäuscht wurden, ihre Situation durchaus rational zu überdenken und sich mit dem Ausgang des Abenteuers abzufinden,

10 Moralisch bedenkliche Szenen erscheinen dann als »humaner Frohsinn« und »frohe Betätigung der Vitalität in Bewegung«, vgl. Anm. 3, S. 734.

ja zufrieden zu sein. Im Übrigen setzt die traditionelle Moral der Mäßigkeit bzw. des »guten Geschmacks« die Klugheit der praktischen Ratio voraus.

Kunstphilosophisch möchte ich noch Folgendes bemerken: Gehen wir davon aus, dass der Dichter mit dem Schauspiel Lasterhaftes korrigieren soll. In der Tragödie folgen auf relativ kleine, »menschliche«, moralische Fehler des Helden Schicksalsschläge, die ihn in großes Elend stürzen, was unser Mitleid erweckt. Anders in der Komödie, wo große Fehler, die man Laster nennt, den komischen »Helden« nur in kleines Ungemach bringen, so dass wir über ihn lachen. Das heißt, in der Tragödie bewirkt der Dichter die Korrektur des moralisch Fehlerhaften durch die Erweckung unseres Mitleids, in der Komödie dagegen die Korrektur des Lasterhaften durch seine Darstellung als lächerlich. Soweit so gut. Wenn jedoch das Laster in der Natur des Menschen selber liegen sollte, dann würde aus dem vergnüglichen Lachen vielleicht bald ein ernstes, ein böses Lachen über den Menschen, mit einer Kritik am Schöpfergott, falls es ihn überhaupt noch geben sollte.

Liebe und Achtung zu allen Menschen ist aber leichter und überzeugender bei einer positiven Auffassung vom Menschen, der trotz seiner Fehler in seinem Wesen gut ist. Goldonis Theaterstücken liegt durchaus eine solche positive Auffassung vom Menschen zugrunde. Mir scheint nicht, dass er die Laster der Komödienpersonen ihrer Natur selbst zuschreibt, mögen sie auch eine natürliche Neigung zum Laster haben. Zudem schließt seine Absicht, in den Komödien das Laster zu korrigieren, aus, dass die Menschen von Natur aus lasterhaft sind. In dieser Hinsicht unterscheidet sich meines Erachtens Goldoni von Nicolò Machiavelli (1469 bis 1527), dessen Komödie »Mandragola« zwar auch die Laster von Personen lächelnd korrigiert, aber mit einem maliziösen Lächeln über die Menschen, die von Natur schlecht sind.

2) Lessings Schauspieltheorie im Vergleich mit Goldonis

Ich komme nun noch zu einem kurzen Vergleich zwischen Goldonis Schauspieltheorie und der des großen Zeitgenossen Gotthold Ephraim Lessing. Sie scheinen mir manches Vergleichbare zu haben, wiewohl Lessing ein Hauptvertreter der Aufklärung ist, während Goldoni dieser Richtung bzw. dem italienischen Illuminismus noch nicht eigentlich zugerechnet wird. Im Folgenden beschränke ich mich auf Lessings »Hamburgische Dramaturgie«, welche in den vortrefflichen Analysen einzelner Theaterstücke viele allgemeine Feststellungen über das enthalten, was für ein gutes Schauspiel konstitutiv wesentlich ist und zusammengenommen eine Schauspieltheorie ergibt.

Zu Heufelds Stück »Julie, oder Wettstreit der Pflicht und Liebe«, das Rousseaus »Neue Heloise« als Vorbild hat, bemerkt Lessing, dass den Personen des Stückes das Lebendige fehlt, das unser Interesse fesseln könnte. Der Hauslehrer und die Schülerin, die sich in ihn verliebt, dann aber ihre Liebe in Pflicht umwandelt, handeln täppisch, albern und haben die menschlichen Werte nur auf den Lippen. Der Zuschauer will jedoch das, was in einem Menschen steckt, aus seinem Tun ersehen.

»Wir wollen es auf der Bühne sehen, wer die Menschen sind, und können es nur aus ihren Taten sehen« (9. Stück, Seite 158).[11] Zu einem anderen Schauspiel stellt Lessing fest, dass die Konzeption einer Figur sich nicht in einem Titel (z.B. dem eines Königs) ausdrücken muss, sondern in etwas Menschlichem, das sich konkret hier und jetzt äußert, sei es auch in unscheinbaren Handlungen. Auf Quinaults »Der Advokat Patelin« eingehend, lobt Lessing am Advokaten das »gut Komische«, das aus der Handlung selbst und aus der Situation entspringt und »nicht auf bloßen Einfällen beruht« (14. Stück, Seite 179).

Zu Voltaires »Das Kaffeehaus oder Die Schottländerin« bemerkt Lessing, dass Frélon, »ein elender Skribent«, nicht mehr die Qualität seines Vorbilds erreicht, nämlich Marzio in Goldonis »Kaffeeschenke«, der dort ein bösartiger Kerl ist (12. Stück, Seite 170). Im Übrigen rät Lessing: »Es sei uns immer angelegener, Menschlichkeit zu zeigen als Lebensart.« (17. Stück, Seite 189)

Über Harlekin, den Narren, der ein gattungsmäßiger Typ ist, macht Lessing die Bemerkung, dass er in verschiedenen Stücken immer wieder zu einem neuen Individuum werden müsse, nicht als dasselbe Individuum in verschiedenen Stücken auftreten dürfe (18. Stück, Seite 193).

Über das Schauspiel von Regnard »Der Zerstreute« gab es die Diskussion, ob Zerstreutheit eine Krankheit oder ein Laster sei, und ob eine Komödie nur Laster lächerlich darstellen dürfe, die korrigierbar sind, oder auch eine unkorrigierbare Krankheit. Lessing nimmt dazu Stellung, dass Zerstreutheit keine Krankheit sei, und bemerkt allgemein, dass die Komödie Schwächen der Menschen, seien sie korrigierbar oder nicht, ohnehin nur insofern lächerlich machen darf, als sie nicht den Menschen verlacht (28. Stück, Seite 236). Er verweist dann auf Molières »Misanthrop«, wo wir über die Hauptfigur nicht als Menschen lachen (und verteidigt Molière in diesem Punkte gegen Rousseaus Kritik). Die Komödie will durch Lachen bessern, nicht durch Verlachen.

In theoretischen Erörterungen hebt Lessing hervor (34. Stück, Seite 259), dass der Dichter mit einer Absicht sein Werk schaffen soll, die etwas über den Menschen aussagt bzw. über Gut und Böse. Er soll also nicht nur Handlungen nachahmen oder nur dichten, um zu dichten. Die Nachahmung muss Mittel für die künstlerische Aussage bleiben, darf also nicht selbst zum letzten Zweck werden.

---

11 Zitiert wird aus der Insel-Ausgabe: Lessings Werke. Hrsg.: Kurt Wölfel. Frankfurt a.M. 1967, Bd. 2.

Mit Bezug auf die Tragödie führt Lessing aus: Gute Stücke haben ihren Plan, worin ihr Zweck liegt, bzw. die Absicht des Dichters, die das Interesse der Zuschauer weckt. Übrigens dürfen der Plan und der Verlauf der Handlung, bis zum Unglück des Helden, dem Zuschauer schon bekannt sein (wenn auch noch nicht dem Helden auf der Bühne); denn unsere Rührung kommt weniger von dem, was geschehen soll, »als von der Art, wie es geschehen sollte« (48. Stück, Seite 318).

Ferner soll der Dichter die Natur (des Menschen) sprechen lassen, auch bei Königen: »Nichts ist züchtiger und anständiger als die simple Natur« (59. Stück, Seite 362). Danach bestimmt sich dann auch Lessings Urteil über spanische Theaterstücke: dass sie »bis in das Romanhafte, Abenteuerliche, Unnatürliche können übertrieben werden« (68. Stück, Seite 395). An französischen Stücken kritisiert er eine zu »mechanische Regelmäßigkeit« sowie eine gezwungene »Anständigkeit«, die etwas Abgedroschenes an sich habe. Dagegen lobt Lessing das Natürliche in Schauspielen des Lope de Vega und Shakespeare. Mir scheint, dass Lessings vorhergegangene Beobachtungen und das vorliegende Lob auch Goldoni gelten, wiewohl er ihn nicht erwähnt.

Was die Zeichnung der Charaktere betrifft, erwähnt Lessing zwei Ansichten Diderots: erstens dass es von Natur nur wenige Charaktere gebe, so dass man ihre Vielfalt bei den Ständen und den dichterischen Einfällen suchen müsse; zweitens dass in der Tragödie der Charakter der Hauptperson individuell sein müsse, dagegen in der Komödie allgemein (86. Stück, Seite 463 ff.). Lessing widerspricht beiden Gesichtspunkten: Erstens gibt es eine natürliche Vielfalt der Charaktere, in den verschiedenen Ständen. Von einem spezifisch standesgemäßen Charakter kann man nicht sprechen. Er wäre etwas Gekünsteltes. Zweitens muss, nach Aristoteles, der Charakter der Theaterfiguren immer etwas Allgemeines haben, auch in der Tragödie. Der Dichter muss sie als so beschaffene Person vorführen, nicht wie der Historiker, der die Geschichte mit ihren Einzelpersonen darstellt (87. bis 88. Stück, Seite 468 ff.).

Lessing nimmt auch zu Hurds Aristoteles-Interpretation Stellung, welcher, wie Diderot, den allgemeinen Charakter mehr in der Komödie sucht. Demgegenüber betont Lessing: Wenn auch die Komödie mehr den allgemeinen Charakter darstellen mag, muss es doch so geschehen, dass er sich in einer einzelnen Person verwirklicht, da »das Drama vornehmlich das wirkliche Leben abbilden soll« (92. Stück, Seite 489). Es gehe nicht um die Möglichkeit einer abstrakten Idee, sondern um die Wirklichkeit nach einer Idee. So handeln z.B. in Shakespeares Komödien die Hauptfiguren wie konkrete Menschen, freilich nach einem bestimmten Charakter.

Von der realen Wahrheit der konkreten, einzelnen Personen, Handlungen und Situationen – auf der Ebene des kontingent Zufälligen – ist die poetische Wahrheit verschieden, die sich auf der höheren Ebene des Bedeutungsvollen, für den Menschen Wesentlichen, findet (94. Stück, Seite 493 ff.).

Auf wenigen Seiten äußert sich Lessing auch zur eigenen Person, dass er weder Schauspieler noch Dichter sei, und bemerkt dabei, dass für ihn Goldoni kein nachahmbares Vorbild sei (101. bis 104. Stück, Seiten 522 und 523). Zwar habe Goldoni das italienische Theater bereichert, aber die große Produktion zeige nur einen »ersten Gedanken« (einer Reform), der noch nicht ausgereift sei, was Lessing zur Zurückhaltung veranlasst.

In diesem Zusammenhange führt Lessing weiter aus, dass das Deutschland seiner Zeit noch keine Schauspielkunst habe (101. bis 104. Stück, Seite 525). Während die Franzosen dem Wahn der Kunstregeln anhingen, beachteten die Deutschen überhaupt keine Regeln. Hiermit deutet Lessing an, in welcher Richtung er selbst hofft, das deutsche Theater zu befördern; vielleicht mit einer indirekten Anerkennung (wie mir scheint), dass Goldoni seinen wirksamen Beitrag zu dem schon in Gang gekommenen italienischen Theater geleistet hat. Im Übrigen beschuldigt Lessing das französische Theater, zu künstlichen Regeln anzuhängen und sich dabei von den aristotelischen Regeln entfernt zu haben, die in ihrer ursprünglichen Form noch etwas Natürliches an sich hatten.

Abschließend gesehen, zeigen sich in Lessings Theatertheorie durchaus einige mit Goldonis Theorie gemeinsame Gesichtspunkte, welche den Zweck des Schauspiels, die Charakterzeichnung der Theaterfiguren und das Verhältnis des Schauspiels zur Realität des menschlichen Lebens betreffen.

Freilich hat Lessing mehr seine Distanz zu Goldoni betont, die doch auf einer gewissen Verschiedenheit in der Theorie beruht. Eine solche dürfte in einer stärkeren künstlerischen Imagination der Schauspielthemen liegen, ferner in der Verinnerlichung der Charaktere und in einer tiefer im Gewissen verankerten Moral, die mehr ist als der »buon gusto« eines (von Schauspielen verwöhnten) Publikums.

Dokumentation

41. Kamenzer Lessing-Tage

19. Januar

FESTLICHE ERÖFFNUNG

Lessings europäisches Wörterbuch

Festvortrag von Prof. Dr. Wilfried Barner, Göttingen

Der leicht verrätselnde Titel spielt darauf an, dass Lessings Denken und Schreiben sich von früh an – natürlich mit Wandlungen – an bestimmten Wörtern, Leitbegriffen orientierte und dass diese meist charakteristisch europäisch, transnational waren (ohne Außereuropäisches auszuschließen). Lessing hat in seinen letzten Lebensjahren Vorarbeiten für ein »Deutsches Wörterbuch« geleistet, das Interesse an Wörterbüchern im Bereich seiner Muttersprache reicht viel weiter zurück. Die oft spannungsreiche Dialektik von nationaler und europäischer Perspektive ist bei ihm unverkennbar. Der Vortrag sollte im lessingschen Sinne etwas »Wortgrübelei« treiben, kam dabei wiederholt auf antik-gemeineuropäische Fundamente zurück, zielte aber primär auf die »Neueren«, namentlich die Zeitgenossen. Es ging um so Verschiedenartiges wie »Natur«, »Vernunft«, »Mitleiden«, »Kälte«, »Witz«, »Köpfe«, »Duldung«, »Grenzen«, »Vaterland« (siehe Seite 11).

Glanzlichter europäischer Cembaloliteratur aus der Lessing-Zeit

Cembalo: Jörg Becker, Berlin
Moderation: Helga Becker, Berlin

Das Programm dieses Konzertes entführte in die musikalische Welt der Lessing-Zeit. Komponisten wie Bach, Händel und Telemann sowie François Couperin, Domenico Scarlatti und Padre Antonio Soler repräsentieren die Cembaloliteratur des 17. und 18. Jahrhunderts in Deutschland, Spanien, Italien und Frankreich.

Jörg Becker ist im thüringischen Mühlhausen geboren, studierte an der Kirchenmusikschule Halle und an der Musikhochschule Weimar. Konzertreisen führten den Cembalisten in viele osteuropäische Länder, nach England, Frankreich, Italien, Spanien und in die Schweiz. Die Kritik bescheinigt Jörg Becker virtuose Präzision, sensible Anschlagkultur, makelloses Stilgefühl und hohe Ausdruckstiefe. Der ehrwürdige Kamenzer Ratssaal bot akustisch und optisch den idealen Rahmen für den musikalischen Teil der Festlichen Eröffnung der 41. Kamenzer Lessing-Tage.

22. Januar

Geburtstagsfeier für Lessing

Lesung und Gespräch mit Barbara Köhler, Duisburg
Lessing-Förderpreis des Freistaates Sachsen 2001

Barbara Köhler ist nicht nur Lyrikerin und Prosaistin, sie schreibt auch Texte für Ausstellungskataloge, darüber hinaus arbeitet sie zusammen mit Bildenden Künstlern an Projekten, die ihre Texte in das Alltagsleben von Menschen bringen, die sie sonst vielleicht nie zur Kenntnis genommen hätten. Ihr Medium ist damit nicht ausschließlich das literarische Buch oder die Zeitschrift, das heißt nicht nur das Papier, sondern sie beschreibt zum Beispiel Fensterscheiben (ob nun Schaufenster oder Landtagsgebäude), Häuserwände, Glasplatten für eine Installation und Fotos.

Die Faszinierbarkeit von den Medien der Bildenden Kunst – Farbe, Struktur, Raum – hat viel mit dem Charakter ihrer eigenen Kunst, ihrer Sprach-Kunst zu tun. Denn wie in den gemalten Bildern die Struktur der Leinwand durch die Farbe hindurch sichtbar ist, so macht Barbara Köhler die Struktur ihrer Sprache durch eine erste Bedeutungsebene hindurch sichtbar, um so weitere Bedeutungsschichten freizulegen. Ich empfinde es als eine nicht geringe Leistung, wenn Literatur es schafft, ihre Leser auf eine solche Art und Weise immer wieder zu überraschen, sie bei festgefahrenen Denkmustern zu ertappen und zu Neuem herauszufordern.

Anthonya Visser, Laudatio auf Barbara Köhler. In: Lessing zur Jahrtausendwende. Rückblicke und Ausblicke. Kamenz 2001 (Erbepflege in Kamenz, 21. Jahresheft)

Europa in der Aufklärung – Aufklärung in Europa 23. Januar

Vortrag von Prof. Dr. Barbara Stollberg-Rilinger, Münster

Das Verhältnis der Aufklärung zu Europa lässt sich unter zwei Perspektiven behandeln: Zum einen stellt sich die Frage, inwiefern die Aufklärung ein europaweites Phänomen war. Zum anderen kann man fragen, was im Zeitalter der Aufklärung unter »Europa« überhaupt verstanden wurde. Beide Fragen hängen miteinander unlösbar zusammen: »Europa« war (und ist) ja keine objektive Gegebenheit, keine vorgegebene geographische Größe, sondern ein Begriff, der der Vergewisserung über die eigene Identität und der Abgrenzung gegenüber dem Anderen diente. Mit »Europa« brachte man zum Ausdruck, dass man sich gewisser Gemeinsamkeiten bewusst war, die die »zivilisierten Völker« des Abendlandes von allen anderen unterschieden. Europa war gewissermaßen eine Chiffre der Gebildeten für ihren Stolz auf die Hervorbringung eines eigenen Kulturkreises. Zugleich begann man aber auch, die eigene Kultur mit fremden Augen anzusehen und ironisch und kritisch zu beleuchten – gewissermaßen von außen.

Um dieses Europabild und seine kulturellen Voraussetzungen ging es in dem Vortrag (siehe Seite 29).

25. Januar	**Nathan der Weise**
26. Januar	Von Gotthold Ephraim Lessing
27. Januar	Ensemble »A« Wien e.V.
	Inszenierung: Nikolaus Büchel, Liechtenstein

Zu den Sommerfestspielen Niederösterreichs 2000 wurde vor der idyllischen Kulisse des Klosters Melk »Nathan der Weise« aufgeführt. Das mit viel Humor und Spielfreude gestaltete Freilichterlebnis bot auch im Innenraum stimmungsvolle Bilder, ein beachtliches Ensemble und kluge Unterhaltung. Übrigens waren der Regisseur wie auch viele der Schauspieler dem Kamenzer Publikum bekannt, denn die meisten von ihnen sind bereits mit Lessings Lustspiel »Die Juden« im Geburtsort des Aufklärers zu Gast gewesen.

»Nathan der Weise« – das Theaterstück für Vernunft und Toleranz – berührt auch Fragen einer modernen Gesellschaft: Was ist die richtige Art zu leben, welche Religion kann dabei helfen, wie verschlungen sind »Gottes Wege«? Ein muselmanischer Sultan begnadigt einen gefangenen christlichen Tempelherrn, weil er ihn an seinen verschollenen Bruder erinnert. Der Tempelherr rettet ein Judenmädchen aus dem Feuer, als ihr Vater auf Handelsreise ist. Dieser soll dem Sultan mit Geld aushelfen – und mit einem Urteil zum »wahren« Glauben ...

30. Januar

»... daß wir mehr in den Geschmack der Engländer, als der Franzosen einschlagen« : Lessing und England

Vortrag von Prof. Dr. Hugh Barr Nisbet, Cambridge

Lessing gehört zur ersten Generation deutscher Schriftsteller, die sich eingehend mit der englischen Literatur befassen. Sie dient ihm als Modell eines neuen, an die bürgerliche Öffentlichkeit gerichteten Schrifttums und als Gegengewicht zum höfisch gefärbten Klassizismus Frankreichs. In den fünfziger Jahren beschäftigt sich Lessing intensiv mit Übersetzungen aus dem Englischen und plant eine Reise nach England, die aber wegen des Ausbruchs des Siebenjährigen Krieges nicht über Holland hinauskommt. Das Bündnis Preußens mit Großbritannien in diesen Jahren sowie die enge Verbindung Braunschweigs mit dem englischen Königshaus begünstigen jedoch weiterhin Lessings Rezeption englischen Kulturgutes, und er erwirbt bis in seine letzten Lebensjahre umfangreiche Kenntnisse der englischen Philosophie, Theologie und Ästhetik. Vor allem die englische Moralphilosophie (Shaftesbury, Hutcheson, Richardson) prägt entscheidend seine Theorie des tragischen Mitleids. Was Lessing in seiner Spätzeit am meisten imponiert, ist aber die liberale Tradition englischen Denkens. Und nicht zu vergessen: die Rolle des englischen Humors in der Entwicklung des großen deutschen Lustspieldichters (siehe Seite 45).

31. Januar
1. Februar

Nathans Tod

Oper von Jan Müller-Wieland nach dem gleichnamigen Theaterstück von George Tabori
Theater Görlitz und Neue Lausitzer Philharmonie
Regie: Klaus Arauner
Musikalische Leitung: Christof Escher

Im Jahre 1991 wurde George Taboris Schauspiel »Nathans Tod. Sieben Szenen nach Lessing« in München und Wolfenbüttel uraufgeführt. Das hochbrisante Stück verbindet eine aus Lessings Text entwickelte Retrospektive auf die Genese des Holocaust mit einer kritischen Verarbeitung ideologischer und religiöser Konflikte der Gegenwart. Die Überarbeitung für die Vertonung hat der Komponist Müller-Wieland unter Mitwirkung Taboris vorgenommen. Den Grundgedanken von Lessings Drama, die Frage nach der Möglichkeit einer alle weltanschaulichen Grenzen überwindenden Toleranz, greift Tabori auf. Bei ihm bleiben jedoch alle Protagonisten hinter der Erwartung dieser aufgeklärten Toleranz zurück und reihen sich in die Verhaltensmuster ihrer Volksgruppe ein. In der Oper ist die Ringparabel nur ein »Märchen«, das niemand mehr hören mag. Nathan stirbt am Ende, und Sittah, die als einzige an seinem Schicksal Anteil nimmt, begeht Selbstmord.

In Kamenz kam »Nathans Tod« in einer Fassung für Kammerorchester zur Aufführung.

Geschichte einer Freundschaft

2. Februar

Lese-Café mit der Autorin und Schauspielerin
Vera Forester, Düsseldorf

Größer hätten die Gegensätze von Herkommen, Stand und gesellschaftlichen Aussichten nicht sein können. Dennoch verband sie lebenslange Freundschaft und ein gemeinsames Ziel: das Ideal der Toleranz mit Leben zu erfüllen.

Sie trafen 25-jährig im friederizianischen Berlin des Jahres 1754 zusammen und beflügelten einander im endlosen Dialog. Lessing schrieb »Briefe, die neueste Literatur betreffend« und wurde damit sowie mit seinen dramatischen Werken der eigentliche Begründer der modernen deutschen Literatur und einer literarischen Öffentlichkeit. Moses Mendelssohn, dem Lessing mit »Nathan der Weise« ein Denkmal setzte, hatte mit seinen philosophischen Werken und den Übersetzungen der Psalmen und bedeutender Passagen des Alten Testaments entscheidend Anteil an der Herausführung der Juden aus dem geistigen und rechtlichen Getto. Ihre Beziehung erlebten sie bewusst als Beginn der deutsch-jüdischen Freundschaft.

Das Buch von Vera Forester erhebt nicht den Anspruch einer wissenschaftlichen Abhandlung, sondern erzählt kontrastreich über Ehe- und Familienleben, Berufsprobleme, Geldnöte, aber auch über Ereignisse, die die Welt veränderten, wie die Erfindung der Dampfmaschine oder die Einführung der Kartoffel in Deutschland.

9. Februar
10. Februar

Ein Fest für Nathan

Schauspiel von Dieter O. Holzinger, Wien
Musik: Christoph Rabl, St. Pölten
Regie: Peter Wolsdorff, St. Pölten
Organisation: Dian film & theater, Wien

In einer Hotelanlage an der israelischen Mittelmeerküste proben Musiker, denn am Abend ist ein Fest für den Berliner Schauspieler Nathan Schulze geplant, der sein Bühnenjubiläum feiert. Die Hotelgäste pendeln zwischen beiläufiger Entspannung und zielstrebigen Geschäftskontakten. Treibende Kraft bei den sich anbahnenden Handelsabkommen ist der Bankmanager Traugott. Seiner Meinung nach lassen sich persönliche Aversionen der Partner durch wirtschaftliche Klarheit und vernünftige Verträge überwinden. Doch seine exakten Pläne samt erhofftem Gewinn werden von den Ereignissen überholt, weil die Unberechenbarkeit der Gefühle über die Vernunft hinausreicht. Er will abreisen und die Kontakte abbrechen. Wenn da nicht ein Ring wäre, den seine Frau bei einem Straßenhändler erworben hat ...

Dieter O. Holzinger, der in Wien lebende Autor und Regisseur, war zunächst beruflich beim Fernsehen tätig, wo er mehr als 300 Beiträge, unter anderem für die Serie »Das österreichische Porträt«, gestaltete. In den vergangenen Jahren leitete er die Sommerfestspiele im Stift Altenburg. Nach der »Wertheriade« kam mit der »Nathan«-Adaption ein weiteres seiner eigenen Theaterstücke im Rahmen der Lessing-Tage zur Aufführung.

Lessings Zeitgenossen (4) — 20. Februar

Zur Schauspielkunst bei Goldoni im Vergleich zu Lessing

Vortrag von Prof. Dr. Horst Seidl, Rom

Ein Zeitgenosse des Deutschen Lessing, nicht weniger berühmt als er, ist der Italiener Goldoni, ein bis heute beliebter Komödiendichter des 18. Jahrhunderts. Seine bekannte Theaterreform im Geiste der Aufklärung enthält eine Theorie der Schauspielkunst, die in mancher Hinsicht vergleichbar ist mit der Lessings. Beide verfügen über eine reiche Erfahrung aus der Welt des Theaters, aus der Praxis der Schauspieler und ihres Publikums.

Goldonis Biografie zeigt ein sehr bewegtes Leben, aus dem er Stoff für seine Komödien gewinnen konnte. Als Advokat kam er in Venedig und Pisa mit Personen höheren, adligen und niederen, bürgerlichen Standes in Berührung und machte mit ihren Lebensverhältnissen, Liebesgeschichten, sozialen Konflikten u.a.m. Bekanntschaft. Seine realistische Art, sie in Komödien darzustellen, brachte ihm heftige Kritik ein. Ruhiger verlief dann seine Dichterexistenz in Paris, in der zweiten Hälfte seines Lebens.

Über diesen »heiteren Abenteurer«, wie sich Goldoni selbst sah, und einen Vergleich mit Lessings Schauspieltheorie informierte der vierte Zeitgenossen-Beitrag (siehe Seite 83).

23. Februar

Zur Belagerung der Stadt Jerusalem
Aufführung der Kantate von Johann Heinrich Gössel unter Leitung von Corinna Berthold, Hanau
Einführungsvorträge von Friedemann Böhme, Bautzen, und Edeltraud Schnappauf, Lessing-Museum

Im Jahre 1728 hatte sich der Kamenzer Rat mit einem besonderen Streit zu beschäftigen, dessen Ausgang bis auf den heutigen Tag nicht geklärt ist. Anlass war eine Auseinandersetzung zwischen dem Pastor Primarius Gottfried Feller (1674 bis 1733), dem Großvater Lessings mütterlicherseits, und Johann Heinrich Gössel (1698 bis 1770), zu jener Zeit Kantor in Kamenz, über dessen Kompositionen. Insbesondere die Uraufführung der Kantate »Zur Belagerung der Stadt Jerusalem« erregte das Missfallen Fellers. Die Meinungsverschiedenheiten wurzelten offenbar nicht nur in einem Generationskonflikt, sondern markierten auch eine Zäsur der kirchenmusikalischen Entwicklung in Kamenz. Nach 273 Jahren kam die Kantate erstmals wieder zur Aufführung. Im Rahmen des Lessing-Stipendiums 2000, vergeben vom Kamenzer Literaturmuseum, hatte die junge Kirchenmusikerin Corinna Berthold das überlieferte Noten- und Textmaterial erschlossen sowie unter Beachtung aufführungspraktischer Fragen vorsichtig bearbeitet.

Das Ensemble aus Musikern der Region, das die Kantate zu Gehör brachte, hatte sich eigens für dieses Vorhaben zusammengefunden.

Nathan der Weise
Puppenspiel nach Gotthold Ephraim Lessing
Theater Meiningen
Regie: Albert R. Pasch

24. Februar

»Der Schluss ist einfach schön. Die Puppenspieler gehen ab und lassen Nathan und Saladin in trautem Gespräch zurück, während Recha und der junge Tempelherr aneinander geschmiegt noch verkraften müssen, was sie eben erfahren haben«, schrieb die »Südthüringer Zeitung« nach der Premiere des Puppenspiels. Sie spekulierte im Weiteren darüber, wie es wohl wäre, wenn die Figuren lebendig würden, um »die Versöhnung von Judentum, Christentum und Islam bei einem Tässchen Mokka zu feiern«. Dabei würden sie Lessings große Utopie mit praktischer Vernunft und jenseits von religiösen Schranken vorleben, so dass wir uns nur »die Haare raufen könnten über die unausrottbare Dummheit und Dreistigkeit der Menschheit in ihrem Glaubenswahn quer durch Raum und Zeit«.

In einer knappen Text- und Spielfassung von zirka eineinhalb Stunden waren zum ersten Mal Puppen die Akteure von »Nathan der Weise«. Deshalb ist dieses Stück sowohl für Erwachsene als auch jugendliche Besucher besonders reizvoll gewesen, wenngleich es der begrenzten Wirksamkeit von den Charaktermasken der Holzpuppen unterlag. Nur die Gesten der (Puppenspieler-)Hände und der eine oder andere Ruck von Kopf und Körper machten sie menschlich.

Schüler-Schreibwettbewerb

7. Januar

Schüler schreiben zu Lessing

Schüler-Schreibwettbewerb ab Klasse 9

Seit vielen Jahren organisiert das Lessing-Museum einen literarischen Wettstreit, der sich an Schüler und Schülerinnen richtet, die gern schreiben. Ob Erzählung, Gedicht, Dialog oder Brief – über die literarische Form entscheiden die jungen Autoren und Autorinnen selbst. Für den Inhalt standen ihnen 2002 drei Themen zur Auswahl, die zum Nachdenken über Europa aufforderten:

1. »Wahrhaftig, ich sehne mich herzlich nach Deutschland.« (Lessing 1775 aus Florenz an Eva König) – **Sie auch?**
2. »Er sprach gut Französisch, konnte Italienisch, Englisch und die toten Sprachen ...« (E.v.Kleist über Lessing) – **Geschichten aus der Fremde**
3. »Es ist doch sonderbar bestellt,
   Sprach Hänschen Schlau zu Vetter Fritzen,
   Daß nur die Reichen in der Welt
   das meiste Geld besitzen.« (Lessing) – **Das Ende eines kleinen Pfennigs**

Hervorragende sprachliche Gestaltung und ideenreiche inhaltliche Umsetzung wurden mit einem »Preis, den man sich nicht kaufen kann«, prämiert.

1. März

Auszeichnungsveranstaltung zum Schüler-Schreib-Wettbewerb

Programm: Hochschule für Musik Dresden
unter Leitung von Wolf-Eike Bartels
Moderation: Carsta Delitzscher, Lessing-Museum

lesesaallyrik

bücherstaub
alte blätter herbst
tasten winter
aus regalen ernten
buchstaben säen am pc
und doch raupe bleiben
modern modernde seiten
treiben fast färbt sich sommer
frühlingslaub schon
schmetterlinge
tag für tag
in der bücherei sitzend

Dieses Gedicht von Anne Jentsch aus Bautzen gehörte 2001 zu den ausgezeichneten Arbeiten. Es begeisterte nicht nur die Jury, sondern viele Wettbewerbsteilnehmer. Auch 2002 standen die besten Texte im Mittelpunkt der Auszeichnungsveranstaltung. Sie wurden mit Einfühlungsvermögen und Esprit von Studentinnen und Studenten der Sektion Sprecherziehung der Hochschule für Musik Dresden gelesen.

2. März **Schreibwerkstatt**

Mit Kerstin Hensel, Berlin, Lessing-Förderpreis 1997
Für die Preisträger der Klassen 9 und 10

Kerstin Hensel, geboren 1961 in Chemnitz (ehemals Karl-Marx-Stadt), lernte Krankenschwester und studierte von 1982 bis 1985 am Institut für Literatur in Leipzig. Sie arbeitete am Theater und hat heute einen ständigen Lehrauftrag an der Berliner Hochschule für Schauspielkunst. Seit 1983 veröffentlichte sie die zwei Romane »Tanz am Kanal« und »Gipshut« sowie mehrere Erzählbände, wie z.B. »Im Schlauch« und »Neunerlei«. Außerdem liegen von ihr Stücke, Gedichte, Filmszenarien, Libretti und Hörspiele vor.

Kerstin Hensel erhielt 1984 das Becher-Diplom, 1991 den Leonce-und-Lena-Preis und 1997 den Förderpreis zum Lessing-Preis des Freistaates Sachsen.

Bereits 1997 führte sie im Lessing-Museum die Schreibwerkstatt durch. Damals äußerte sie gegenüber den Preisträgern, dass »man nur durch Lesen Schreiben kann«. Die Anregungen, die sie den Schülern gab, waren für einige Ansporn, weiter zu schreiben, um sich im nächsten Jahr wiederum an dem Schreibwettbewerb des Lessing-Museums beteiligen zu können.

Abfahrt zum mehrtägigen Schreibseminar 8. Juli

Für die Preisträger der Klassen 11 und 12

Götz von Berlichingen mit der eisernen Hand (gest. 1562) dürfte gewiss vielen aus der Geschichte und durch Goethe bekannt sein. Doch wer weiß, wo sein Grab ist? Es befindet sich im Kloster Schöntal, das auch noch andere Grablegen der Herren von Berlichingen aus den Jahren 1380 bis 1573 beherbergt. Welchen Grund das Kloster veranlasste, dem Adelsgeschlecht die Genehmigung zur Bestattung im Kreuzgang zu erteilen, erfuhren die Preisträger der 11. und 12. Klassen bei ihrem mehrtägigen Aufenthalt in Schöntal.

Die ehemalige Zisterzienser-Abtei (1157 gegründet und 1803 säkularisiert) ist seit 1979 ein Bildungshaus der Diözese Rottenburg-Stuttgart. Hier fand das Abschlussseminar des baden-württembergischen Landeswettbewerbes Deutsche Sprache und Literatur statt, an dem die Preisträger aus Sachsen als Gäste teilnehmen konnten. Ihnen stand eine erlebnisreiche Woche bevor: Neben Begegnungen mit bekannten Schriftstellern und Medienvertretern wurde die Umgebung bis nach Jagsthausen, dem Stammsitz derer von Berlichingen, erkundet.

Anhang

70 Jahre Lessinghaus Kamenz

Mit freundlicher Unterstützung von:

SACHSEN FAHNEN

www.sachsenfahnen.com

Vorbemerkungen

Weil Lessings Geburtshaus 1842 durch einen Stadtbrand zerstört wurde, konnte in Kamenz, wo der Dichter seine Kindheit verbracht hat, kein Memorialmuseum entstehen. Um die Pflege des aufklärerischen Erbes von Gotthold Ephraim Lessing jedoch nicht auf geistige Aktivitäten wie Gedenkveranstaltungen, Vorträge und Theateraufführungen beschränken zu müssen, wurde anlässlich seines 200. Geburtstages im Jahre 1929 der Grundstein für ein Lessinghaus gelegt, das – wie es in der Gründungsschrift heißt – »ein Denkmal von bleibendem, allgemeinpraktischem Werte« sein sollte. Im 150. Todesjahr Lessings, 1931, ist das Gebäude mit den städtischen Einrichtungen Museum, Bibliothek und Archiv eingeweiht worden.

Heute beherbergt es neben dem Lessing-Museum auch die Stadtbibliothek mit Kinderbücherei und erweist sich damit – ganz im Sinne Lessings – als ein Haus der Literatur und des Lesens. In Verbindung mit dem gegenüberliegenden, museumsbezogen eingerichteten Röhrmeisterhaus präsentiert sich am Lessingplatz ein Gebäudekomplex, der längst zu einem kulturellen Wahrzeichen der Stadt Kamenz geworden ist. In den Außenanlagen, die in einen kleinen Park führen, laden eine Stele mit Lessing-Zitaten und vier Fabel-Plastiken zum Verweilen und Besinnen ein.

Wer einen Stadtrundgang »Auf Lessings Spuren« unternimmt, wird in der Altstadt viel Sehenswertes entdecken. Wo einst das Geburtshaus Lessings stand, neben der gewaltigen Hauptkirche St. Marien, gibt es eine künstlerisch gestaltete Anlage, die an den großen Sohn von Kamenz erinnert.

Mit der Festwoche »70 Jahre Lessinghaus« wurden zugleich das 70-jährige Bestehen des Lessing-Museums und die Geschichte der 335 Jahre alten Stadtbibliothek gewürdigt. Auf dem Programm standen neben mehreren kulturellen Veranstaltungen und Vorträgen die Eröffnung der 3. Jahresausstellung des Lessing-Museums/Arbeitsstelle für Lessing-Rezeption unter dem Thema »'Sehe ich denn so verteufelt freundlich aus?' – Lessing in der Bildenden Kunst«, ein Treffen von Lessing-Gymnasien Deutschlands und ein wissenschaftliches Arbeitsgespräch mit Vertretern von Institutionen der Lessing-Rezeption. Diese Höhepunkte werden im Folgenden dokumentiert: durch die Vorträge von Hans Kurt Groß (Wien) zur Ausstellungseröffnung, einen weiteren von Wolfgang Milde (Wolfenbüttel) zu den zwei Lessing-Autographen des Museums, den Artikel einer Deutschlehrerin über das Treffen von Lessing-Gymnasien und die Beiträge der Teilnehmer des wissenschaftlichen Arbeitsgespräches mit dem Abschlussbericht der Tagung.

listischer Freiheiten gegründet wurde.[4] In der Festversammlung dieses Vereins wurde am 7. November 1909 beschlossen, »als dauerndes Zeichen der Erinnerung« an den 50. Geburtstag der »Concordia« ein Lessing-Denkmal aufzurichten. Präzedenzfälle, wie man dabei vorzugehen habe, gab es ja aus der Vergangenheit zur Genüge. Am 23. Januar 1910 konstituierte sich also ein Denkmalkomitee, man versicherte sich der Unterstützung einflussreicher Kreise und konnte sowohl das Burgtheater, dessen erster Direktor Lessing ja beinahe geworden wäre, als auch den damals höchst populären Bürgermeister Dr. Karl Lueger[5] für das Projekt gewinnen. Es entbehrt freilich nicht einer gewissen Ironie, dass gerade dieser bedeutende, mit allen politischen Winkelzügen vertraute und mit antisemitischen Vorurteilen souverän umgehende Kommunalpolitiker sich für Lessing einsetzte. Bezeichnenderweise wird dazu auch sein Ausspruch überliefert: »Ich bin der Meinung, dass der große deutsche Dichter und Reformator der deutschen Sprache, Lessing, ebenso wie Schiller und Goethe ein Denkmal, und zwar ein schönes Denkmal in der deutschen Stadt Wien erhalten muss. Sein Stück 'Nathan der Weise' können wir ihm gnädig nachsehen«.[6]

Was die Initiatoren der Denkmalerrichtung betrifft, sollen hier vor allem zwei Männer genannt werden, die sich ehrlich und redlich um die Verwirklichung dieses Vorhabens bemüht haben. Ich verwende hier ein Wortspiel, denn tatsächlich war der damalige Präsident der »Concordia«, der Journalist Sigmund Ehrlich,[7] der eigentliche spiritus rector des »Unternehmens Lessing«, zu dem sich der Historiker, langjährige Präsident der Akademie der Wissenschaften und ab 1925 auch des Lessing-Denkmalkomitees Oswald Redlich[8] gleichberechtigt hinzugesellte. Noch im Januar 1910 wurde in verschiedenen Wiener Tageszeitungen ein Spendenaufruf zur Begründung eines Denkmalfonds gestartet, wobei der Literaturhistoriker Jakob Minor[9] nicht ohne Pathos Lessing gegenüber von einer »alten, tiefempfundenen Ehrenschuld« sprach, die mit der Errichtung seines Denkmals abzutragen sei. Errichtung und Abtragung – es scheint, als wäre schon in der Wortwahl das künftige Schicksal vorweggenommen worden ...

---

4 Am 23.8.1859 in Wien gegründet, nahm der Verein am 1.10.1859 seine Tätigkeit auf. Sein erster Präsident war Dr. Franz Schuselka.

5 Dr. Karl Lueger, 1897 bis 1910 Bürgermeister von Wien.

6 Siehe Rechenschaftsbericht (= RB) der »Concordia« für das Jahr 1909, S. 7.

7 Dr. Siegmund Ehrlich (1852–1932), Journalist, 1908 bis 1919 Präsident der«„Concordia«, seit 1918 Ehrenmitglied.

8 Dr. Oswald Redlich (1858–1944), Historiker, 1919 bis 1938 Präsident der Akademie der Wissenschaften, seit 17.10.1925 Präsident des Lessing-Denkmalkomitees.

9 Jakob Minor (1855–1912), Germanist, Literaturhistoriker, Verfasser des Spendenaufrufes.

Neben dem Spendenaufruf gab es weitere Aktivitäten, Benefizveranstaltungen und Subventionsbestätigungen, sodass noch im gleichen Jahre zumindest die Finanzierung gesichert war. Zwei gewichtigere Probleme stellten sich aber erst, nämlich der Aufstellungsort und die Auftragsvergabe. Beginnen wir mit Letzterer, weil sie, wenn auch nicht ohne Widerstand, früher gelöst werden konnte. Das Denkmalkomitee sah nämlich zunächst eine freie Auswahl vor, wollte also keinen öffentlichen Wettbewerb ausschreiben, wogegen aus verständlichen Gründen die Wiener Künstlerverbände protestierten. Um die Gemüter zu beschwichtigen, einigte man sich auf eine beschränkte Konkurrenz von sieben Künstlern. Es waren dies die Bildhauer Anton Hanak (1875 bis 1934), Josef Heu (1876 bis 1952), Franz Metzner (1870 bis 1919), Josef Müllner (1879 bis 1968), Stefan Schwartz (1851 bis 1924), Karl Stemolak (1875 bis 1954) und Theodor Stundl (1875 bis 1934). Man bildete ein Preisgericht, und unter den eingesandten Entwürfen fand zunächst keiner die notwendige Stimmenmehrheit. Schließlich einigte sich die Jury auf das Modell des 1870 in der Nähe der böhmischen Stadt Pilsen geborenen Bildhauers Franz Metzner.[10] Um es gleich vorwegzunehmen: Der Künstler wollte Lessing als einmalige, historische Persönlichkeit dargestellt wissen: Über einem breiten, abgestuften Sockel erhob sich ein konusförmiger Aufbau, dessen Wände von Atlanten begleitet werden, darauf stand die in der Tracht seiner Zeit gekleidete Bronzefigur des Dichters.[11] Das ganze Monument sollte etwa sieben Meter in der Höhe messen.

In der damals noch intakten Hoffnung einer baldigen Enthüllung hatte das Denkmalkomitee im Jahre 1912 einen Lessing-Almanach herausgebracht, für den neben weniger bekannten Autoren auch Schriftsteller wie Hermann Bahr und Gerhart Hauptmann Beiträge lieferten.

Bevor ich auf Metzner und den Grund für sein letztlich unvollendet gebliebenes Lessing-Denkmal näher eingehe, erscheint es angebracht, mit Anton Hanak einen anderen bedeutenden österreichischen Bildhauer zu erwähnen, der sich zwischen 1910 und 1912 in mehreren Fassungen intensiv mit der Gestaltung des Lessing-Denkmals auseinander setzte. Seine Bemühungen, vor allem das geistige Wesen des Dichters plastisch zu erfassen, führten zur Darstellung eines schreitenden Mannes, die linke Hand ans Herz gelegt, die rechte an die Stirn gehoben, eine Symbolfigur verinnerlichten Denkens und Fühlens.[12] Dieses überlebensgroße Gipsmodell, das im Jahre 1912 auch in der großen Kunstausstellung zu Dresden als »Dichter« und »Studie zu einer Lessingfigur« zu sehen war, gab in Mimik und Gestik auch die Grundform für weitere plastische Auseinandersetzungen Anton Hanaks mit diesem

10 Siehe RB 1911, S. 8.
11 Siehe u.a. Abb. 65 in: Die Wiener Ringstraße. Bild einer Epoche. Hrsg. von Renate Wagner-Rieger. Band IX, 2 (Anm. 10), Wien 1969 ff.
12 Siehe u.a. Abb. bei: Arthur Roessler. Kritische Fragmente. Wien 1918, S. 195.

Sujet ab, ich denke da vor allem an die Figur des »Neuerers«, des »Denkers« und des »Träumers«.

Ich habe Anton Hanak nicht nur deshalb erwähnt, um einen auch international immer noch viel zu wenig bekannten österreichischen Bildhauer wieder ins Gedächtnis zu rufen, sondern auch um zwei ganz unterschiedliche bildhauerische Konzepte anhand der Gestaltung eines Lessing-Denkmals aufzuzeigen. Hier der bereits anerkannte Bildhauer Franz Metzner, bekannt vor allem durch den Auftrag zur figuralen Ausgestaltung des Völkerschlachtdenkmals in Leipzig. Sein Entwurf für das Lessing-Denkmal erscheint uns heute, bei allen Fähigkeiten, doch eher konventionell geraten zu sein. – Dort der immer noch um Anerkennung ringende, schwierige, mit sich und seiner Umwelt oft genug hadernde Künstler Anton Hanak, nur wenige Jahre jünger als Metzner und wie er aus dem böhmisch-mährischen Raum, nämlich aus Brünn stammend.

Ohne die beiden gegeneinander ausspielen zu wollen, scheinen mir Hanaks Ideen zu Lessing gerade wegen ihres Verzichts auf Porträtähnlichkeit die zeitloseren, um nicht zu sagen, »moderneren« zu sein.

Doch zurück zu Metzner. Der Werkvertrag, den er mit seinem Auftraggeber, dem Denkmalkomitee, einging, sah eine Fertigstellung bis zum Frühjahr 1913 vor. Dass er nicht eingehalten werden konnte, lag vor allem an der bereits erwähnten Inanspruchnahme für den plastischen Schmuck des Völkerschlachtdenkmals, das ja ebenfalls 1913 fertig werden musste und das ihm schon aus Prestigegründen wichtiger war. Es ergaben sich aber auch immer wieder Standortänderungen: Ursprünglich war vorgesehen, das Denkmal im nördlichen Teil des Rathausparks unweit des Burgtheaters zu errichten. Dieser Standort wurde im Jahre 1913 zugunsten des späteren Luegerplatzes am gegenüberliegenden Ende der Ringstraße verworfen. Verschiedene Lokalaugenscheine, das Hantieren mit maßstabsgetreuen Entwurfsvorlagen und diverse Einsprüche von Anrainern, Ämtern und Behörden gaben damals wie heute die Schablone ab, ohne die Denkmalerrichtungen selten auskommen.

1914 war die Bronze noch immer nicht gegossen. Dann kam der Krieg mit allen seinen Folgen: »Gold gab man für Eisen«, doch »für Lessing kein Messing«, um wieder ein Wortspiel zu bemühen. Metzners früher Tod am 24. März 1919 in Berlin und die immer weiter um sich greifende Inflation setzten schließlich der ersten Phase des Denkmalunternehmens ein vorzeitiges Ende. Die angesparten Gelder waren bis auf wenige Reste zusammengeschmolzen, aus dem Denkmalfond war ein »fond perdu« geworden, und Wien und die Wiener hatten andere Sorgen als die Errichtung eines Dichtermonumentes.

Zwischen 1919 und 1925 schien das Denkmalprojekt, dessen Komitee damals gar keinen eigenen Präsidenten hatte, in einen tiefen Winterschlaf gefallen zu sein: Ein Anflug von Wiederbelebung zeigte sich nur bei der Weihnachtsausstellung der

Wiener Sezession im Jahre 1921: Sie war dem Gedächtnis Franz Metzners gewidmet, wobei man auch seine Entwürfe zum Lessing-Denkmal sehen konnte. Der Architekt und Kunstkritiker Hartwig Fischel,[13] der über diese Ausstellung berichtete, gab angesichts dieser Hinterlassenschaft und des halbvollendeten Denkmals auch seiner Hoffnung nach Fertigstellung von zweiter Hand beredten Ausdruck. Doch der Rest war Schweigen.

Am 17. Oktober 1925 wurde im Rahmen einer Sitzung Oswald Redlich zum Präsidenten des Denkmalkomitees ernannt. Damit war zumindest nach außen hin ein repräsentativer Ansprechpartner vorhanden. Ein Anlass zur Reanimation des bereits totgeglaubten Projektes dürfte das nur wenige Monate vorher verfasste Ansuchen der Wiener Gemeindeverwaltung gewesen sein, den für das Lessing-Denkmal zugesicherten Platz am Ende der Wollzeile zugunsten des bereits 1916 vom Bildhauer Josef Müllner fertiggestellten Lueger-Denkmals freizugeben. Die Zusage seitens des Komitees führte dann auch zur Enthüllung dieses Monuments am 19. September 1926 und zur kurz darauf erfolgten Umbenennung des dortigen Platzes nach dem populären Wiener Bürgermeister.[14] Obwohl nun schon zum zweiten Male ein für die Errichtung des Lessing-Denkmals vorgesehener Standort zugunsten eines anderen abgetreten wurde, sah man darin keine eigentliche Niederlage. Vielmehr versuchte man nun, die vorhandenen Kräfte neu zu sammeln, um spätestens im Jahre 1929 Lessings 200. Geburtstag mit einem endlich fertiggestellten Standbild feiern zu können. »Monumentales Dichtergedenken« nennt denn auch die Wiener Kunsthistorikerin Dr. Christa Veigl ihre verdienstvolle Abhandlung über die Geschichte des ersten Lessing-Denkmals, eine Arbeit, die 1994 erschienen ist und der ich viele interessante Hinweise verdanke.[15]

Die Abtretung des Luegerplatzes erfolgte natürlich nicht ohne Ersatz: Nach längerer Diskussion einigte man sich schließlich auf den Schmerlingplatz als neuen Aufstellungsort. Es war dies eine Grünfläche mit zwickelförmigem Grundriss, unregelmäßig umrahmt vom Parlament, vom Justizpalast und vom Stadtschulratsgebäude. Die hohe Politik, der Oberste Gerichtshof und Wiens oberste Schulbehörde – ob Lessing sich dort wohlgefühlt hätte? Diese Frage stellte sich aber nicht. Als ob man vorausgeahnt hätte, dass dieser Platz doch nicht der Weisheit letzter Schluss sei, hatte man schon damals den Judenplatz inmitten der Altstadt als alternativen Aufstellungsort erwogen, allerdings mit der Auflage, dass das Denkmalkomitee ihn nur

---

13 Hartwig Fischel (1861–?), Architekt und Kunstkritiker. Sein Ausstellungsbericht in: Kunst und Kunsthandwerk 24, 1921, S. 206.

14 Die offizielle Benennung in »Dr.-Karl-Lueger-Platz« erfolgte laut Beschluss des Wiener Kulturausschusses am 6.10.1926.

15 Christa Veigl: Monumentales Dichtergedenken. Lessings erstes Denkmal in Wien. In: Schriften des Instituts für Österreichkunde, Bd. 59, 1994, S. 41–55.

dann akzeptieren würde, wenn ihm für die Zukunft der Name »Lessing-Platz« gegeben wird. Diese von der Gemeinde Wien zugesagte, wenn auch nie wirklich vollzogene Umbenennung führte dann in der Folge zu einigen Missverständnissen, auf die ich aber erst später kurz eingehen will. Doch zunächst einmal hatte es den Anschein, dass auf die kurze Wiederbelebungsphase alsbald ein neuerlicher Dämmerschlaf folgen sollte, denn drei Jahre später gelang es der Gemeinde Wien wieder einmal, einen bereits fix zugesagten Platz, diesmal also den Schmerlingplatz, dem Denkmalkomitee abzujagen. Hier sollte nämlich anlässlich ihres zehnten Geburtstages das Denkmal der Republik aufgestellt werden, ein Vorhaben, das dann am 12. Dezember 1928 tatsächlich verwirklicht wurde. Anton Hanak, von dem auch das architektonische Konzept zu diesem Denkmal stammte, schuf dafür auch die ausdrucksvolle Porträtbüste Viktor Adlers (1852 bis 1918), des Begründers der österreichischen sozialdemokratischen Partei.

Damit kein falscher Eindruck entsteht, möchte ich betonen, dass die scheinbare oder tatsächliche Untätigkeit des Lessing-Denkmalkomitees und seines sehr bemühten Präsidenten Oswald Redlich vor allem durch die Inflation und die prekäre Wirtschaftslage verursacht war. Erst sehr spät, nämlich zwischen 1928 und 1930, und um den Preis, das Lessing-Jahr 1929 ohne Denkmal vorüberziehen zu lassen, gelang es endlich, den Fond soweit aufzufüllen, dass man im Jahre 1930 zu einer neuerlichen Bildhauerkonkurrenz schreiten konnte. Aus ihr trat dann, wie ich gleich ausführen werde, Siegfried Charoux als Sieger hervor.

Dies gibt mir nun die Gelegenheit, eine kurze biografische Skizze des damals wie heute weitgehend unbekannten Bildhauers zu entwerfen: Siegfried Charoux wurde am 15. November 1896 in Wien geboren.[16] Den französisch anmutenden Namen hatte er, in Anlehnung an den tschechischen Mädchennamen seiner Mutter – Charous – als Künstlername angenommen, nachdem er als politischer Karikaturist in den 1920er Jahren vor allem in der Arbeiterzeitung unter dem Pseudonym »Chat Roux« (die rote Katze) bekannt geworden war. Sein eigentliches Metier war jedoch die Bildhauerei. Im Ersten Weltkrieg schien eine schwere Verletzung des rechten Armes, der zunächst gelähmt blieb, eine derartige Karriere zunichte zu machen, es gelang jedoch einem berühmten Chirurgen mittels einer Nervennaht den Arm zu retten.[17] Nach dem Krieg und einer abgebrochenen Schauspielausbildung nahm Cha-

[16] In der Taufmatrikel von 1901 steht der Name Siegfried Buchta (nach dem bereits 1882 verstorbenen ersten Gatten der Mutter, Johann Buchta) sowie das (offensichtlich) falsche Geburtsdatum 15. Oktober 1896.

[17] Dr. Hans Spitzy (1872–1956), Orthopäde und Chirurg, gründete 1915 das erste Wiener Orthopädische Spital und die Invalidenschule.

roux beim Bildhauer Josef Heu[18] Privatunterricht und studierte dann 1922 bis 1924 an der Wiener Kunstakademie unter Professor Hans Bitterlich.[19] Er blieb aber stets Autodidakt und hat als »künstlerischer Anarchist«, wie er sich selber gerne sah, weder schulbildend gewirkt noch sich je einer Autorität unterworfen. Das schloss Anregungen natürlich nicht aus, wobei zeitweise, neben Hanak auch Maillol,[20] Lehmbruck[21] und andere Größen eine Rolle gespielt haben dürften. – Über die selbsternannten modernen Künstler schrieb der bis zuletzt neugierige, stets neue Techniken ausprobierende und auch in der Malerei experimentierfreudige Charoux einmal:

> In der Sphäre, in der die 'Moderne' lebt, handelt es sich nicht ausschließlich um Kunst, sondern auch um Journalismus und Verkaufstechnik. Gesetzmäßig geht soviel an reinem Kunstgehalt aus einem Kunstwerk hinaus, als Journalismus und Verkaufspsychologie hinein kommen. Ich glaube, dass die Originellen innerhalb der Tradition gegenwärtig so verkannt werden wie zum Beispiel die Impressionisten verkannt wurden. Ich will nicht modern sein, weil ich nicht unmodern werden will![22]

Dies zu seiner eigenen Charakterisierung. Obwohl, oder gerade weil Charoux vor allem durch sein Lessing-Denkmal bekannt geworden war, hat ihn dies nicht vor dem Schicksal der Emigration bewahrt. Als politisch denkender, gefühlsmäßig in der Sozialdemokratie beheimateter, doch stets nach Unabhängigkeit strebender Künstler witterte er schon früh, woher der Wind wehte. Deshalb wanderte er auch schon 1935, kurz nach der Enthüllung seines Wiener Hauptwerkes, in das freiere England aus, wo er es bis zum Vollmitglied der Royal Academy of Art brachte.[23]

Er wurde ein angesehener Repräsentant dieser exklusiven britischen Künstlergesellschaft, die ihn auch wegen seiner Originalität sehr schätzte. Eine erstaunliche Entwicklung für ein halbproletarisches Kind aus dem Wiener Arbeiterbezirk Ottakring.[24]

Siegfried Charoux, der in England und nach dem Krieg auch wieder für seine Heimatstadt Wien noch viele bedeutende Werke schuf, starb am 26. April 1967 in London. – Soweit in kurzen Worten seine Biografie.

---

18 Josef Heu (1876–1852), Bildhauer, Mitglied der österreichischen Künstlervereinigung »Hagenbund«, beteiligte sich ebenfalls an dem 1910 ausgeschriebenen beschränkten Wettbewerb zur Errichtung eines Lessing-Denkmals (s. o.). 1938 emigrierte er nach England, wo er auch starb.

19 Hans Bitterlich (1860–1949), Bildhauer. Schuf u.a. das Gutenberg-Denkmal (enthüllt 1900) und das Kaiserin-Elisabeth-Denkmal (enthüllt 1907) in Wien.

20 Aristide Maillol (1861–1944), französischer Bildhauer, Maler und Grafiker.

21 Wilhelm Lehmbruck (1881–1919), deutscher Bildhauer, Grafiker und Maler.

22 Brief Siegfried Charouxs an seinen Freund, den österreichischen Bildhauer Gottfried Buchberger, 15.11.1946. (Archiv des Charoux-Museums Langenzersdorf).

23 Im Jahre 1956. 1949–1956 war er korrespondierendes Mitglied.

24 Charoux wurde im 16. Wiener Gemeindebezirk (Ottakring) geboren, wo er auch aufwuchs.

Nun aber zurück zum Jahre 1930 und zur erwähnten zweiten Bildhauerkonkurrenz. Sie wurde im Februar unter den österreichischen Künstlern ausgeschrieben, um entsprechende Entwürfe für das Denkmal zu erhalten. In dieser Ausschreibung hieß es unter anderem: »Über ausdrücklichen Wunsch der seinerzeitigen Anreger kommt in erster Linie eine Bildnisgestalt Lessings, womöglich in der Tracht seiner Zeit in Betracht.«[25] – Bildnisgestalt, Porträtähnlichkeit und Tracht, das waren in der Tat schwere Brocken für einen jungen, aufstrebenden Künstler wie Charoux, der sich Journalisten gegenüber dann auch entsprechend ausweinte:

> Das Ausschreiben enthielt als wesentliche Bestimmung die Porträtmäßigkeit der Figur. Für einen jungen Künstler eine harte, eine bittere, eine sehr einschränkende Bestimmung. Ich half mir damit, dass ich vom Architektonischen ausging. – Idee? Für den Bildhauer gibt es nur eine Idee: die plastische! Ich habe mich möglichst von Literatur ferngehalten. Wie bei allen meinen anderen Werken bemühte ich mich auch hier, Rundplastiken zu schaffen. Die Figur ist nicht frontal aufgebaut, sondern allseitig gleichmäßig durchgeführt. Ich wollte auch vermeiden, dass der Beschauer im Geiste den Kran sieht, der die Figur auf den Sockel hob. Daher die Stufen, die ihn rings umgeben. Der Symbolist mag darin den Aufstieg Lessings versinnbildlicht sehen. Die Figur, in Bronze ausgeführt, wird etwa 3 m 20, der Sockel, aus Stein, etwa 2 m 60 hoch sein [...].

Soweit das Siegerinterview vom 20. Dezember 1930.[26]

Noch aber war es nicht soweit. – Die Statuten der Ausschreibung sahen eine Einreichfrist vom 26. Mai bis 7. Juni 1930 vor und legten auch die Größe der einzureichenden Entwürfe mit dem Maßstab 1:8 fest. Die plastischen Skizzen sollen dann im Berliner Saal des Wiener Konzerthauses ausgestellt und der Jury zur Beurteilung vorgelegt werden. Diese wählt die vier relativ besten Arbeiten aus, die einer neuerlichen Konkurrenz unterworfen werden, wobei dann größere Modellskizzen im Maßstab 1:5 eingesandt werden sollen. Es war also ein reines Ausleseverfahren mit allen Möglichkeiten und Risiken. Auf zwei weitere wichtige Punkte wurde seitens des Komitees noch Wert gelegt: auf die optimale Einfügung des künftigen Denkmals am Standort und natürlich auf die Begrenztheit der Mittel, wodurch, falls dies überhaupt in Erwägung gezogen worden wäre, ein diamantener Sockel mit einem vergoldetem Lessing von vornherein zum Scheitern verurteilt war.

Bevor ich die Jury kurz beschreibe, möchte ich die Anzahl und Herkunft der an diesem wichtigen Projekt beteiligten österreichischen Bildhauer erwähnen. Die Einladung zur Teilnahme an diesem Wettbewerb wurde an insgesamt 204 Künstler ver-

---

25 Zitiert nach der Kopie der Wettbewerbsausschreibung im Charoux-Museum Langenzersdorf. Gekürzte Fassungen findet man in der damaligen Tagespresse, u.a. in: »Neue Freie Presse« vom 25.2.1930 (Morgenblatt), S.7 f.

26 Das Interview erschien in: »Wiener Allgemeine Zeitung«.

schickt, wobei 129 in Wien, neun in Niederösterreich, 23 in Tirol, 18 in Salzburg, 18 in den übrigen Bundesländern und nur sieben im Ausland lebten und arbeiteten. 83 Bildhauer schickten dann ihre Entwürfe ein, was einem Anteil von 40 Prozent entsprach. – Nun zur Jury: In ihr saßen zunächst 13 Juroren, die ich hier nicht alle namentlich aufzählen will.[27] Nur soviel: Neben Oswald Redlich als Präsident des Denkmalkomitees befanden sich natürlich auch Mitglieder der »Concordia« wie Siegmund Ehrlich, Theodor Lipschütz und der Schriftsteller Raoul Auernheimer darunter. Außerdem ein Kunsthistoriker, ein Literaturwissenschaftler, ein Stadtbaudirektor, ein Architekt, ein Maler, ein Bühnenbildner, ein Vertreter des Burgtheaters und last, but not least, zwei Bildhauer. Gegen die Zusammensetzung dieser Jury regte sich wieder einmal lautstarke Kritik seitens des Bildhauerverbandes, vor allem, weil ein 14. Juror aufgenommen wurde und weil man die Beiziehung von nur zwei Bildhauern bemängelte. Trotz dieses Einspruchs schritt das Preisgericht zur Tat und gab am 4. Juli 1930 ihr erstes Ergebnis bekannt. Vier Künstler kamen in die engere Wahl: Hans Andre, Siegfried Charoux, Hans Knesl und Heinrich Scholz. Ich möchte hier nur eine Kurzbeschreibung der vier Modelle liefern.

Hans Andre, 1902 in Innsbruck geboren, hat sich vor allem als Holzbildhauer einen Namen gemacht. Er arbeitete später auch häufig mit seinem Landsmann, dem Architekten Clemens Holzmeister zusammen. Seine Modellskizze für das Lessing-Denkmal sah den Dichter in der Pose eines schlagfertigen Polemikers.

Hans Knesl, 1905 in Niederösterreich geboren, war wie Siegfried Charoux ein Schüler Hans Bitterlichs an der Wiener Akademie. Etwaigen Besuchern des Wiener Burgtheaters wird unter den Schauspieler- und Dramatikerbüsten vielleicht auch das sehr gelungene Porträt *Johann* Nestroys aufgefallen sein; es stammt von seiner Hand.[28] Knesls Skizze für das Lessing-Denkmal zeigt uns den Dichter in einer realistischen und detailfreudigen Wiedergabe.

---

27 Es waren dies: Dr. Oswald Redlich (1858–1944), siehe Anm. 8; Dr. Raoul Auernheimer (1876–1948), Schriftsteller, Präsident des österreichischen PEN-Clubs; Dr. Siegmund Ehrlich (1852–1932), siehe Anm. 7; Prof. Remigius Geyling (1878–1974), Maler, Bühnenbildner, Kunsthandwerker; Ing. Dr. Heinrich Goldemund (1863–1947), ehem. Stadtbaudirektor; Prof. Edmund Helmer (1850–1935), Bildhauer, u.a.Lehrer Anton Hanaks; Univ. Prof. Dr. Paul Kluckhon (1886–1957), Literaturhistoriker; Dr. Eduard Leisching (1858–1938), Kunsthistoriker, Volksbildner, Kunstberater der Stadt Wien; Leopold Lipschütz (1870–1939), Journalist, 1926–1938 Präsident der »Concordia«; Prof. Carl Moll (1861–1945) Maler, Gründungsmitglied der »Wiener Secession«; Prof. Josef Müllner (1879–1968), Bildhauer, schuf u.a. das Lueger-Denkmal am gleichnamigen Platz; Prof. Dr. Siegfried Theiß (1882–1963), Architekt und Baurat; Dr. Richard Rosenbaum (1867–1942), literarisch-artistischer Direktor des Burgtheaters und Schriftführer des Preisgerichts.

28 Die Bronzebüste wurde 1964 im Wiener Burgtheater aufgestellt.

Heinrich Scholz, 1880 in Nordböhmen geboren, studierte ebenfalls an der Wiener Kunstakademie bei Edmund Hellmer, der auch in der Jury saß. Sein Modell zeigt den jungen Lessing in einen Barockmantel gehüllt, zu seinen Füßen liegen Theatermasken.

Endlich Charouxs Entwurf, den der Kunstkritiker Wilhelm Dessauer[29] damals so beschrieb: »Temperamentvoll gestaltete Siegfried Charoux sein Denkmal. Lessing, die Hand auf der Brust, scheint eine Stufe emporzusteigen. Breit behandelt, von einprägsamem Umriss, von groß gesehener, griffiger Form, steht die Figur auf einem hohen Sockel [...].«

Das Auslesekarussell drehte sich weiter. Die vier in die engere Wahl gelangten Bildhauer wurden aufgefordert, größere Modelle anzufertigen und einzusenden. Am 22. Oktober fiel die nächste Entscheidung; nun blieben nur mehr Heinrich Scholz und Siegfried Charoux über. Man bat sie, kleinere Änderungen an ihren Entwürfen vorzunehmen. Beide stimmten zu, und am 17. Dezember fiel dann im Rittersaal des Konzerthauses die endgültige Entscheidung zugunsten Siegfried Charouxs. – Später hat er erfahren, dass beim finalen Ausscheidungsprozess das Urteil des Bildhauers Josef Müllner, der sich vehement für Charoux aussprach, den Ausschlag gegeben haben soll. Wie dem auch sei: 82 Bildhauer blieben auf der Strecke, und Charoux schien am Höhepunkt seiner Wiener Laufbahn zu stehen. Doch zunächst galt es, den Erfolg, den er unter so vielen Mitbewerbern zweifellos erzielt hatte, plastisch umzusetzen. Anders als Metzner hielt ihn kein anderes Großprojekt davon ab, unverzüglich mit der Gestaltung seines Lessing-Denkmals zu beginnen. Zu diesem Zweck fuhr er im April 1931 nach Berlin, um die Replik einer Totenmaske und einige gute Kopien von Lessing-Porträts zu erwerben. Man sieht also, dass er, wenn auch widerwillig, die verlangte Porträtgenauigkeit ernst nahm. Zwischen Mai und Ende August arbeitete er intensiv am Tonmodell der Figur, die dann im September von einer Wiener Erzgießerei zum Bronzeguss abgeholt wurde. Die Firma verpflichtete sich auch, den Guss bis zum Jahresende zu bewerkstelligen. Die Schnelligkeit, mit der nun, nach so langer Durststrecke, das Projekt Lessing seiner Vollendung entgegenzugehen schien, verführte das Denkmalkomitee zur Bekanntgabe eines Enthüllungstermins im Mai 1932, der sich im Nachhinein, wie so oft, als Illusion herausstellen sollte. Warum, will ich kurz darlegen: Zunächst gab es am 14. Dezember 1931 den üblichen Ortsaugenschein mit Vertretern der Stadtverwaltung, des Denkmalkomitees und natürlich mit dem Bildhauer. Dabei wurde die von Charoux verfertigte maßstabsgetreue Schablone innerhalb des Judenplatzes auf eine anstrengende Wanderschaft geschickt, um den optimalsten Standort herauszufinden. Kaum gefunden, stellte sich

[29] Wilhelm Dessauer (1882–?), Journalist, Kunstkritiker (»Neue Freie Presse«), Mitglied des Presseclubs »Concordia«.

dort ein doppeltes Hindernis in Gestalt eines Beleuchtungsmastes und eines sich mitten am Platz befindlichen Tabak-Trafikkiosks entgegen. Die Beseitigung des Mastes erwies sich als unproblematisch, wohl auch deshalb, weil die dafür zuständige Gemeinde Wien einsah, dass dem Aufklärer Lessing kein Licht mehr aufzugehen braucht. Schwieriger war es mit der Entfernung des Kiosks. Seine Verlegung stieß auf erhebliche Schwierigkeiten, vor allem weil man keinen alternativen Aufstellungsort fand und man auch vor den Mehrkosten zurückscheute.

Nach längerer Nachdenkpause schritt man am 22. Oktober 1932 zu einem neuerlichen Ortsaugenschein: Charoux erschien wieder mit der unvermeidlichen Schablone, und schließlich einigte man sich darauf, das Denkmal drei Meter vom Randstein des Kioskes aufzustellen, was dann, um dies gleich vorwegzunehmen, auch geschah. Ein typisch österreichischer Kompromiss ließ es also zu, dass Lessing, im doppelten Wortsinn leicht verrückt, den ihm nach 25-jähriger Wartezeit endlich zugeteilten Platz mit einem hässlichen Tabak-Trafikhäuschen teilen musste. Wäre er nicht der Verkünder der Toleranz, er hätte wohl sofort die Flucht ergriffen ...

Wir kommen nun langsam zum Ende der Tragikkomödie: Nachdem das Finanzierungsproblem für das Fundament des Denkmals in Form eines Kredits gelöst werden konnte, wurden bis Ende 1933 die dafür notwendigen Arbeiten durchgeführt. Für Technikfreaks sei hier nur erwähnt, dass das Gewicht des Fundaments 19 Tonnen betrug, der aus Lindabrunner Konglomerat hergestellte Sockel wog an die sechs Tonnen und Lessing, obwohl ein literarisches Schwergewicht, »nur« 900 Kilogramm.

Während auf dem Judenplatz ein tragfähiger Unterbau für den Humanisten Lessing gebaut wurde, brach das ohnehin schon längst brüchig gewordene Fundament der Ersten Republik in sich zusammen: Im Mai 1933 etablierte sich unter Bundeskanzler Engelbert Dollfuß der austrofaschistische Ständestaat, am 12. Februar 1934 kam es zum Bürgerkrieg und nach der Niederschlagung des sozialdemokratischen Aufstandes zu zahlreichen Verhaftungen, Hinrichtungen, Verboten, Schikanen und anderen Widerwärtigkeiten einer Staatsdiktatur. In einem solchen Umfeld und unter derartigen Umständen war es kein Wunder, dass trotz längst gegossener Figur, fertigem Sockel, vorbereitetem Unterbau und Platzfreigabe die Devise lauten musste: Lessing – bitte warten!

Das Denkmalkomitee hatte die Flinte noch nicht ins Korn geworfen: Nach mehreren erfolglosen Eingaben regte sie den 31. März 1935 als neuen Enthüllungstermin an, schließlich war dies der 160. Jahrestag der Ankunft Lessings in Wien.[30] Über diesen kurzen, zweimaligen Besuch des Schriftstellers in der Kaiserresidenz erschie-

[30] Vom 31. März bis 25. April 1775 weilte Lessing zum ersten Male in Wien.

nen damals auch etliche Zeitungsartikel.[31] Doch der 31. März 1935 verging ohne Enthüllung und ein auf den 25. Mai verschobener Termin enthüllte sich ebenfalls als Flop. Doch dann war es soweit.

Samstag, 15. Juni 1935, vier Uhr nachmittags: Eine durchaus überschaubare Menge hatte sich auf dem Judenplatz eingefunden, um im Rahmen einer kleinen Feier Gotthold Ephraim Lessing endlich die gebührende Reverenz zu erweisen. Zeugen der Enthüllung waren, neben einigen Journalisten und den üblichen Schaulustigen, vor allem Vertreter der »Concordia« und des Denkmalkomitees, des Burgtheaters, der jüdischen Kultusgemeinde, etliche Künstler und Schriftsteller und natürlich Charoux selbst. Das offizielle Österreich bzw. die Stadt Wien hielt sich eher bedeckt bzw. schickte nur die zweite Garnitur vor. Die Eröffnungsrede hielt Dr. Oswald Redlich: Er ging zunächst auf die bewegte Entstehungsgeschichte des Denkmals ein und huldigte dann in bewegten Worten Lessing als unerschrockenen Vorkämpfer für Menschlichkeit, Gerechtigkeit und Duldung. Nach seiner Rede fiel die Hülle vom Denkmal: Der Dichter zeigte sich in voller Größe, in seinen Reisemantel gehüllt und eine Aufbruchsstimmung vermittelnd, die jetzt schon ahnen ließ, dass er hier nur kurz verweilen würde. Nach Oswald Redlich sprach der Unterrichtsminister Dr. Pernter[32] über die Verbindung österreichischen Geistes und deutscher Kultur, und der Vizebürgermeister und Wiener Heimwehrführer Major Lahr[33] versprach, das Denkmal in die Obhut der Gemeinde Wien zu übernehmen. Insgesamt waren vor allem die Politiker sehr darum bemüht, Österreich in Hinblick auf das nationalsozialistische Deutschland als den besseren deutschen Staat darzustellen und Lessings Hinterlassenschaft im Sinne der ständestaatlichen Ideologie zu vereinnahmen. Interessant war auch, dass die meisten Zeitungen, die über die Denkmalenthüllung berichteten, den Schöpfer des Kunstwerkes und das Kunstwerk selbst nur mit wenigen, eher reserviert klingenden Worten bedachten. Es war in der Tat keine gute Zeit, weder für Lessing noch für Charoux. Umso mehr dürfte sich der Bildhauer über einen Brief gefreut haben, den ihm kurz darauf ein guter Feund, der Psychoanalytiker Richard Sterba,[34] in dieser Zeit der »Schmach« und der Unterdrückung geschrieben hatte:

---

31 Siehe vor allem das Feuilleton »Lessings erste und letzte Liebe« von Otto Erich Deutsch, erschienen in der »Wiener Zeitung« am 15. Juni 1935. Zuvor gab es bereits einen ähnlichen Artikel in: »Das kleine Blatt« vom 14. Februar 1931.

32 Dr. Hans Pernter (1887–1951) war 1934–1938 Bundesminister für Unterricht und Kunst im österreichischen Ständestaat.

33 Fritz Lahr (1890–1953), Major a.D. Wiener Heimwehrführer, 1934–1938 Vizebürgermeister von Wien; war auch für das Kunstressort zuständig.

34 Dr. Richard F. Sterba (1898–?), Psychoanalytiker. Brief vom 22. Juni 1935 an Siegfried Charoux. (Archiv des Charoux-Museums Langenzersdorf).

> Was mich erschütternd ergriff, war die große geistige Gewalt, die hier ihr Manifest auf Stein gesetzt, war die Unbeugsamkeit, die hier zu einem Willen aus Erz gegossen war. Die große Form, zu der Du Dich in diesem Denkmal gefunden hast, ist mir doppelt nahe, weil ich weiß, wie sehr Du sie errungen hast, und wie sehr die Unablässigkeit aller Abweisung dessen, was Dich von Deinem Wege drängen wollte, ihren Anteil an dieser Zielwerdung hat [...].

Solche Worte entschädigten für manche Unbill. Übrigens wurde die von der Gemeinde Wien schon vor Jahren versprochene Umbenennung des Judenplatzes in Lessing-Platz sogar amtlich angezeigt, in Wahrheit aber nie vollzogen. Da in manchen damaligen Straßenverzeichnissen der neue Name bereits aufschien, führte dies in der Folge zu manchen Missverständnissen.[35]

Drei Monate nach der Enthüllung des Denkmals war Charoux bereits im englischen Exil,[36] und schon vier Jahre später war der Judenplatz »lessingfrei«. Die kurze Geschichte der Abtragung und die etwas längere der Wiedererrichtung möchte ich Ihnen nun in geraffter Form nahe bringen.

Mitte März 1938 wurde Österreich vom nationalsozialistischen Deutschland annektiert und verschwand in der Folge von der politischen Landkarte. Eine in diesem Ausmaß nicht für möglich gehaltene Verfolgungswelle war über das Land geschwemmt und hatte eine große Zahl politisch und rassisch missliebiger Menschen in die Emigration, ins Gefängnis, in die Konzentrationslager und auch in den Freitod getrieben. Am 24. November, zwei Wochen nach der in Wien besonders brutal wütenden »Reichskristallnacht«, landete ein Schreiben des so genannten Kulturamtes auf den Schreibtisch der dafür zuständigen Magistratsabteilung 25. Es hatte folgenden Inhalt: »Aufgrund einer Anregung der Fachberater des Kulturamtes soll im Sinne der Weisungen des Bürgermeisters Hanns Blaschke das Lessingdenkmal, eine Arbeit des Bildhauers Charoux (Jude) entfernt werden. Es wird ersucht, die Kosten der Abräumung zu erheben.«[37] Später hieß es dann noch erläuternd, das Denkmal, das von dem Juden Siegfried Charoux ausgeführt worden ist, passe nach Ansicht der Fachleute weder auf diesen Platz noch ist es seiner künstlerischen Qualität nach einwandfrei. Aus Unwissenheit, eher noch aus Taktik und bösem Willen erklärte man Charoux einfach zum Juden, der er nicht war, und es mussten auch noch fadenscheinige künstlerische Gründe angeführt werden, um die Abtragung, möglichst in der Nacht, wie es auch hieß, zu begründen. Es stimmte zwar, dass Lessing aufgrund seiner judenfreundlichen Einstellung bei den Nazis nicht gerade hoch

[35] Die in damaligen (1935) Amtsblättern bereits angekündigte Umbenennung wurde de facto nie verwirklicht. Dennoch wurde in manchen zeitgenössischen Wiener Straßenverzeichnissen fälschlicherweise bereits der Name Lessing-Platz statt Judenplatz angegeben.

[36] Am 7. September 1935 ging Siegfried Charoux ins englische Exil nach London, wo er 1967 starb.

[37] Quelle: Wiener Stadt-u. Landesarchiv, Hauptarchivakten, Kleine Bestände, Schachtel 33–4, Mappe 11. Faszikel: Lessing-Denkmalabtragung.

im Kurs stand, den Dramatiker respektierte man dennoch, wie auch die erhalten gebliebenen Denkmäler in Hamburg, Braunschweig und Berlin beweisen. Das Berliner Denkmal schuf übrigens Otto Lessing, ein Urgroßneffe des Dichters.[38]

Der Hauptgrund für die Abtragung lag also in der Person des Bildhauers Charoux, der schon in den 1920er Jahren als politischer Karikaturist ein heftiger Gegner der Nazis war, die wiederum den mit »Chat Roux« signierenden Zeichner als »Jud Rotkatz« und »Saujuden« beschimpften. Doch nun war endlich die Zeit der Rache gekommen: Von den zahlreichen Wiener Denkmälern, die aus politischen oder »rassischen« Gründen abgetragen wurden, widerfuhr dem Lessing-Denkmal wohl als einzigem die zweifelhafte Ehre, nicht wegen des Dargestellten, sondern stellvertretend für seinen Schöpfer dran glauben zu müssen. Machen wir es kurz: Nach Einholung verschiedener Kostenvoranschläge zwecks Demontage des inkriminierten Monuments beauftragten die Behörden Anfang Juni 1939 den Steinmetzbetrieb Neunteufl mit den notwendigen Arbeiten, dessen diabolisch anmutender Name ihnen wohl die höchstmögliche Effizienz versprach. Tatsächlich war dem auch so, denn schon drei Wochen später, konkret am 29. Juni flatterte die Vollzugsmeldung in Form einer Rechnung über 490 Reichsmark auf den Schreibtisch des Magistrats, der, um Lessing ja nichts schuldig zu bleiben, den Betrag umgehend überweisen ließ.

So also verschwand nach vierjähriger aufrechter Haltung als Denkmal der Aufklärer und Humanist, der Schöpfer des »Nathan der Weise« beinahe spurlos in einem städtischen Depot und dämmerte dort einem ihm kaum gemäßen Ende entgegen. Eine 1942 durchgeführte Beschlagnahmungsaktion zur Verstärkung der Rüstungsreserven umfasste vor allem eine ganze Reihe zum Einschmelzen deponierter Bronzeplastiken. »Lessing« stand dabei an erster Stelle. Auch für Skulpturen gab es also Todeslisten und Vernichtungslager, und ihren Holocaust erlitten sie im Schmelzofen.

Nun aber gilt es, die frohe Botschaft der Wiedererrichtung zu verkünden, die allerdings nur sehr zögerlich und, was Charoux betraf, auch im buchstäbliche Sinne unter Schmerzen vonstatten ging. Dass ein Künstler die Chance bekam, gewissermaßen als Wiedergutmachung eines geschehenen Unrechts eines seiner Hauptwerke erneut zu schaffen, mag in der bewegten Bildhauergeschichte Österreichs eine sympathische Ausnahme *gewesen sein*. Dies entschuldigt aber keineswegs die mehr als ärgerliche Hinhalte- und Verzögerungstaktik, die jahrelang verhinderte, dass der Künstler das ihm abgegebene Versprechen auch tatsächlich plastisch umsetzen konnte. Als er endlich den Auftrag bekam, stürzte er sich, wie beim ersten »*Lessing*«, gleich in die Arbeit, und wieder lag es nicht an ihm, dass die Aufstellung solche Schwierigkeiten bereitete. Doch ich habe den Ereignissen vorgegriffen.

---

38 Otto Lessing (1846–1912), Sohn des Malers Carl Friedrich Lessing (1808–1880), bei dem er zunächst Malerei studierte. 1890 schuf er für Berlin das Denkmal seines berühmten Urgroßonkels.

Ende April 1946 schrieb Charoux seinem Freund nach Wien folgende Zeilen: »Unlängst hörte ich, dass man die Figur des Lessing-Denkmales gefunden hat. Wie traurig! Ich hoffte, dass sie zerstört sein würde und dass ich sie in Wien nochmals machen würde. Es hätte der Figur auch besser getan!«[39] Da sich dieses Gerücht letztlich als falsch herausgestellt hat, blieb Charouxs Hoffnung auf eine verbesserte Neufassung des Denkmals intakt. Als er im November des Folgejahres nach langer Abwesenheit seine noch vom Krieg stark gezeichnete Heimatstadt besuchte, war dieses Vorhaben ein Hauptthema bei seinen Gesprächen mit den zuständigen Kommunalpolitikern. Der damalige Kulturstadtrat Viktor Matejka,[40] mit Charoux schon seit den 1920er Jahren bekannt, legte sich vor allem verbal gehörig ins Zeug, um diese Idee durchzusetzen, fand jedoch, nicht zuletzt aus politischen und wirtschaftlichen Gründen, zu wenig Resonanz.

Die Jahre vergingen, Charoux bekam in den 1950er Jahren auch einige ehrende Aufträge für Wiener Gemeindebauten, wie das Hugo-Breitner-, das Richard-Strauß- und das Berta-von-Suttner-Denkmal, doch auf den »Lessing« musste er immer noch warten. Hauptursache war wieder einmal die leidige Platzfrage, auf die man sich nicht einigen konnte. Der Judenplatz war schon bei der ersten Besprechung als Aufstellungsort abgelehnt worden, obwohl er immer wieder ins Gespräch kam. So schrieb Charoux im Januar 1952 an den ehemaligen Kulturstadtrat Matejka: »Der Lessing wird doch wieder auf den Judenplatz kommen, und zwar in Stein. Stein ist nicht so ausdrucksfähig wie Bronze, aber besser aus Stein als niemals. Aus Stein kann man keine Granatenzünder machen, und politischer Fanatismus muss in die Hände spucken, um ein Steingebilde umzuwerfen!«[41] – Auch daraus wurde nichts. Erst am 12. Juni 1963 wurde Charoux offiziell von der Gemeinde Wien mit der Zweitfassung des Denkmals betraut. Zur Disposition standen der Morzinplatz unterhalb der Ruprechtskirche, »den sie sich«, wie der Bildhauer drastisch formulierte, »in die Haare schmieren können«, und der Minoritenplatz, den Charoux favorisierte, gegen den es aber seitens der Kirche und der Bezirksvorstehung Bedenken gab. Dennoch begann Charoux noch im August dieses Jahres mit dem Modellieren. Für die Lessing-Figur konstruierte er ein Aluminiumgerüst, das er mit einem Drahtgeflecht umgab, auf dem er dann den Ton auftrug. »Wahrscheinlich werde ich auch diesmal durch eine Krisenphase gehen, aber soweit ich jetzt schon urteilen kann, sitzt alles

---

39 Brief Siegfried Charouxs an Gottfried Buchberger vom 21.4.1946 (Archiv des Charoux-Museums Langenzersdorf).

40 Dr. Viktor Matejka (1901–1990) war 1945–1949 (kommunistischer) Stadtrat für Kultur und Volksbildung.

41 Brief Siegfried Charouxs an Dr. Viktor Matejka vom 25.1.1952 (Archiv des Charoux-Museums Langenzersdorf).

richtig und der Geist Lessings ist schon eingezogen«,[42] schrieb er wenig später triumphierend nach Wien. Nach einigen notwendigen Retuschen und der Fertigstellung des Gipsgusses verschwand die Figur längere Zeit in einer Londoner Bronzegießerei und tauchte erst im Juli 1965, frisch gegossen und über eine Tonne schwer, wieder auf. Nun galt es, den Sockel herstellen zu lassen, den Transport zu bewerkstelligen und vor allem einen endgültigen Aufstellungsort zu finden. Gerade Letzteres erwies sich immer noch als Haupthindernis und bereitete dem schon von schwerer Krankheit gezeichneten Künstler zunehmenden Lebensverdruss. Die längst fertige Bronzefigur konnte erst Ende Juni 1966 nach Wien geschickt werden, wo sie in Ermangelung einer adäquaten Unterbringungsmöglickeit einen Teil des seinerzeitigen Charoux-Ateliers okkupierte, in dem nun sein guter Freund und Bildhauerkollege Buchberger arbeitete. Gewissermaßen als Trostpflaster für diese kaum entschuldbare Verzögerung empfing Charoux anlässlich seines 70. Geburtstages, den er in Wien bei Freunden verbrachte, aus den Händen des damaligen Bürgermeisters Dr. Bruno Marek[43] die Goldene Ehrenmedaille für künstlerische Leistungen, die dem Ansehen Wiens dienen.

Dem Ansehen Wiens konnte es aber nicht dienlich sein, dass erst dreizehn Monate nach dem Tode Siegfried Charouxs, nämlich am 28. Mai 1968, das Lessing-Denkmal in einer schlichten Zeremonie am Morzinplatz, übrigens in beziehungsvoller Nähe zur ehemaligen Gestapozentrale, enthüllt werden konnte. Auch hier war aber seines Bleibens nicht lange, da man den Platz schon nach wenigen Jahren aus verkehrstechnischen Gründen umgestaltete. Das Standbild wanderte nun einige Meter stadtwärts in eine kleine Grünfläche unterhalb der uralten Ruprechtskirche, die *zunächst etwas indigniert auf den protestantischen »Ketzer« aus Kamenz herabzublicken schien*. Doch die Zeit verging, und man gewöhnte sich aneinander. Dann aber kam das Jahr 1981 und der Beschluss, anlässlich des 200. Todestages des großen Dichters sein Denkmal wieder auf jenem Platz aufzustellen, für den es schließlich konzipiert war, also den Judenplatz. Während die nötigen Vorarbeiten in Gang gesetzt wurden, nämlich Fundamentierung und Neuherstellung des dem alten möglichst nachempfundenen Sockels, befand sich das Standbild in einer recht originellen Umgebung: Eine aufgelassene Straßenbahnremise wählte man damals als Ort einer Ausstellung über die Arbeiterkultur der Zwischenkriegszeit, wo man auch den »Lessing« in interessantem Dialog mit seinen proletarischen Brüdern im Geiste betrachten konnte.[44]

---

42 Brief Siegfried Charouxs an Gottfried Buchberger vom 14.8.1963 (Archiv des Charoux-Museums).

43 Dr. Bruno Marek (1900–1991), Wiener Bürgermeister 1965–1970.

44 Die Ausstellung »Mit uns zieht die neue Zeit – Arbeiterkultur in Österreich 1918–1934« fand vom 28.1. bis 28.10.1981 in einer aufgelassenen Straßenbahnremise in Wien statt. Äußerer Anlass dazu war der 70. Geburtstag des damaligen Bundeskanzlers Dr. Bruno Kreisky (1911–1990).

Am 31. Oktober war es dann endlich soweit: Zum hoffentlich letzten Male ging »Lessing« wieder auf Wanderschaft und bestieg, als wären keine 50 Jahre verflossen, den schon vorbereiteten Sockel, um dort, neben den üblichen Honoratioren, auch ein wenig gerührt, die darüber sehr gerührte Margarete Charoux zu begrüßen, die Witwe seines Künstlervaters, die auch anwesend war.

Das Schicksal seines »Todes« und seiner Wiederauferstehung an ursprünglicher Stelle soll uns Lehre und Auftrag sein, ihn nun ständig in unserer Mitte zu halten.

Seit kurzem ist auch der ganze Judenplatz mit dem Holocaust-Mahnmal[45] und den Resten der mittelalterlichen Synagoge zu einem Ort des Gedenkens umgestaltet worden. Lessing, der ehemalige Bibliothekar von Wolfenbüttel blickt nun trotz aller Aufbruchsstimmung mit wehmütiger Gebärde auf den für immer geschlossenen Bücherschrein, den das Mahnmal als Sinnbild ermordeten jüdischen Geistes auch symbolisiert. In dieser Spannung von Aufbruch und Untergang hat das Lessing-Denkmal hoffentlich seinen dauernden Platz gefunden.

---

45 Das von Simon Wiesenthal angeregte Mahnmal für die Opfer der Shoa wurde von der englischen Bildhauerin Rahel Whiteread gestaltet und am 25. Oktober 2000 in einer feierlichen Zeremonie eröffnet. Es stellt in symbolischer Form eine nach außen gekehrte, doch hermetisch verschlossene und unzugängliche Bibliothek dar.

1

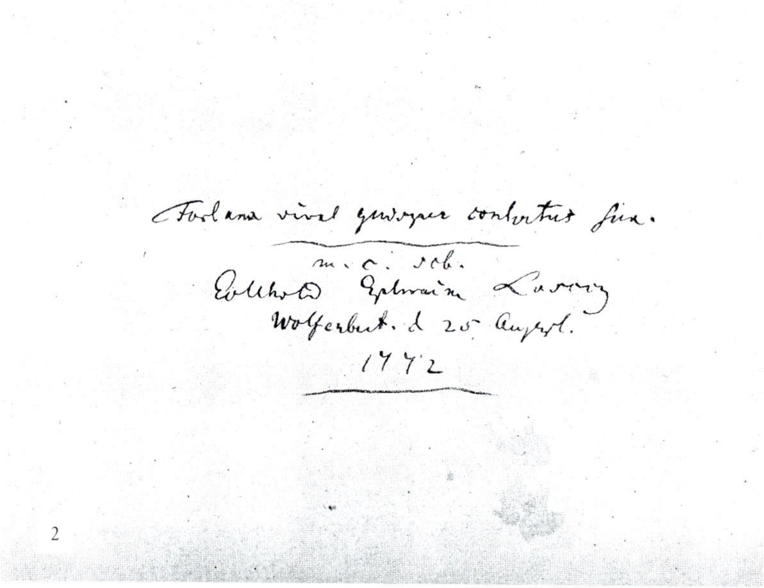

2

Wolfgang Milde

Lessing-Handschriften in Kamenz – eine Aufforderung zur Kommunikation

Im Lessing-Museum Kamenz werden zwei Lessing-Handschriften aufbewahrt, die kaum bekannt geworden sind, obwohl schon seit Jahrzehnten im Museum vorhanden. Keine der zahlreichen Lessing-Ausgaben hat jemals von ihnen Notiz genommen. Allerdings: Ihrem Inhalt nach geben beide so gut wie keine Aufschlüsse über Lessings Tätigkeit als Dichter, Kritiker und Gelehrter. Dagegen stellen sie höchst wertvolle Belege dar für seinen Bekanntheitsgrad und seine Wertschätzung im 19. und 20. Jahrhundert, das heißt, sie sind keineswegs unwichtige originäre Quellen für die Lessing-Rezeption. Es handelt sich um einen Briefumschlag und um einen Stammbucheintrag. Ist der Umschlag mit Sicherheit von Lessings Hand beschrieben, so ist dies bei dem Stammbucheintrag nicht völlig sicher. Im Folgenden sollen beide Stücke einer genaueren Betrachtung unterzogen werden.

I

Der Briefumschlag (Signatur: 82 II Ha, siehe Abbildung 1 auf Seite 140) mit den Maßen 18,5 x 28 cm besteht aus einem etwas stockfleckigen Papierblatt, das zu einem Umschlag für einen Brief gefaltet ist (zweimal längsseitig und zweimal quer); die Faltspuren sind noch gut zu erkennen. Vom roten Siegel ist nur ein Rest in der Mitte rechts vorhanden. Durch den Abriss des Siegels ist in der Mitte des linken Randes ein dreieckiges Stück Papier herausgerissen. Im Mittelfeld der vorderen Seite des Blattes liest man die Adresse von Lessings Hand:

à Monsieur
Monsieur de Breitenbauch
Seigneur de Scortleben
à Halle
Bey dem H[errn] Prof[essor]
Lange abzugeben

Der Brief, dem das Blatt als Umschlag diente, hat sich leider nicht erhalten. Er war gerichtet an Georg(e) August von Breitenbauch (1731 bis 1817), Verfasser von Schäferpoesie in Rokoko-Manier (z.B. »Jüdische Schäfergedichte«, 1765) sowie historischen und geografischen Abhandlungen (Asien, Afrika) und Übersetzer antiker Autoren (Pindar, Horaz, Statius). Obwohl lexikonwürdig, ist er heute vergessen. Nach einem Studium in Jena (1749 bis 1753) kam er 1754 für kurze Zeit nach Berlin, wurde bekannt mit Lessing, Moses Mendelssohn, Johann Georg Sulzer. Ab 1754 war er Landwirt und Gerichtsherr auf seinem Gut Bucha in Thüringen; seit 1782 (oder 1792) führte er auch den Titel Weimarischer Kammerrat. Im Sinne der Aufklärung war er didaktisch-enzyklopädisch ausgerichtet.[1]

Lessings Beziehungen zu Breitenbauch waren offenbar an der Oberfläche geblieben. Aus der Korrespondenz haben sich zwei Briefe erhalten: einer von Lessing an Breitenbauch, Leipzig 12.12.1755;[2] und einer von Breitenbauch an Lessing, Bucha 10.3.1764.[3] Andere sind verloren.

Lessings Brief ist insofern wichtig, weil er darin – was nicht häufig vorkommt – auf seine geplante »Faust«-Dichtung hinweist: »Merken Sie mir es nun bald an, daß ich an meinem D. Faust arbeite?«[4] Auch Breitenbauch berichtet über seine Dichtungen, insbesondere über die »Jüdischen Schäfergedichte«: »Dieses sind Schäfergespräche bey welchen ein neuer Schauplaz nehml. Das gel[obte] Land angenommen ist. Wenn sie sie sehen werden, werden Sie sich wundern, daß die Juden darinnen so arcadisch und theils ganz neumodisch reden«, dazu statt Nymphen und Waldgötter nur »einige Cherubim«. Juden als Schäfer in Arkadien: eine eher ungewöhnliche Darstellung.

In drei Briefen an Lessing erwähnt Moses Mendelssohn[5] gelegentlich den Namen Breitenbauch, nicht immer belangvoll. Interessant ist lediglich, dass Breitenbauch im Brief Mendelssohns von Ende Oktober 1755 leicht spöttisch auch als Kupferstecher angesprochen wird.[6] Diese Kunstfertigkeit wird auch von Friedrich Nicolai erwähnt: In einer überlangen Anmerkung zu dieser Bemerkung Mendelssohns von Ende Oktober 1755 sagt Nicolai über Breitenbauch in Berlin unter anderem: Er »liebte die Künste« und hätte »einige drollige Zeichnungen zu diesem komischen Heldengedicht gemacht«. Gemeint war »ein burleskes Heldengedicht auf Gottsched und auf die Reimer aus seiner Schule, [...] die Poeten heißen wollten«, das Nicolai gemeinsam mit Lessing schreiben wollte.[7]

---

1 Vgl. Literaturlexikon: Autoren und Werke deutscher Sprache. Hrsg. von Walther Killy. Gütersloh, München 1989, Bd. 2, S. 193–194.

2 Gotthold Ephraim Lessings sämtliche Schriften. Bd. 1–23. Hrsg. von Karl Lachmann. 3. Auflage, besorgt durch Franz Muncker. Stuttgart, Berlin, Leipzig 1886–1924 (im Folgenden zitiert als LM), hier: LM 17, Nr. 41.

3 LM 19, Nr. 164.

4 LM 17, Nr. 41, S. 51.

5 LM 19, Nr. 33, 38, 40.

6 LM 19, Nr. 33, S. 21–22.

7 Ausführlich: Gotthold Ephraim Lessings sämmtliche Schriften. Hrsg. von Karl Lachmann. Berlin 1840, Bd. 13, S. 6–7 in der Anm. Etwas gekürzt: LM 14, S. 192–194.

Zurück zum Briefumschlag: Der dazugehörige Brief hat sich nicht erhalten. Der erwähnte Brief Lessings an Breitenbauch vom 12.12.1755 kann es nicht gewesen sein, denn er weist eine eigene Adresse mit anderem Bestimmungsort auf: »à Monsieur Monsieur de Breitenbauch Seigneur de Scortleben à Berlin«.[8]

Es ist aber möglich, den Umschlag zeitlich genauer festzulegen. Bei dem in der Adresse genannten Prof. Lange handelt es sich mit sehr großer Wahrscheinlichkeit um Johann Joachim Lange, Mineraloge und Professor der Philosophie und Mathematik an der Universität Halle, seit 1723 auch Mitglied der Akademie der Wissenschaften zu Berlin.[9] Er war der Sohn des Hallenser pietistischen Theologieprofessors Joachim Lange (1670 bis 1744) und Bruder des Pastors Samuel Gotthold Lange (1711 bis 1781), dessen Horaz-Übersetzung (1752) der junge Lessing 1754 in seinem »Vademecum für den Hrn. Sam. Gotth. Lange, Pastor in Laublingen«[10] so völlig verrissen hatte, dass Samuel Langes wissenschaftlicher Ruf seitdem ruiniert war.[11] Johann Joachim Lange, geboren 1698, starb 1765 in Halle. Demnach muss der Umschlag zu einem vor 1765 geschriebenen Brief an Breitenbauch gehören.

Wesentlich interessanter und auch aussagekräftiger ist jedoch die um 90 Jahre spätere Bemerkung in der rechten unteren Ecke des Umschlags:

> Vorstehende Adreße ist von Gotth.
>
> Ephraim Lessings Hand Berlin 31 Mai 1856. Freiherr W. von Maltzahn.

Der Berliner Wendelin von Maltzahn (1815 bis 1889), einem weitverzweigten mecklenburgisch-pommerschen Adelsgeschlecht entstammend, wurde bekannt als Literaturhistoriker, Bibliophile und Büchersammler. Er sammelte Originalausgaben deutscher Dichter des 17. bis 19. Jahrhunderts, gab einen »Deutschen Bücherschatz des sechzehnten, siebzehnten und achtzehnten bis um die Mitte des neunzehnten Jahrhunderts« (1875 bis 1882) heraus und besorgte die zweite Auflage der Lessing-Ausgabe von Karl Lachmann (1853 bis 1857). Seine Bibliothek nebst Autographensammlung wurde von 1879 bis 1890 durch den Antiquar Albert Cohn in Berlin versteigert.[12]

Lessing war einer der Lieblingsdichter Maltzahns. Von der Sammlung seiner Lessing-Autographen profitierte insbesondere Carl Robert Lessings große und ausgewählte Handschriftensammlung – deren Lessing-Teil sich heute in der Staatsbibliothek zu Berlin, Preußischer Kulturbesitz befindet:

---

8 LM 17, Nr. 41.

9 Allgemeine Deutsche Biographie, Bd. 17, S. 641–642.

10 LM 5, S. 223–263.

11 Vgl. Lessings Werke. Vollständige Ausgabe in 25 Teilen. Hrsg. von Julius Petersen und Waldemar von Olshausen. Berlin u.a., Bd. 14, S. 9–20.

12 Vgl. Lexikon des gesamten Buchwesens. 2. Aufl. Bd. 5, S. 46 (mit Literatur).

> Carl Robert Lessing war als Käufer viel umworben: Die schönsten Autographen und Drucke wurden ihm ins Haus getragen. Oft erschien, die Taschen voller Handschriften und Bücher, eine heute lang verschollene Gestalt aus der Literaturwelt, Wendelin von Maltzahn, Sammler, Händler und Gelehrter zugleich, und fand in Lessing einen stets bereitwilligen Abnehmer seiner meist lockenden Angebote.

So schildert ihn bildhaft Arend Buchholtz in seiner Einleitung zum Katalog »Carl Robert Lessings Bücher- und Handschriftensammlung«.[13] Nachweislich von Wendelin von Maltzahn erwarb Carl Robert Lessing 1886 die Ode »An den Herrn von Kleist« (Less.-Slg. Nr. 41) und den Brief an Johann Arnold Ebert vom 25.7.1778 (Less.-Slg. Nr. 71), 1887 den Brief an Heinrich August Ottokar Reichard vom 29.3.1779 (Less.-Slg. Nr. 117) und schließlich 1890 über Albert Cohn auf der Versteigerung am 27./28.2. vier Briefe an Friedrich Heinrich Jacobi vom 18.5.1779, 13.6.1780, 11.7.1780, 4.12.1780 (Less.-Slg. Nr. 96–99).[14]

Der heute in Kamenz aufbewahrte Umschlag erschien Maltzahn als Lessing-Autograph so wertvoll, dass er aufgrund der Lessing-Autographen in seiner Sammlung bestätigte, dass die Adresse auf dem Umschlag von Lessings Hand stammt. Mit Sicherheit kann man als Grund dafür annehmen, dass dieses unscheinbare Stück Papier ihm nach Art seiner Zeit als Reliquie des großen Mannes erschien, getreu der Auffassung Goethes, der selbst ein bedeutender Autographensammler war:

> Das Blatt, wo Seine Hand geruht,
> Die einst der Welt geboten,
> Ist herzustellen fromm und gut.
> Heil Ihm, dem großen Todten![15]

Ob der Umschlag einst zur eigenen Sammlung Maltzahns gehörte oder ob er die Echtheit der Handschrift für einen anderen bestätigte, lässt sich nicht entscheiden. Fest steht dagegen, dass der Umschlag 1929 zweimal von der Autographenhandlung Karl Ernst Henrici in Berlin angeboten wurde. In beiden Fällen war der Eintrag in den Verkaufskatalogen gleichlautend: »Lessing, Gotthold Ephraim; 1729–1781. Eigh. Briefumschlag. Quer-folio. Mit defektem Siegel. Aus Sammlung Wendelin von Maltzahn, mit dessen eigh. Echtheitsbestätigung.«[16] Möglicherweise wurde er vom Les-

[13] Carl Robert Lessings Bücher- und Handschriftensammlung. Hrsg. von Gotthold Lessing, Bd. 1 bearb. von Arend Buchholtz und Ilse Lessing. Berlin 1914, S. III.

[14] Wolfgang Milde: Gesamtverzeichnis der Lessing-Handschriften. Heidelberg 1982. Bd. 1, S. 162–164 (Bibliothek der Aufklärung, 2).

[15] Goethes Werke. Hrsg. im Auftrage der Großherzogin Sophie von Sachsen. Weimar 1891, Bd. 4, S. 175. Andere Fassung der letzten Zeile: Weimar 1910, Bd. 5,2, S. 118.

[16] Lagerkatalog Karl Ernst Henrici. Berlin. 146, Nr. 159 und Lagerkatalog 152, Nr. 257.

sing-Museum Berlin (untergebracht im Nicolai-Körner-Haus, Brüderstraße 13 und bis 1936 bestehend) erworben. Mindestens seit 1931 wird der Umschlag im Lessing-Museum Kamenz aufbewahrt (vgl. »Amtlicher Führer« von 1931).[17]

II

Der Stammbucheintrag (Signatur: 172 II Ha, siehe Abbildung 2 auf Seite 140)[18] ist datiert: Wolfenbüttel 25. August 1772, geschrieben auf einem Papierblatt im Format von 17,6 x 21,8 cm – ungewöhnlich groß für ein Stammbuchblatt. Der Text (auch abgedruckt bei Lachmann/Muncker[19] lautet:

Fortuna vivat quisque contentus sua
(Es lebe jeder zufrieden mit seinem Schicksal!)

Das unten etwas fleckig gewordene Blatt ist nur auf der Vorderseite in der Mitte mit fünf Zeilen beschrieben. Auf der Rückseite finden sich außer dem Museumsstempel (Kamenz) nur einige Ziffern (Inventarvermerke).

Im Jahre 1913 wurde das Blatt von der bereits erwähnten Autographenhandlung Karl Ernst Henrici in Berlin folgendermaßen in einem Lagerkatalog angeboten: »Eigenhändiges Stammbuchblatt mit Unterschrift: Fortuna vivat quisque contenus sua. m.c.scb. Gotthold Ephraim Lessing. Wolfenbut. d. 25 August. 1772. 1 Seite kl. quer 8°. Prachtblatt. Rarissimum.«[20] Später befand sich das Blatt im Lessing-Museum Berlin, das von 1905 (Gründung) bzw. 1908 (Eröffnung) bis 1936 bestand. Im »Führer durch das Lessing-Museum« von 1929 ist das Blatt aller Wahrscheinlichkeit nach erwähnt.[21] Vermutlich 1936, nach der Auflösung des Lessing-Museums, wurde das Stammbuchblatt nach Kamenz abgegeben.

Dieses Kamenzer Stammbuchblatt wirft ein besonderes Problem auf. Der oben erwähnte Abdruck bei Lachmann/Muncker hat nicht den Eintrag im Kamenzer Blatt zugrunde gelegt, sondern den gleichlautenden in einem Berliner Stammbuchblatt aus der Sammlung von Carl Robert Lessing (jetzige Signatur: Staatsbibliothek zu Berlin – Preußischer Kulturbesitz, Handschriftenabt. Lessing-Sammlung Nr. 175). Die Angabe zum Berliner Blatt bei Lachmann/Muncker: »Als Faksimile wurde es zuerst 1913 in dem »Auktions-Katalog XV« zur Ankündigung einer Versteigerung

17 Gerhard Stephan: Das Lessinghaus und das stadtgeschichtliche Museum der Sechsstadt Kamenz in Sachsen. Amtlicher Führer. Kamenz 1931, S. 8.

18 Abgebildet auch in: Erbepflege in Kamenz. Schriftenreihe des Lessing-Museums, Heft 1, 1981, S. 28.

19 LM 22 Teil 1, S. VIII–IX.

20 Lagerkatalog Karl Ernst Henrici. Berlin, 15, Nr. 326.

21 Führer durch das Lessing-Museum im Nicolai-Körner-Haus Berlin C 2. Hrsg. im Auftrage der Lessing-Gesellschaft e.V. Berlin 1929, S. 23.

Eine Aura des Religiösen ist auch vernehmbar in einem kurzen Hinweis von Ernst Theodor Langer, dem Amtsnachfolger Lessings in Wolfenbüttel und Jugendbekannten Goethes in Leipzig. Er fügte einer kurzen Anmerkung von Lessings Hand in der Wolfenbütteler Inkunabel von Pius II. »Bulla cruciata [...] nostri Pape contra Turcos« von 1463 folgende handschriftliche Bemerkung hinzu: »manus b. Lessingii«, wobei die Kürzung »b.« mit Sicherheit in »beati« aufzulösen ist.[30]

Etwas allgemeiner, das heißt nicht auf Lessing bezogen, äußerten sich die bedeutenden Autographensammler Joseph von Radowitz und Stefan Zweig, die beide auch Lessing-Autographen in ihren Sammlungen besaßen.[31] Radowitz bezeichnet die »eigenhändigen Schriftzüge eines jener großen geistigen Agitatoren [...], mit welchen sie einst die Gedanken ihrer Zeitgenossen gelenkt« als Reliquien,[32] denn »es knüpft sich für jeden einigermaßen Fühlenden ein geistiges Interesse an ihren Besitz, das Interesse an den Personen selbst«.[33] Stefan Zweig spricht in seinem Essay »Sinn und Schönheit der Autographen« von »heiligen« Blättern: »Denn immer ist eine geistige Beziehung nötig, um den tiefverborgenen Wert dieser Kostbarkeiten zu erkennen.«[34]

Johann Gottfried Herder, der Theologe, verfuhr profaner: In einem Brief an den Berliner Verleger Christian Friedrich Voss vom 1.5.1794, dem er drei an ihn gerichtete Briefe Lessings für dessen Ausgabe zuschickt, vermerkt er in der Nachschrift: »Leßings Briefe bekomme ich wohl bei Gelegenheit wieder; sie sind mir ein liebes Denkmal von der Hand eines Mannes, dem ich so viel zu verdanken habe, und gegen den ich Liebe und Hochachtung ins Grab mitnehme.«[35]

Die Auffassung, ein Autograph einer bedeutenden oder bekannten Persönlichkeit hat die Bedeutung eines Denkmals dieser Persönlichkeit, findet sich vertieft bei Goethe, der zu den ersten Autographensammlern in Deutschland zählt. Als Friedrich Heinrich Jacobi ihm Autographen von älteren und jüngeren Persönlichkeiten

---

30 Herzog August Bibliothek Wolfenbüttel: Li 4°413.1; abgedruckt in: Wolfgang Milde: Incunabula Incunabulorum. Früheste Werke der Buchdruckkunst. Mainz, Bamberg, Straßburg 1454–1469. Peine 1972, S. 34 (Ausstellungskataloge der Herzog August Bibliothek, 4).

31 Der preußische General und Schriftsteller Joseph von Radowitz (1797–1853) besaß den Brief Lessings an Friedrich Müller (Maler Müller) vom 6.5.1777 (LM 18, Nr. 563), der in die Autographensammlung der Staatsbibliothek Berlin gelangte (derzeit Kraków, Biblioteka Jagiellonska); Stefan Zweig besaß den Stammbucheintrag »Kunst und Natur Sey auf der Bühne Eines nur« (LM 1, S. 46 und LM 22 Teil 1; S. 7 Nr. 11), der in die Bibliotheca Bodmeriana in Cologny-Genève gelangte.

32 Joseph von Radowitz: Die Autographen-Sammlungen. In: Joseph von Radowitz: Gesammelte Schriften. Berlin 1852, Bd. 1, S. 418.

33 Ebd., S. 416.

34 Stefan Zweig: Sinn und Schönheit der Autographen. Wien, Leipzig, Zürich 1935, S. 4; ebenso: Goethe in einem Brief an William Motherby, einen Arzt in Königsberg, der ihm »Blätter Kantischer Handschrift« zuschickte, die Goethe als »Seltenheiten, ja als Heiligthümer« bezeichnete: vgl. Anm. 15, Weimar 1896. IV. Abt. Bd. 21, S. 201.

35 Johann Gottfried Herder: Briefe. Gesamtausgabe 1763–1803. Weimar 1982. Bd. 7, S. 101.

geschickt hatte, dankte Goethe ihm aus Karlsbad am 10.5.1812 mit den für ihn als Sammler von Schriftstücken so überaus kennzeichnenden Worten:

> Die übersandten Blätter sind mir von unendlichem Werth; denn da mir die sinnliche Anschauung durchaus unentbehrlich ist, so werden mir vorzügliche Menschen durch ihre Handschrift auf eine magische Weise vergegenwärtigt. Solche Documente ihres Daseyns sind mir, wo nicht eben so lieb, als ein Portrait, doch gewiß als ein wünschenswerthes Supplement oder Surrogat desselben. Sende mir daher was du kannst, und rege mehrere Freunde dazu an; wie leicht giebt jeder den Beytrag eines solchen Blattes, das sonst verloren ginge und dessen Werth derjenige vorzüglich zu schätzen weiß, dessen Denkart im Alter eine historische Wendung nimmt.[36]

In der Autographensammlung sah Goethe die Möglichkeit, bedeutende Menschen bei sich zu haben, gleichgültig, ob verstorben oder lebend: Er wollte »die Geister der Entfernten und Abgeschiednen gern auf jede Weise hervorrufen« und um sich versammeln.[37] Die sinnliche Wahrnehmung eines Stücks Materie, auf dem Auge und Hand einer großen Persönlichkeit geruht hatten, war Hauptzweck der goetheschen Autographensammlung,[38] an deren Anfang übrigens Lessing mit dem Brief an Gleim vom 29.10.1770 steht.[39] Dieses Autograph, 1805 erworben, war für Goethe nicht nur ein Stück Papier mit einer inzwischen historisch gewordenen Mitteilung an Gleim über eine längst vergangene Angelegenheit, sondern darüber hinaus ein Gegenstand, den die Hand des verehrten Mannes berührt hatte, ein Dokument der Wertschätzung Lessings durch Goethe, die für ihn sinnlich erfahrbar war.

Dieselbe Auffassung galt – etwas modifiziert – auch für Gottfried Benn. In dem Brief an seine letzte Freundin Ursula Ziebarth vom 9.11.1954 bekennt er: »Ich sehe aus ihnen [gemeint sind handgeschriebene Briefe] wie sehr die Handschrift von jemandem, den man liebt, etwas Sinnliches ist, das einen körperlich berührt, etwas Süßes, Nacktes, Warmes strömt von ihr aus, ein Geruch, ein Atem der Hände.«[40] Hier wird die sinnliche Wahrnehmung eines Stücks Materie plastisch vor Augen geführt, es steht stellvertretend für den Menschen, der abwesend ist. Ein kurzes Resümee über den Zweck von Autographensammlungen versuchte Christoph Perels zu geben, der ehemalige Direktor von Goethehaus und Freiem Deutschen Hochstift in Frankfurt am Main: Zum Sammeln von Autographen gehört[41] »ein Verhältnis zum von

---

36 Vgl. Anm. 15, IV. Abt. Bd. 23, S. 6.

37 Ebd., IV. Abt. Bd. 22, S. 221.

38 Heute im Goethe- und Schiller-Archiv in Weimar. Siehe: Hans-Joachim Schreckenbach: Goethes Autographensammlung. Katalog. Weimar 1961.

39 LM 17, Nr. 275.

40 Gottfried Benn: Hernach. Gottfried Benns Briefe an Ursula Ziebarth. Mit Nachschriften ... Göttingen 2001, S. 149.

41 Christoph Perels: Von grünen Schränken, Dichterhänden und einem verläßlichen Verbündeten. In: Bunte Blätter. Klaus Mecklenburg zum 23. Februar 2000. Basel 2000, S. 238 (nicht nur »gehörte«, das heißt in der Vergangenheit, wie Perels meint).

Hand Geschriebenen, das nicht nur den Dokumentationswert schätzte: die Autorität eines Namens zählte, die emotionale Bindung an ein Werk, an eine historische Leistung, eine persönliche Begegnung vielleicht«.[42]

Die Verbindung von Lessing-Autographen mit Bezeichnungen wie »Reliquien« oder »manus beati Lessingii« beziehungsweise die Verbindung von Autographen ganz allgemein mit »heiligen Blättern« verführt dazu, an eine religiöse Verehrung von Autographen denken zu lassen, gewissermaßen in Analogie zu Codices oder Einzelblättern, die von Heiligen der katholischen Kirche geschrieben, beschrieben oder benutzt wurden und heute – als Heiligenreliquien angesehen – in Altären, Reliquiaren oder kirchlichen Schatzkammern liegen. Erinnert sei an Thomas von Aquin, an Franz von Assisi oder aus neuerer Zeit an Ignatius von Loyola oder an Papst Pius X.[43] Eine Verehrung, wie sie diesen Heiligen – etwa in der Fürbitte – zuteil wird, ist hier sicherlich nicht gemeint; eher lässt sich »reliquiae« im ursprünglichen Sinn allgemeiner als Hinterlassenschaft (»Zurückgebliebenes«) auffassen.

Daneben verweist die Benennung von Autographen als »Denkmal« bei Herder auf die Erinnerungskultur, auf die Memoria, ohne die es keine Geschichte gibt. Gemeint ist die Überwindung des Vergessenwerdens von Individuen, Gruppen und Geschehnissen durch Erinnerung und Gedächtnis. Das kulturelle Gedächtnis, objektiviert in verschiedenen Formen der Memorialüberlieferung, zu der Autographen in besonderer Weise gehören. Denn zur Memoria im sozialen Sinne gehört das Sich-Erinnern an Personen wie an Geschehnisse der Gegenwart und Vergangenheit, gehört die Kommunikation in der Gesellschaft.

Der Aspekt der Kommunikation, das Gespräch mit Lebenden und Abgeschiedenen, Letzteres mittels ihrer schriftlichen Hinterlassenschaften, ist jahrhundertealt, bis in die Antike zurückreichend. Cicero sprach davon, ebenso Humanisten und Aufklärer. Lakonisch heißt es bei Plinius d.J.: »mecum tantum et cum libellis loquor«.[44] Goethe betrachtete seine Sammlung von Autographen (aber auch die von Gemälden) als kommunikativen Ort, als Ort der Zwiesprache, der gesellschaftlichen Unterhaltung, »wodurch wir die gute Vergangenheit wieder hervorrufen«.[45] Es geht ihm daher um die Vermittlung zwischen Menschen. Es gilt weiterhin, Dinge, hier Schriftstücke, zum Leben zu erwecken, sie ins Kommunikationsnetz der Betrachtenden

---

42 Ebd., S. 238.

43 Girolamo M. Moretti: Die Heiligen und ihre Handschrift. Heidelberg 1960 (mit einiger Vorsicht zu benutzen).

44 Plinius Secundus: Epistulae. Buch I, Brief 9.5.

45 Vgl. Anm. 15, IV. Abt. Bd. 22, S. 225.

einzubringen, um sie vor einer Musealisierung, vor bloßer Betrachtung zu bewahren.[46] Für seine eigene Autographensammlung stellte Goethe ein »Namenregister meiner Autographa« zusammen, ließ es bei Bertuch in Weimar drucken[47] und legte es im Winter 1811/1812 und später des Öfteren als Rundschreiben seiner Korrespondenz bei und bat um Übersendung von Handschriften, hinzufügend: »auch bloße Couverts und Namenunterschriften nehme ich sehr gern auf«. Der Memoria dienen sollte auch die Wiederherstellung eines zerknitterten Briefes des Königs Friedrich II. von Preußen, den Goethe eigenhändig auf einen großen Bogen aufzog und mit Goldpapierstreifen umrahmte. Auf die rechte Seite schrieb er die Verse »Das Blatt, wo Seine Hand geruht [...]« (s.o.).[48]

Die »emotionale Bindung an ein Werk, an eine historische Leistung«, wie Christoph Perels es modern ausdrückte, bestimmt neben dem Erinnerungsaspekt und der Aufforderung zur Kommunikation auch Wert und Bedeutung der beiden Kamenzer Lessing-Handschriften. So fordert der Umschlag ohne Brief – ein Gegenstück ist der Briefumschlag an »Amalia Koenig itzt zu Eschweiler«[49] – zu Erinnerung und Kommunikation auf, während der eventuell durchgepauste Stammbucheintrag wie der eindeutig durchgepauste Brief Lessings an Eschenburg vom 1.6.1774[50] sich als Beleg für Lessings Bekanntheitsgrad und Wertschätzung, kurz: für die Autorität seines Namens im 19. Jahrhundert erweist.

---

46 Vgl. dazu: Johann Wolfgang Goethe: Der Sammler und die Seinigen. Hrsg. und mit einem Essay von Carrie Asman. Amsterdam, Dresden 1997 (Fundus-Bücher, 148).

47 Vgl. Anm. 15, IV. Abt. Bd. 22, S. 201. Das »Namenregister« ist abgedruckt von R. Brockhaus: Zum 28. Augugst 1899, S. 13; leichter zugänglich in: Eugen Wolbe: Handbuch für Autographensammler. Berlin 1923, S. 204–208 (Bibliothek für Kunst- und Antiquitäten-Sammler, 22).

48 Lothar Frede: Goethe der Sammler. Ein Essay. Köln, Berlin 1969, S. 62–64.

49 LM 22 Teil 1, S. 308; vermutlich gehört dieser Briefumschlag zum Brief LM 18, Nr. 687 vom 17.8.1780.

50 Herzog August Bibliothek Wolfenbüttel: Lessingiana I, Nr. 60. Erst 2000 konnte das Original dieses Briefes für die Herzog August Bibliothek gekauft werden (jetzige Signatur: Lessingiana XXXIX).

CHRISTINE DEMMLER

Lessing lebt in Kamenz

Pfingstferien. Alle Schüler Winnendens lernen fürs Abitur oder die Klassenarbeit, jobben oder faulenzen gepflegt in den Tag hinein. Alle Lehrer korrigieren, bereiten den Schuljahresendspurt vor oder legen die Füße hoch. Alle? Nicht alle. Ein paar Unbeugsame wollen auch in den Ferien von Lessing nicht lassen. Und wo geht lessingmäßig so richtig die Post ab? Richtig, im sächsischen Kamenz, seiner Geburtsstadt. Das dortige Lessing-Museum lud zu einem dreitägigen Treffen aller 21 Lessing-Gymnasien Deutschlands je einen Schüler und einen Lehrer ein. Immerhin: 15 Gymnasien waren vertreten.

Die Auswahl des Schülervertreters war nicht schwer, welches Gymnasium hat schon einen Lessing-*Darsteller* zu bieten? Es konnte also nur Johannes Bührlen sein. Doch welcher Lehrer kam in Frage? Hier fiel die Auswahl schwerer, denn außer den sowieso berufenen Deutschlehrern haben sich anlässlich des Schuljubiläums viele Kollegen intensiv mit unserem Namenspatron beschäftigt. Schließlich fuhr das Team Bührlen-Demmler, eine Festakt-CD, 20 Lessing-T-Shirts, 17 Jubiläumsvideos und viel Neugierde im Gepäck. Zugegeben, die Fahrt war lang, Sitzfleisch für acht Stunden musste man schon mitbringen, aber es hat sich gelohnt. Allein die Möglichkeit, sich mit Lehrern und Schülern fast aller Bundesländer auszutauschen, wäre Grund genug für ein Treffen gewesen. Dazu kam, dass Kamenz eine wirklich sehr schöne kleine Stadt ist, gerade in Kombination mit Dresden, durchaus eine Reise wert!

Geradezu vorbildlich war die Planung und Durchführung des Programms vom Team des Lessing-Museums. »Führung durch das Museum« heißt hier nicht eine Stunde zuhören, sondern eine Fragekarte ziehen und die Ausstellung nach der Antwort durchstöbern. Alle Antworten zusammen ergeben dann eine Kurzbiografie Lessings. Ähnlich funktioniert eine Stadtführung à la Lessing-Museum: Auch hier muss man eine Karte mit einem Symbol oder einer Kurzbeschreibung ziehen, um dann beim Stadtrundgang »sein« Gebäude« zu suchen. So wandelt man auf Lessings Spuren verbunden mit vergnüglicher »Detektivarbeit«. Doch war auch eine »normale« Führung durch die Kamenzer Lessingschule dabei, das heißt nicht ganz normal, denn das regionale Fernsehen begleitete uns auf Schritt und Tritt. Übrigens ist das Kamenzer Gymnasium sehr schön, in einem Gebäude von 1910 mit einer echten Aula im Jugendstil und sauberen(!) Fluren, ohne Brötchenreste und Papier, da können sich das Lessing-Gymnasium Winnenden und seine Schüler eine Scheibe abschneiden!

Am Mittwoch Nachmittag kamen wir zum eigentlichen Kern des Treffens: Alle 15 Gymnasien stellten kurz vor, wie Gotthold Ephraim Lessing bei ihnen im Schulleben verankert. ist. Und da hatten wir ja nun Einiges zu bieten, von Gottholds Kammertönen über die Lessing-Kantate bis zur großen Lessing-Jubiläumsrevue. Kein Wunder, dass wir keines der Videos wieder zurückbrachten! Auch die Lessing-Shirts wurden sehr bewundert, Lieblingsshirt des Museumsleiters: Die Lessing-Silhouette mit dem Zitat »Verführung ist die wahre Gewalt« aus »Emilia Galotti«. Andere Gymnasien hatten ebenfalls ganz erstaunliche Leistungen vorzuweisen, darunter ein selbstgeschriebenes Theaterstück mit dem Titel »Lessing ante Portas« (Lessing-Gymnasium Neubrandenburg) und eine eigene Inszenierung des »Nathan« (Lessing-Gymnasium Frankfurt am Main). Interessant waren aber nicht zuletzt die Einblicke, die wir in das Bildungssystem anderer Bundesländer erhielten. Oder wussten Sie schon, dass sich das Land Mecklenburg-Vorpommern in einer Oberstufenreform stark an das momentan gültige bayerische und baden-württembergische System anlehnt, *wir* in *unserer* neuesten Reform aber dem Oberstufensystem ähneln werden, das Mecklenburg-Vorpommern *vor* seiner Reform hatte? Da sage einer noch, bei Bildungspolitik hätte man Nichts zu lachen.

Während der Präsentation der Schule und der anschließenden Diskussion über die Themen »Brauchen wir heute noch Lessing?« und »Wie kann man Lessing im Schulleben verankern?« erwies sich Johannes als mutig, scharfsinnig und wortgewandt, immerhin waren zu dieser Veranstaltung auch Literaturwissenschaftler aus Deutschland und den USA zu Gast, da verließ so Manchen der Mut. Damit bei all dem Diskutieren der Magen auch etwas zu tun bekam, speisten wir abends wie im 18. Jahrhundert, Blumenkohlsuppe, Rostbratel mit gebackenen Erdäpfelchen und Chocoladensuppe, alles aus dem Rezeptbüchlein Eva Königs, der späteren Ehefrau Lessings. Auch der Ort war historisch: Wir wohnten und speisten im »Goldnen Hirsch«, dem Hotel und früheren Gasthof, in dem anno 1729 Lessings Taufe gefeiert worden war! Schließlich machten sich die Schüler, die sich übrigens alle auf Anhieb blendend verstanden, noch auf die Suche nach dem Kamenzer Nachtleben und überließen die Lehrer ihren mehr oder weniger tiefsinnigen Gesprächen.

Was aber haben wir »mitgenommen«? Das Lessing-Museum möchte einen Schreibwettbewerb, den es schon seit mehreren Jahren für sächsische Schüler ausschreibt, auf das gesamte Bundesgebiet ausdehnen. Viele Adressen wurden ausgetauscht (Warum nicht einmal mit der Musical-AG zu einem Gastspiel nach Neubrandenburg fahren ...). Es wurde deutlich, dass noch viele, viele Missverständnisse und Vorbehalte zwischen Ost und West bestehen, vor allem natürlich bei uns »Alten«. Lessing ist lesens-, spielens- und studierenswert, seine Themen sind und bleiben höchst aktuell. Am besten sollte man ihn im Theater erleben oder um mit Lessing zu sprechen: »Wir wollen weniger erhoben und fleißiger gelesen sein.«

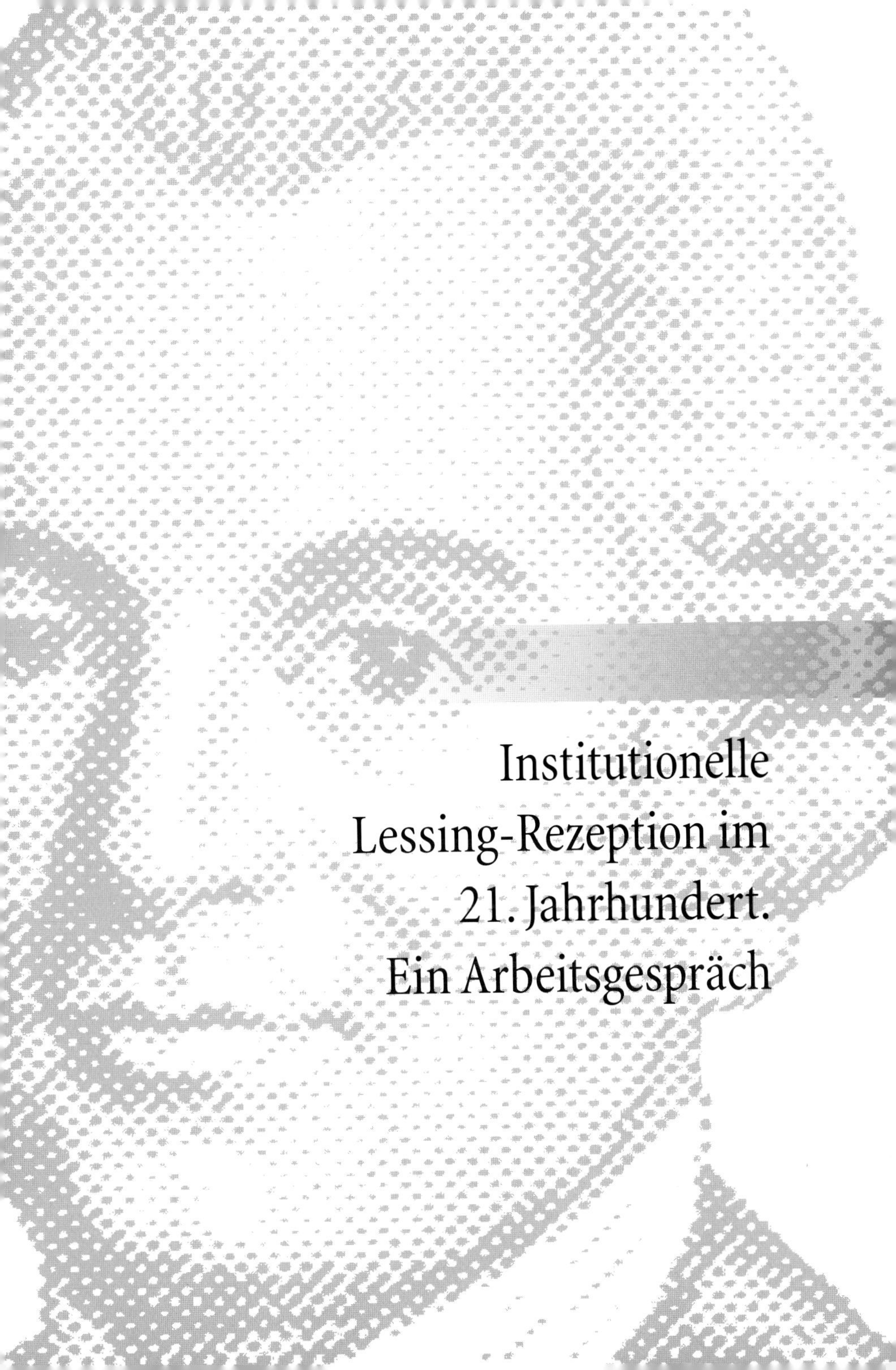

Institutionelle Lessing-Rezeption im 21. Jahrhundert. Ein Arbeitsgespräch

Richard E. Schade

Lessing Society und »Lessing Yearbook«. Rückblicke und Ausblicke nach 35 Jahren

»Lessing zur Jahrtausendwende« lautete vielversprechend der Titel der Kamenzer Lessing-Tage 2001. Das reichhaltige Programm – eine musikalische Darbietung, Aufführungen und Inszenierungen aller Art, die Lessing-Preisverleihung, wissenschaftliche Vorträge, der Schreibwettbewerb für Schüler, sogar die Eröffnung der neuen Räumlichkeiten im Röhrmeisterhaus – das Programm war wiederum ein Beweis für den kreativen Umgang mit dem Klassiker Lessing in seiner Geburtsstadt Kamenz: Die Ehre hat ihn zur Jahrhundert- bzw. Jahrtausendwende gefunden!

»Rückblicke und Ausblicke«, die geschichtsbewusste Darstellung künftiger Entwicklungen in Sachen Lessing, lautete der Untertitel der Lessing-Tage. Ich greife diese Formulierung auf, denn die künftige Entwicklung der Lessing Society bzw. des »Lessing Yearbooks« nimmt an einem geschichtlichen Prozess teil. Ich greife auch die Thesen »Aufbruch – Profilierung – Jubiläen« (so der Redner Georg Wenzel während der Lessing-Tage 2001*) bzw. »Umbruch – Innovation – Tradition« (so Wolfgang Albrecht) auf, eine Reihenfolge von Substantiven, die kulturgeschichtlich aussagekräftig ist. Ohne den genauen Inhalt der Vorträge zu kennen, vermute ich, dass der *Aufbruch* der Lessing-Tage vor vierzig Jahren, also kurz nach dem Mauerbau, lokal Signalwirkung hatte. Lessings kosmopolitische Humanität, seine Weltoffenheit spendete Hoffnung in den Jahren des Kalten Kriege. Und: Die *Profilierung* der Lessing-Tage ging in den Jahren der Konsolidierung der DDR als kulturtragender Staat voran.

Rückblicke: Kamenz und Cincinnati

Die *Jubiläen* in den Lessing-Jahren 1979 und 1981 waren Höhepunkte im Sinne der damaligen Erbepflege. Da ich 1976 mit dem Lessing-Museum Kontakt aufgenommen hatte und bereits 1979 zu Vorträgen in Halle und Kamenz gewesen bin, meine ich zu verstehen, wie ungemein wesentlich diese Jubiläumsveranstaltungen als Zeichen für eine gewisse Selbstsicherheit in der Kulturpolitik der DDR gewesen sind. Damals in Halle stand der jeweilige Referent zwischen zwei übergroßen Porträts, gleichsam in einem dialektischen Spannungsfeld zwischen dem Staatsratsvorsitzen-

* Auf Anmerkungen zu der unwesentlich abgeänderten Vortragsfassung wurde verzichtet; Titel, auf die explizit verwiesen wurde, sind in der dem Text folgenden Bibliographie verzeichnet.

von dem ungeheuer regen Einsatz der Gründungsväter an der Universität Cincinnati, Guy Stern und Gottfried Merkel (vgl. »Aufklärung nach Lessing«, S. 225–233). Allerdings erst durch die erste großangelegte internationale Lessing-Konferenz im Frühjahr 1976 lenkte die Society die Aufmerksamkeit einer breiten Öffentlickeit auf sich.

- Die Phase einer Profilierung durch die Würdigung von Lessing-Jubiläen (1979, 1981) bzw. eines institutionellen Meilensteins (25 Jahre Society: die Lessing-Konferenzen in Freiburg, Kamenz und Berkeley 1991) wurde mit der vorhin erwähnten internationalen Lessing-Konferenz in Cincinnati eingeleitet. Im Jahre 1976 feierten die Vereinigten Staaten 200 Jahre Revolution, die weltgeschichtliche Wende im 18. Jahrhundert, die das Programm der Aufklärung »life, liberty, and the pursuit of happiness« politisch aktivierte. Es gelang meinem Kollegen Edward P. Harris (Herausgeber des »Lessing Yearbook« 1975 bis 1984) finanzielle Unterstützung – rund $ 30.000,00 – von dem National Endowment of Humanities, von einer nationalen Stiftung für den deutschen, nein für den prototypischen »Amerikaner« Lessing zu erringen. Der Beitragsband zu dieser Konferenz, »Lessing in heutiger Sicht«, brachte zweiundzwanzig Arbeiten von namhaften Lessing-Forschern der damaligen Generation bzw. von Kollegen in ihren besten Anfangsjahren. Die lesenswerten Ausführungen von Horst Steinmetz zur »Aktualität eines umstrittenen Klassikers« mögen *pars pro toto* für den Geist der richtungsweisenden Konferenz stehen:

> Aktualität eines Dichters aus der Zeit vor 200 Jahren kann sich kaum anders realisieren als in der Adaption des Vergangenen als eines Pseudo-Gegenwärtigen. Geschieht es mit und in dem Wissen, daß es sich um Adaption handelt, daß die dem Vergangenen entliehene Gegenwärtigkeit unserem Wollen und Tun entstammt, dann ist die ungute und verzerrende Aktualisierung vermieden, die das Frühere verfälscht, indem sie es gegen die Widrigkeiten der eigenen Gegenwart ausspielt. Es kann ja nicht darum gehen, Geschichte über die Aktualisierung zu ewig gegenwärtiger Gegenwart zu machen. [...] Wir brauchen Lessing nicht zu retten, nicht zu verteidigen, wie so viele es in den letzten 200 Jahren getan haben. Wir werden ihm gerecht, wenn wir versuchen, uns in ihm zu erkennen, ohne ihn entweder zu einem zeitlosen Wahrheitsspender oder zu unserem Zeitgenossen zu machen (»Lessing in heutiger Sicht«, S. 31–33).

»Lessing in heutiger Sicht« erschien in der Zeit gerade vor den großen Jubiläumsveranstaltungen. Die Einteilung der Vorträge in Sektionen zu »Lessing als Schriftsteller und Dramatiker«, zu »Lessings Bemühungen als Theologe und Gelehrter«, zu »Lessing als Literaturkritiker« und zum Thema »Lessings Verhältnis zur Gesellschaft« war zwar traditionell, aber die Aufsätze setzten Zeichen, die in den darauffolgenden Jahren in Amerika und Europa nachwirkten. Diesbezüglich nimmt es auch nicht wunder, dass die Schriftenreihe des Lessing-Museums, »Erbepflege in Kamenz«, ihren Anfang im Lessing-Jahr 1981 nimmt, eine Publikation, die seitdem zum publikumsbezogenen und wissenschaftlichen Organ des Museums, zu einer einzigartig lebendigen Dokumentation der kreativen Lessing-Rezeption geworden ist. Um so erfreulicher ist auch die Tatsache, dass Monika Ficks »Lessing-Handbuch. Leben – Werk – Wirkung« die Kamenzer Schriftenreihe sowie das »Lessing Yearbook« und die Publikationen der Lessing-Akademie Wolfenbüttel bibliographisch erfasst (S. 469). Eine Dreieinheit der Lessing-Forschung, die aus den 1970er Jahren, aus der Epoche der Profilierung durch Jubiläen, hervorgegangen ist. Jede Lessing-Institution beinhaltet gleichermaßen die 'Kraft', die heutige Lessing-Forschung »mit herzlicher Verträglichkeit, mit Wohltun« (um mit Nathan zu reden) zu fördern.

In den 32 Bänden und Sonderbänden des »Lessing Yearbook« sind knapp 500 Artikel zu Lessing und der literarischen Kultur des 18. Jahrhunderts erschienen. Alle Jahre wieder – seit 1985 unter meiner Aufsicht als Managing Editor – erscheint das Jahrbuch. Es wäre an dieser Stelle zwecklos, den Inhalt der Bände einzeln zu besprechen, zumal die Web Site der Society jeden Titel verzeichnet. Es dürfte aber stimmen, dass die anfangs ausgesprochene Intention »to encourage research on Lessing, his works, and his times in order to stimulate a reappraisal of the pertinence of Lessing's thoughts in modern times« eingehalten worden ist. Rückblickend machen sich die Konturen der neueren Germanistik bemerkbar, und charakteristisch ist die Tatsache, dass sich das »Lessing Yearbook« stets als methodologisch offen erwiesen hat. Wissenschaftliche Qualität ist das einzige Kriterium für Veröffentlichung; es gibt wahrlich keine Orthodoxie in Sachen Lessing, eine Einsicht, die durch die Untersuchung von den mehr als 20 Artikeln zu »Nathan dem Weisen« festzustellen wäre. Lessings Werk fungiert jeweils als Prüfstein für methodologische Gültigkeit – nicht umgekehrt.

Ausblicke: Gedanken nach 35 Jahren

Nach diesem zu langen Rückblick bleiben Ausblicke. Ich behaupte schlicht: In der institutionellen Zusammenarbeit liegt die Zukunft der Lessing-Forschung. Wie bereits erwähnt, 1991 fand eine gemeinsame Tagung »Aufklärung nach Lessing« in Kamenz statt. Und: als Pendant zu der Kamenzer Tagung »Lessing – eine deutsche Rezeptionsgeschichte« (1997) wurde in Nashville (Tennessee, USA) die Konferenz »Lessing international – Lessing Reception Abroad« durchgeführt. Die Lessing-Tage 1999 mit der großen Wanderausstellung »Deutsch-Amerikanische Aufklärungskultur in Cincinnati/Ohio« waren ein gemeinsames Projekt des Lessing-Museums und der Society. Die vier Veranstaltungen der 1990er Jahre stehen für eine produktive Kooperation zwischen Lessing-Institutionen. Und heute sitzen wir zusammen, gleichsam als Beweis für die Notwendigkeit, weiterhin zusammenzuarbeiten. In den kommenden Jahren dürfte dieses Modell noch weiter ausgebaut werden – dafür gibt es gute Gründe:

Erstens: Die Lessing Society, das Lessing-Museum, die Lessing-Akademie sowie die anderen Institutionen, die heute mit im Raum vertreten sind bzw. nicht – ich denke an die Franckeschen Stiftungen – verfügen einzeln bzw. zusammen über ein elektronisches *Kommunikationsnetz*, wodurch praktisch alle WissenschaftlerInnen zur deutschen Aufklärung im In- und Ausland in Sekundenschnelle zu erreichen sind. Die elektronische Kooperation ist unabdingbar. Es kostet uns nur Mühe.

Zweitens: Man müsste einen Weg finden, im Bereich der Publikationen näher zusammenzuarbeiten. Das »Lessing Yearbook« hat Profil, die Kamenzer Schriftenreihe bzw. die Wolfenbütteler Veröffentlichungen auch, um gar nicht von den Publikationen der deutschen Gesellschaft zur Erforschung des 18. Jahrhunderts zu reden. Gewiss, jedes Organ fungiert als 'Fahne', als Aushängeschild der jeweiligen Institution – und es ist richtig so, aber ist es nicht an der Zeit, eine gemeinsame Publikationsstrategie zu entwickeln, wie es sich z.B. zwischen der Society und der Akademie anbahnt. Nicht nur aus Finanzgründen, sondern damit die Society LeserInnen in Europa gewinnt und die Akademie in den Vereinigten Staaten sowie im nichteuropäischen Ausland (besonders Asien).

Drittens: Rückblickend habe ich die Bedeutung von Lessing-Jubiläen für die Profilierung der Society betont. Es ist nicht zu früh, daran zu denken, dass es in der allernächsten Zukunft wiederum welche gibt: 275 Jahre Geburt 2004 und 225 Jahre Tod 2006. Im Sinne der Zusammenarbeit müssten diese Jubiläen gefeiert werden.

Sapere aude! Habe Mut! Der Ausblick um die Jahrtausendwende ist positiv. Bedienen wir uns unserer Vernunft für eine gemeinsame Sache.

Bibliographie

Aufklärung nach Lessing. Hrsg. von Wolfgang Albrecht, Dieter Fratzke, Richard E. Schade. Kamenz 1992 (Erbepflege in Kamenz, 12./13. Jahresheft).

Fick, Monika: Lessing-Handbuch. Leben – Werk – Wirkung. Stuttgart, Weimar 2000.

Dialog in Briefen und andere ausgwählte Dokumente zum Leben Gotthold Ephraim Lessings mit Eva Catharina König. Hrsg. von Dieter Fratzke. Kamenz 1981 (Erbepflege in Kamenz, 1. Jahresheft).

Lessing. Kleine Welt – Große Welt. Hrsg. von Dieter Fratzke, Wolfgang Albrecht. Kamenz 2000 (Erbepflege in Kamenz, 20. Jahresheft).

Lessing in heutiger Sicht. Hrsg. von Edward P. Harris, Richard E. Schade. Bremen, Wolfenbüttel 1977.

Lessing Yearbook I. München 1969.

Herbert Rowland

Was Rezensionen im »Lessing Yearbook« bewirken können

Der Titel meines Vortrages impliziert selbstverständlich die Frage »Was können Rezensionen im 'Lessing Yearbook' bewirken?«. Man muss nicht lange suchen, um darauf eine Antwort zu finden: Rezensionen im »Lessing Yearbook« können – in der Zukunft wie in der Vergangenheit – über die neuesten Ergebnisse der Lessing- und Aufklärungsforschung berichten, Stellung dazu nehmen und auf diese Weise Wissenschaftler auf dem Laufenden halten und zu eigenem Denken und Forschen anregen. Diese Antwort trifft natürlich zu. Doch wie es oft zu sein pflegt, umfasst das Nächstliegende keineswegs alle Aspekte der Frage, die zu erwägen wären. Der Rezensionsteil des »Lessing Yearbook« liegt wie ein facettenreicher Text schachtelartig im *Kon*text des Jahrbuchs selbst, das seinerseits in immer größere und immer komplexere Kontexte eingebunden ist, die von der Lessing- und Aufklärungsforschung über die Germanistik bis hin zur Staaten- und Weltgemeinschaft reichen. Im Folgenden biete ich Überlegungen zur Rolle der Rezensionen im »Lessing Yearbook« in deren wohl wichtigsten Kontexten. Dabei handelt es sich teils um Erinnerungen an schon Bekanntes, teils um Anregungen zu erneutem Nachdenken über Vertrautes.

Der Begriff 'Erinnerung' taucht hier nicht von ungefähr auf. Als der alte Goethe 1825 zu Eckermann sagte, »Ein Mann wie Lessing täte uns not«, erinnerte er nicht einmal ein ganzes Menschenalter nach dem Tod des älteren Dichters an dessen Bedeutung für die deutsche Literatur und die deutsche Nation der eigenen Zeit.[1] Der hohe Bekanntheitsgrad des goetheschen Wortes, der es fast unmerklich zur Klischeevorstellung degradiert, darf nicht über dessen fortwährende Aktualität hinwegtäuschen, und beileibe nicht nur in Deutschland. Lessings Bedeutsamkeit für die jeweilige Gegenwart und die jeweilige Nation wurde im Oktober 1999 besonders deutlich, als sich Wissenschaftler aus zehn Ländern und drei Kontinenten in Nashville (Tennessee, USA) versammelten, um über Lessings Rezeption in siebzehn Ländern in vier Erdteilen zu konferieren. Gemeint ist das Symposium »Lessing International: Lessing-Reception Abroad«, das von der Lessing Society veranstaltet wurde. Da hörte man zum Beispiel, was ein amerikanischer Rezensent 1867, am Anfang einer etwa fünfzehn Jahre dauernden Welle von Interesse an dem Dichter, über eine neuerschienene, englischsprachige Übersetzung der Lessing-Biografie Adolf Stahrs

1 15. Oktober 1825. Johann Peter Eckermann: Gespräche mit Goethe in den letzten Jahren seines Lebens. Frankfurt a.M., Leipzig 1992, S. 151.

schrieb: »May it give an impulse to the study of Lessing's works, and bring him in as a power in our young, growing land! We need him. He will leave his lifelong mark on every mind which shall give him hospitable greeting.«[2] Dieser Amerikaner erinnerte an Lessings ganzes Lebenswerk, Goethe an dessen Charakter. In einem weiteren Vortrag beim Nashviller Symposium, einem der eindrucksvollsten von allen, wurde an einen ganz spezifischen Aspekt von Lessings Charakter und Lebenswerk erinnert. Dabei ging es um die Aufführung von »Nathan dem Weisen« 1993/1994 in Addis Abeba, und zwar mitten in dem höchst aktuellen Kontext religiöser und politischer Zwietracht und Gewalttätigkeit.[3]

Man könnte unschwer ähnliche Beispiele religiöser und/oder ethnischer Intoleranz anführen. Man denke nur an Nordirland, den Balkan oder den Schauplatz von Lessings »Nathan«. Vor nahezu vierzig Jahren haben vier Weiße in meinem Heimatland eine Kirche in Birmingham gesprengt, wobei vier junge schwarze Mädchen ums Leben gekommen sind. Erst vor einigen Wochen wurde einer der Täter vor Gericht gestellt und verurteilt. Angesichts der andauernden, unheilvollen Verflechtung von Religion, Rassismus und Politik in vielen Teilen der Welt haben wir Lessings Toleranzidee und das Gedankengut der Aufklärung, auf dem sie zum Teil beruht, immer noch bitter nötig. Es gibt offensichtlich auch andere Übel. Letztes Jahr wies Dieter Fratzke auf die Gefährdung der Menschen durch biologische Eingriffe, beispielsweise durch die Gentechnik, hin.[4] An den Autor von »Nathan« und »Ernst und Falk« wie an seine gleich- oder ähnlichdenkenden Zeitgenossen muss immer wieder erinnert werden, sollen die Chancen lessingschen und aufklärerischen Denkens und Handelns im 21. Jahrhundert möglichst potenziert werden. Wir wissen allerdings nicht, was uns dieses Jahrhundert bringen wird. Im Zusammenhang mit dem Thema »Was heißt es, heute Germanist zu sein?«, sprach John McCarthy bei den Kamenzer Lessing-Tagen 1999 von der zunehmenden Komplexität der Welt wie davon, dass man nicht immer auf die einem gestellten Aufgaben und Probleme vorbereitet ist, weil sich diese Aufgaben und Probleme nicht antizipieren lassen.[5] In so einer Welt und unter solchen Bedingungen sind intellektuelle und emotionelle Offenheit und Flexibilität gefordert. Bei allen Wandlungen, welcher Art sie auch immer sein mögen,

---

2 The Christian Examiner 85, 1867, S. 186.

3 David John: Lessing, Islam and »Nathan der Weise« in Africa.

4 Dieter Fratzke: Keine Wendezeit: Aufklärung als immerwährende Aufgabe. Anmerkungen zur Kooperation des Lessing-Museums Kamenz mit der Lessing Society. In: Lessing. Kleine Welt – Große Welt. 39. Kamenzer Lessing-Tage 2000. Kamenz 2000 (Erbepflege in Kamenz, 20. Jahresheft), S. 133–141, hier: S. 135.

5 John A. McCarthy: Was heißt es, heute Germanist zu sein? Antworten eines amerikanischen Germanisten. In: Deutsch-amerikanische Aufklärungskultur in Cincinnati/Ohio. 38. Kamenzer Lessing-Tage 1999. Kamenz 1999 (Erbepflege in Kamenz, 19. Jahresheft), S. 127–157, hier: S. 129–132.

bleiben darüber hinaus noch gewisse zeitlose Werte bestehen, die in ihrer Gesamtheit den Menschen als Leitstern dienen können. Lessing und die Aufklärung vertreten viele dieser Werte in vorzüglicher Weise, und es gilt, sie im individuellen wie im kulturellen Gedächtnis zu behalten.

Vor zwei Jahren lenkte John McCarthy die Aufmerksamkeit auch darauf hin, dass eine der wichtigsten Funktionen der Germanistik eben »das Erinnern an Vergangenes durch die Aktualisierung in der Gegenwart« sei.[6] Aus dem Obigen geht selbstverständlich hervor, dass dies in besonders hohem Maße auf die Lessing- und Aufklärungsforschung zutrifft. Seit nunmehr 35 Jahren sucht das »Lessing Yearbook«, suchen dessen Herausgeber, Beiträger und Rezensenten, jeder in seiner Weise, die Erinnerung an Lessing, seine Zeit und deren Wertvorstellungen wach zu halten. Insofern die Rezensionen durch die kritische Darstellung ihrer Gegenstände zum besseren Verständnis von Lessing und der Aufklärung führen, leisten sie im Kleinen dasselbe, was die Aufsätze im Großen schaffen. Ganz klar, wenige Buchbesprechungen, ja wenige Bücher, vermögen nicht, die Menschheit zu bessern. Aber sie können immerhin ein Stück Erinnerungsarbeit leisten. Und die Erschaffung einer humaneren Welt durch das aktualisierende Erinnern an die Vergangenheit, an die Werte Lessings und seiner Zeitgenossen, ist der große Rahmen, in dem die Rezensionen gespannt sind.

Zu Beginn habe ich gesagt, dass der unmittelbare Kontext der Rezensionen im »Lessing Yearbook« – die nächstgrößere Schachtel in diesem Satz ineinander passender, sozio-kultureller Schachteln – das »Lessing Yearbook« selbst sei. Wie man die Rezensionen betrachtet und behandelt, hängt vom Wesen des Jahrbuchs ab, oder sollte zumindest davon abhängen, wenn das Jahrbuch ein kohärentes Ganzes darstellen soll. Zum Wesen, zur Kohärenz einer Publikation, die einem Einzeldichter gewidmet ist, gehört meines Erachtens aber auch, dass sie möglichst im Sinne des jeweiligen Authors ediert wird, denn sonst büßt der Zusammenhang zwischen Publikation und Autor an Stringenz ein. Was könnte das in Bezug auf das »*Lessing* Yearbook« bedeuten?

»Am Freimauertum«, so schrieb Fritz Martini vor Jahren hinsichtlich der Freimaurer-Gespräche Lessings, »fesselte [den Verfasser] der Gedanke einer alle Schranken von Glaube, Nation und Stand überwindenden Gemeinschaft freier brüderlicher Geister als Inbegriff eines höheren Menschentums. Verständnis, Liebe, Frieden zu stiften war seine erhabene Aufgabe«.[7] Damit weist Martini auf Lessings Kosmopolitentum oder Weltbürgertum hin, eine Sichtweise und ein Ideal, das Lessing mit Wieland und anderen Zeitgenossen geteilt hat. Dieses Ideal wird den ursprünglichen

6 Ebd., S. 155.
7 Fritz Martini: Deutsche Literaturgeschichte, 15. Auflage. Stuttgart 1968, S. 207.

Herausgebern des »Lessing Yearbooks« vorgeschwebt haben, als sie 1969 im Vorwort zum ersten Band ganz schlicht schrieben, »The editors hope that the *Yearbook* will win new friends for the [Lessing] Society who would then join its efforts to reemphasize Lessing's humanism and his continuing importance throughout the world«.[8] Der wesensverwandte Geist der Humanität und des Weltbürgertums, der Lessings Dichten und Denken entscheidend prägte, hat das Projekt »Lessing Yearbook« also von Anfang an maßgeblich bestimmt. Die – offensichtlich rhetorische – Frage wäre nun, ob es möglich sei, diesen Geist dadurch zu stärken, dass man ihm eine noch adäquatere konkrete Form verleiht.

Im Sinne des Weltbürgertums Lessings könnte man das »Lessing Yearbook« auf verschiedene Art weiter internationalisieren. Man könnte beispielsweise die Titelseite zweisprachig gestalten, wie es der Schutzumschlag, der einen englisch-deutschen Doppeltitel aufweist, bereits zum Teil schon ist. Man könnte die Zweisprachigkeit eventuell auch auf das Vorsatzblatt und den Inhalt ausdehnen.

Überdies könnte man Schwestergesellschaften in Deutschland oder deren Mitglieder dazu auffordern, bei der Arbeit am »Lessing Yearbook« aktiv teilzunehmen. Man könnte es zum Beispiel so bewerkstelligen, dass ein Vertreter einer dieser Gesellschaften ein Mitentscheidungsrecht bei den Manuskripten hat, die dem »Lessing Yearbook« zur Publikation eingereicht werden. Eine der zwei weiteren Stimmen hätte einer der beiden senior editors, das hieße immer ein Deutscher oder ein Amerikaner, da die senior editors stets der jeweils letzte und vorletzte Präsident der Lessing Society sind, dessen Amt immer abwechselnd von einem Kollegen in Deutschland und einem in den USA bekleidet wird. Die dritte Stimme hätte ein Mitglied des Redaktionsausschusses, wovon momentan ein Drittel aus Deutschen besteht. Beim Entscheidungsverfahren würden die Herausgeber des Jahrbuchs »lediglich« die Qualitätskontrolle am Anfang ausüben, die Manuskripte an die zuständigen Leser schicken und nur in Ausnahmefällen – etwa bei zwei schwachen Ja-Stimmen und einer entschiedenen Nein-Stimme – die Entscheidung selber treffen. Aufgrund dieses Modells – und es gibt sicherlich auch andere Möglichkeiten – könnte man bei einigem guten Willen garantieren, dass das Entscheidungsverfahren wahrhaft international sei.

Eine Einrichtung oder deren Mitglieder könnten es sich im Übrigen zur Aufgabe machen, dem »Lessing Yearbook« einen ständigen Beitrag beizusteuern. Es gäbe wohl verschiedene Möglichkeiten, aber ich denke dabei in erster Linie an einen Jahresbericht über die Neuerscheinungen in der internationalen Lessing-Forschung. Schon eine aufzählende Titelliste wäre nützlich; eine analytische Bibliographie besonders wünschenswert. Hauptsache: Man müsste darauf bedacht sein, dass die

8 Lessing Yearbook 1, 1969, S. 5.

Bibliographie eben international sei. Eine ganz praktische Frage: Wie könnte man Platz für eine Bibliographie in einem Jahrbuch gewinnen, dessen Umfang nicht unbegrenzt ist? Darauf komme ich später im Zusammenhang mit dem Rezensionsteil des Jahrbuchs zurück. Wenn es nicht zur *Jahres*bibliographie kommen sollte, dann vielleicht zu einer Bibliographie, die im Abstand von zwei bis fünf Jahren, etwa nach dem Muster des »Jahrbuchs der Deutschen Schiller-Gesellschaft«, erscheint, oder zu einem Forschungsbericht in mehrjährigen Abständen. Die Aufstellung einer solchen Bibliographie wäre eine zeitaufwändige Aufgabe, und man müsste den richtigen, das heißt einen praktikablen, von allen Betroffenen akzeptierten Modus Operandi finden. Für die Lessing-Forschung wäre es aber auch eine höchst nützliche Aufgabe – und wo ein Wille ist, ist auch ein Weg. Der Name der teilnehmenden Einrichtungen oder Mitglieder würde selbstverständlich an einer exponierten Stelle im Jahrbuch erscheinen.

Die Beschränkung auf Institutionen in Deutschland und den Vereinigten Staaten ist wohl deshalb berechtigt, weil Lessing Deutscher war und die Lessing Society und ihr Jahrbuch in den USA gegründet wurden. In jeder anderen Beziehung, wie schon bei der internationalen Ausrichtung der Bibliographie, müsste man so umfassend verfahren wie möglich. Der Zahl der Sprachen, die man in einem wissenschaftlichen Organ verwenden kann, sind allerdings praktische Grenzen gesetzt. Im »Lessing Yearbook« waren es bisher bekanntlich zwei, Englisch und Deutsch. Laut der vor zwei Jahren überarbeiteten Satzung der Lessing Society können nun aber auch französischsprachige Beiträge aufgenommen werden, und eine zusätzliche Weltsprache stellt einen gewissen Fortschritt dar.

Die Lessing- und Aufklärungsforschung ist in der Tat international, und damit meine ich mehr als die deutschsprachigen Länder und die USA – das machte schon das Programm des Nashviller Symposiums klar, das auch die Lessing-Rezeption in China, Japan und sogar Armenien umfasste. Die Kollegen in anderen Ländern haben eigene Zeitschriften, in denen sie ihre Forschungsergebnisse veröffentlichen können. Man denke beispielsweise an germanistische Fachzeitschriften wie »German Life and Letters« in England, »Recherches Germaniques« in Frankreich und »Studi Germanici« in Italien, von den vielen allgemeinen literaturwissenschaftlichen Zeitschriften wie »Neophilologus« in den Niederlanden und »Orbis Litterarum« in Dänemark ganz zu schweigen. Wenn man das »Lessing Yearbook« zu einem noch »weltbürgerlicheren« Zentrum der Lessing- und Aufklärungsforschung machen will, müsse man diese Kollegen besser oder überhaupt erst kennen lernen, unter anderem dadurch, dass man ihre Zeitschriften besser kennen lernt. Man müsste sie gegebenenfalls extra auffordern, auch an das »Lessing Yearbook« zu denken, wenn es darum geht, eine Zeitschrift für ihre Arbeiten zu suchen. Man könnte das natürlich auch daheim tun, denn nicht alle Artikel, die etwa in den USA zu Lessing geschrieben werden, erscheinen im »Lessing Yearbook«. Es gibt eine allgemeine Diskussion über Lessing und die Aufklärung, an der jeder teilnehmen kann, »wes Landes Kind« er auch immer sein mag. Aber die jeweilige Auslandsgermanistik hat manchmal auch einen eigenen Blickwinkel, eine eigene Akzentsetzung, die es ihr ermöglicht, der allgemeinen Lessing- und/oder Aufklärungsforschung einen eigenständigen Beitrag zu liefern. Wie man es auch immer beurteilen mag: Die jüngere Generation von Germanisten in den angelsächsischen Ländern und Frankreich weist ein ausgesprochenes Interesse an der Theorie auf, wie das beispielsweise Beate Allert beim Nashviller Symposium in ihrem Vortrag »Lessing im Kontext kunsttheoretischer Debatten« zeigte. (Überarbeitete Fassungen der meisten Vorträge erscheinen übrigens in Band XXXII [2000] des »Lessing Yearbooks«.) Solche »nationalen« Schwerpunkte bereichern die ganze Forschung zu Lessing und seinem Zeitalter.

Aber der Titel meines Vortrags lautet, »Was *Rezensionen* im 'Lessing Yearbook' bewirken können«. Wie schon eingangs angedeutet, haben die Rezensionen viele Funktionen mit Besprechungen in anderen wissenschaftlichen Fachzeitschriften gemeinsam. Wie diese sollten sie die Ergebnisse der rezensierten Bücher deutlich und umfassend darstellen. Wissenschaftler interessieren sich für Rezensionen wohl in erster Linie, um festzustellen, welche Bücher sie lesen sollen, welche ihnen am ehesten bei ihrer eigenen Forschung nützlich sein können. Diese Funktion ist bei der bekanntlich unübersehbaren Flut von Veröffentlichungen auf allen Wissensgebieten besonders wichtig. Wenn man das Was, Wie und Wozu eines Buches kennt, kann man es in vielen Fällen selber beurteilen. Für den unkundigen oder weniger kundigen Leser ist eine kritische Auseinandersetzung dennoch informativ und, wo Sachfehler vorkommen, absolut erforderlich. Darüber hinaus führt eine kritische Stellungnahme oft einen fruchtbaren Ideen- und Meinungsaustausch herbei, der alle Leser, darunter natürlich auch den Verfasser des besprochenen Buches, einbezieht und im besten Fall zu weiterem Denken und Forschen inspiriert. Indem eine derartige Besprechung Methodik, Argumentation, Leistungen und Unzulänglichkeiten eines Buches aufzeigt, weist sie ihm auch dessen Ort in der Forschung zu.

In einem Aufsatz mit dem Titel »Reviewing Reviewing« schreibt ein amerikanischer Anglist und langjähriger Herausgeber zweier wissenschaftlicher Zeitschriften folgendes: »Reviews are a necessary consequence of the democritization of learning, the transfer of patronage from the aristoi to the demos«.[9] Damit berührt er einen Punkt, der für die Rezensionen im »Lessing Yearbook« von besonderem Belang ist. Wenn auch der Rezensionsteil des Jahrbuchs den lessingschen Geist der Toleranz und des Weltbürgertums widerspiegeln soll – und Klaus Berghahn weist auf die

[9] Robert L. Patten: Reviewing Reviewing. From the Editor's Desk. In: Literary Reviewing. Hrsg. von James O. Hoge. Charlottesville 1987, S. 88–100, hier: S. 99.

politisch gemeinte literarisch-moralische Kritik in Lessings eigenen Rezensionen hin[10] – sollte er als Pendant zu den Aufsätzen unter anderem auch die Vielfalt germanistischer Forschungsarbeit auf internationaler Ebene reflektieren, etwa in Großbritannien, Kanada und Australien, Frankreich und Italien, aber auch in Dänemark, den Niederlanden und Polen.

Momentan erscheint die überwiegende Mehrheit der Bücher, die im »Lessing Yearbook« rezensiert werden, in deutschen und amerikanischen Verlagen; der Rezensentenstab besteht zum allergrößten Teil aus Deutschen und Amerikanern, und zwar schon wegen der Geschichte der ursprünglich *American* Lessing Society, die von zwei deutschen Emigranten gegründet wurde. Natürlich veröffentlichen Auslandsgermanisten Bücher in diesen beiden Ländern, doch in manchen Fällen bietet ihnen das jeweilige Heimatland Publikationsmöglickeiten an, und zwar in der jeweiligen Muttersprache. W. H. Brufords »Germany in the Eighteenth Century. The Social Background of the Literary Revival« und Eric A. Blackalls »The Emergence of German as a Literary Language« erschienen beispielsweise bei der Cambridge University Press, F. L. Lamports »Lessing and the Drama« bei der Oxford University Press. Um auch solche Veröffentlichungen zu berücksichtigen, müsste man auf die Werbeprospekte der Verlagshäuser in den verschiedenen Ländern genauer Acht geben und zusehen, dass sie einem regelmäßig zugeschickt werden. Wie bei den Aufsätzen sollte man – und hier, wie auch an anderen Stellen in diesem Vortrag, führe ich als gegenwärtiger book review editor des »Lessing Yearbooks« eine Art Selbstgespräch – von sich aus Kontakt mit den Kollegen im Ausland aufnehmen, wie ich das neulich, als bescheidenen Anfang, bei einer Kollegin am University College Dublin getan habe, um den Mitarbeiterstab im Sinne der Internationalisierung zu erweitern. Denn viele Zeitschriften im Ausland – ich nenne nur »Modern Language Studies« in England, »Seminar« in Kanada und »Études Germaniques« in Frankreich – haben oft umfangreiche Rezensionsteile.

Zu Lessings Zeiten hat die Rezension verschiedene Formen angenommen; sie erschien unter anderem als Dialog, fiktiver Brief, satirische Abhandlung, Epigramm und Gedicht. Um die seitherige Reduktion der Buchbesprechung auf die uns vertraute diskursive Form, die es natürlich auch damals gegeben hat, ist es insofern schade, als sie den heutigen Leser um wer weiß wie viele kleine Kunstwerke gebracht hat. Doch die meisten Rezensenten in den damaligen literarischen Journalen waren gleichzeitig Dichter, und wenn der Rezensent von heute nicht wie Lessing und dessen Zeitgenossen schreiben kann, sollte er – und sein Herausgeber – zumindest in

10 Klaus L. Berghahn: Von der klassizistischen zur klassischen Literaturkritik. In: Geschichte der deutschen Literaturkritik (1730–1980). Hrsg. von Peter Uwe Hohendahl. Stuttgart 1985, S. 10–75, hier: S. 44.

deren Geist verfahren. Das bedeutet Toleranz und Offenheit gegenüber der bunten Vielfalt der Gegenstände, Methoden, Meinungen und Personen, die die Lessing- und Aufklärungsforschung der Gegenwart aufweist.

Vielleicht stutzt man ein wenig bei dieser Behauptung. Denn in seinen Rezensionen, wie überhaupt in seiner Kritik, sieht Lessing beileibe nicht immer, vielleicht sogar selten, »so verteufelt freundlich aus« wie in dem Gemälde von Anton Graff.[11] Polemik ist ja eine der charakteristischen Eigenschaften seiner Kritik, wie es der »17. Literaturbrief« zeigt, um nur das bekannteste Beispiel zu nennen. Doch Lessing hat einen Wahrheitsbegriff aufgestellt, den Herausgeber und Rezensent trotz des unterschiedlichen Kontextes beherzigen können, auch wenn ihm Lessing selbst nicht immer gerecht geworden ist. Gemeint ist natürlich die berühmte Stelle in der Schrift »Eine Duplik«, wo er zwischen Person und Sache unterscheidet und den Trieb nach Wahrheit dem – offensichtlich problematischen – Besitz der Wahrheit vorzieht.

Duldsamkeit, Umsichtigkeit, Stringenz: Das Gleichgewicht ist manchmal schwer zu halten. Der oben erwähnte Anglist und Zeitschriftenherausgeber behauptet, dass Wissenschaftler im Schnitt viel weniger Zeit auf Rezensionen verwenden als auf ihre eigenen Arbeiten,[12] aber die Forschung ist trotzdem auf sie angewiesen. Buchbesprechungen fordern oft viel Zeit und viel geistigen Einsatz, werden aber trotzdem schlecht belohnt, obwohl sie einen entscheidenden Einfluss auf die Karriere und/ oder den Ruf der rezensierten Verfasser haben können. Kurz, es gibt ganz praktische Faktoren, die der Erreichung des idealen Gleichgewichts im Wege stehen. Und wo sich Sachfehler oder offenkundige Fehlurteile finden, muss unbedingt darauf hingewiesen werden, nötigenfalls mit Nachdruck. Wo es sich aber um Meinungen und Meinungsunterschiede handelt – und das ist wohl meistens der Fall – sollte man sich von dem lessingschen Ideal leiten lassen.

Der Rezensionsteil des »Lessing Yearbook« könnte der Fülle der Lessing- und Aufklärungsforschung auch dadurch Genüge tun, dass er die Demographie des Mitarbeiterstabs widerspiegelt. Dabei wäre nicht nur das Herkunftsland der Rezensenten zu berücksichtigen. In jedem Band sollten z.B. junge Kollegen ebenso gut wie 'graue Eminenzen' vertreten sein. Wenn den Jüngeren unter anderem auch der Weitblick der Älteren fehlen mag, so sind sie manchmal mit Einzelheiten vertraut, die die älteren Jahrgänge vergessen haben. Oft stehen sie neuen methodischen Ansätzen aufgeschlossener gegenüber und zeigen eine größere Einsatzbereitschaft. Je nach der Wahl der zu besprechenden Bücher sollten auch Generalisten, Spezialisten, Literaturhistoriker und -theoretiker vertreten sein. Zu einem getreuen Bild des Fachs

---

11 Als Lessing einen Stich des graffschen Gemäldes sah, soll er ausgerufen haben, »Seh' ich denn so verteufelt freundlich aus?«, vgl. z.B. Erich Schmidt: Lessing. Geschichte seines Lebens und seiner Schriften. 3. durchgesehene Auflage. Berlin 1909, Bd. 1, S. 702.

12 Vgl. Patten, S. 95.

gehört das Herkunftsland der Rezensenten, auch insofern dieses eine bestimmte methodische Orientierung verrät, wie z.B. das besagte Interesse an der Theorie in den angelsächsischen Ländern und Frankreich. Der Rezensionsteil des »Lessing Yearbook« sollte auch die aktuellen Forschungsinteressen der Mitarbeiter reflektieren, hauptsächlich zum Zwecke einer möglichst angemessenen Behandlung der besprochenen Bücher. Daher habe ich letztes Jahr meine Umfrage verschickt.

Der Rezensionsteil des »Lessing Yearbook« kann von institutionellem Belang sein, insoweit er die Arbeit der Einrichtungen, die Lessing und der Aufklärung gewidmet sind, unterstützt. Das bedeutet unter anderem, dass er Besprechungen der Einzelbände der Reihe »Erbepflege in Kamenz«, vor allem derjenigen, die die Kamenzer Lessing-Tage dokumentieren, weiterhin bringen und somit die Öffentlichkeitsbemühungen des Lessing-Museums Kamenz fördern kann. Wissenschaftler gehören auch zur Öffentlichkeit, und durch die Rezensionen der Kamenzer Bände erfahren sie, dass ihre Publikumswirksamkeit nicht ausschließlich auf den Hörsaal beschränkt ist.

Das »Lessing Yearbook« hat in der Zwischenzeit von einer der neuen Informationstechnologien Profit gezogen. Auf der Webseite, die es mit der Lessing Society teilt, findet sich unter anderem ein Link zu einer kumulativen Liste der Artikel, die im Jahrbuch und dessen Sonderbänden von 1969 bis 2000 erschienen sind. Der Rezensionsteil des Jahrbuchs könnte ebenfalls von diesem neuen Medium profitieren, indem jedes Jahr eine Anzahl Rezensionen im Internet bereitgestellt wird. Das hieße natürlich nicht, dass die Besprechungen schnell oder unbedachtsam geschrieben würden, sondern nur, dass sie nicht auf die Veröffentlichung des Jahrbuchs warten müssten, sondern quasi sofort nach Erhalt erscheinen könnten. So stünde der Forschung eine Art Schnelldienst zur Verfügung, wie es ihn schon bei der American Society for Eighteenth-Century Studies und wohl auch anderen Gesellschaften gibt. Eine solche Einrichtung wäre für die Literaturwissenschaft wohl nicht so wichtig wie für die Naturwissenschaften, dürfte aber dennoch bei »heißen« Themen, besonders wichtigen Studien und neuen Editionen schon von großem Nutzen sein. Überlegenswert wäre die Frage, ob diese Rezensionen dann überhaupt ins »Lessing Yearbook« aufgenommen werden müssten oder ob sie nicht vielleicht eher in einem elektronischen Archiv zu speichern wären. Auf diese Weise – und darauf hatte ich schon angespielt – könnte man Platz für eine Lessing-Bibliographie schaffen und dabei die Kosten des Jahrbuchs in Schranken halten.

Zum Schluss sei noch auf eine weitere Funktion der Rezensionen im »Lessing Yearbook« hingewiesen. Der Rezensionsteil des Jahrbuchs ist nicht nur ein Treffpunkt der Geister, sondern auch der Menschen. Bereits beim Durchblättern, um eine Übersicht zu gewinnen, freut man sich manchmal, einem bekannten Verfasser oder Rezensenten auch als Menschen zu begegnen; als *ein* Winkel des Dreiecks genießt man die geistige Auseinandersetzung umso mehr. Die Rezensionen dienen als Ersatz für oder als Zusatz zum persönlichen Treffen bei Konferenzen, wobei anzumerken ist, dass die Diskussion, wenn nicht so gesellig, dann zumindest ebenso ungezwungen und in geistiger Hinsicht wohl noch intensiver verläuft. Diese Begegnungen bilden ein Gemeinschaftsgefühl, das für Auslandsgermanisten von besonderem Gewicht ist, da sie als Fachleute oft nicht denselben Grad der Selbstverständlichkeit besitzen wie ihre Kollegen in den deutschsprachigen Ländern oder in der jeweiligen Inlandsliteraturwissenschaft. In meinem Heimatland werden große Entfernungen häufig nicht nur räumlich, sondern auch psychologisch wahrgenommen. Die Rezensionen im »Lessing Yearbook« erinnern einen in unauffälliger Weise daran, dass man Mitglied einer inter- und übernationalen gelehrten und menschlichen Gemeinschaft ist und damit Bürger der modernen Form der Gelehrtenrepublik der Lessing-Zeit.

Thedel von Wallmoden
»Für wen ich singe«

Ich singe nicht für kleine Knaben,
Die voller Stolz zur Schule gehn,
Den Naso in den Händen haben,
Den ihre Lehrer kaum verstehn.[1]

Dieses hübsche Gedicht steht in den »Kleinigkeiten«, in Lessings Erstling von 1751. Ganz im Gewand rokokohaft anakreontischer Tändelei stellt er die Frage nach dem Adressaten seiner Dichtung. Im Kontext meint dies natürlich nicht den idealen impliziten Leser, meint natürlich auch keine rezeptionslenkende Vorgabe des Autors. Und dennoch: Scherzhaft und spielerisch wird die Frage aufgeworfen, wer für diese Form lyrischen Sprechens denn als Adressat überhaupt in Betracht kommt.

Die Antwort gibt Lessing dann allerdings zunächst ex negativo, indem er bestimmte Gruppen von Lesern ausschließt.

So heißt es »Ich singe nicht für euch, ihr Richter«. Dass die Literatur nicht für die Kunstrichter und die Literaturkritik da ist, wird zwar noch immer gelegentlich übersehen, ist aber auch heute noch ebenso wahr wie damals. Dass Lessing aber durch seinen »Laokoon« und die »Hamburgische Dramaturgie« der Kritik überhaupt erst Form und Maßstäbe gegeben hat, klingt hier naturgemäß noch nicht an. Und es mutet dann geradezu theoriefeindlich an, wenn die nächste Strophe mit der Zeile beginnt »Ich singe nicht den kühnen Geistern, / Die nur Homer und Milton reitzt«.

Ob es damals der Wahrheit entsprochen hat, wenn er fortfährt »Ich singe nicht durch Stolz gedrungen«, mag man angesichts der bemerkenswert selbstbewussten Briefe und Selbstrezensionen jener Jahre allerdings bezweifeln.

Ferner: »Ich singe nicht für fremde Reiche« heißt es dann weiter. Nun: Der Gelderwerb war zwar nicht selten gewünscht, aber dann doch in den meisten Fällen nicht nachhaltig erreicht. Wir wissen, dass Lessing in Gelddingen ohnehin keine glückliche Hand hatte und seine Versuche, sich als freier Schriftsteller zu etablieren, fast alle zum Scheitern verurteilt waren.

Und weiter: »Ich singe nicht für heilge Schwestern«. Ist das vielleicht schon gegen eine Orthodoxie gerichtet, die »wenn wir munter singen, lästern, / Daß wir nicht alle

[1] G. E. Lessing: Kleinigkeiten. Faksimile des Marbacher Manuskripts. Vorgestellt von Jochen Meyer. Göttingen 2000, S. 113 f.

Schmolcken sind!«? Er meint hier wohl eine lutherische Orthodoxie, deren literarischer Horizont nicht über den seinerzeit beliebten schlesischen Erbauungsschriftsteller Benjamin Schmolck (1672 bis 1737) hinausgeht. Für all' diese singt Lessing also nicht, sondern:

Ich singe nur für euch, ihr Brüder,
Die ihr den Wein erhebt wie ich,
Für euch, für euch sind meine Lieder.
Singt ihr sie nach? O Glück für mich!

Singt ihr sie nach? [Fragezeichen] O Glück für mich! Freundschaft, Liebe, Lebensgenuss – das ist natürlich primär das Programm der Anakreontik. Aber es ist auch ein dezidierter Gegenentwurf zum gespreizten Geltungsanspruch aufgeklärter Poetik.

*

Ich habe dieses kleine Gedicht des noch ganz jungen Lessing in Erinnerung gerufen, weil es in seiner Programmatik doch einen bemerkenswerten Kontrast darstellt zu allem, was wir heute gemeinhin unter Klassikerrezeption verstehen.

Der private, freundschaftlich mitmenschliche, auch der sinnlich affektive Genuss eines sprachlichen Kunstwerks wird hier spielerisch und federleicht entworfen. Das ist himmelweit entfernt von allen heutigen Vorstellungen von Klassikerrezeption. Das ist aber auch kein Wunder und es fiele mir gewiss nicht ein, Ihnen dies als eine besondere Erkenntnis verkaufen zu wollen. Mir geht es vielmehr darum, an diesem winzigen Beispiel aus der Frühzeit der Herausbildung unserer Nationalliteratur eine Entwicklung aufzuzeigen, die die Klassikerrezeption dann in der Folge genommen hat.

Es ist verschiedentlich darauf hingewiesen worden, dass die Editionsgeschichte der Klassiker und die Kanonbildung in einem, wenn auch nicht immer analogen oder gar synchronen Verhältnis aber doch in einem signifikanten Bezug zur allgemeinen Geschichte verlaufen.

Lessing ist der erste »Klassiker« der deutschen Literatur, dessen Werk von Karl Lachmann 1838 bis 1840 in einer kritischen Ausgabe vorgelegt wurde.[2] Diese Ausgabe genügte überdies schon durchaus dem Anspruch, den wir heute an historisch-kritische Ausgaben stellen.

Drei Jahrzehnte vor der Reichsgründung ist also Lessing gleichsam kanonischer Bestand der deutschen Literatur und damit editionsgeschichtlich Goethe, Schiller, Kleist und – um es auf die Spitze zu treiben – Büchner unendlich voraus.

---

2 G. E. Lessing. Neue rechtmäßige Ausgabe. Hrsg. von Karl Lachmann. Bd. 1–12. Berlin 1838–1840.

[Dass Goethes »Faust« noch nicht historisch-kritisch ediert vorliegt und vielleicht niemals historisch-kritisch ediert werden wird, ist das beste Beispiel für den diachronen Verlauf von Editionsgeschichte und allgemeiner Geschichte. Und auch dies ist, da es sich um nichts geringeres als das mutmaßliche *chef d'œuvre* der deutschen Literatur handelt, ein äußerst signifikantes Phänomen.]

Die Entstehung einer Nationalliteratur, die in Deutschland selbstverständlich programmatisch weit vor die Entstehung des Nationalstaats zurückreicht, mündet in eine Kanonbildung und Kanonrezeption, die als Bildungskonzept im deutschen Kaiserreich nachweislich funktionalisiert ist.

Gewiss: Einerseits ist es Humboldts universalistischer Anspruch, der den deutschen Universitäten und dem Bildungssystem im späten 19. Jahrhundert einen enormen innovativen Schub verleiht, doch dauert es nicht sehr lange, bis der Schulhof des humanistischen Gymnasiums zum wilhelminischen Kasernenhof mutiert, den Thomas Mann in »Buddenbrooks« so treffend und schonungslos beschreibt. In diesem System ist der kategorische Imperativ durch den Rohrstock ersetzt.

> Damals war Doktor Wulicke, bislang Profesor an einem preußischen Gymnasium, berufen worden, und mit ihm war ein anderer, ein neuer Geist in die Alte Schule eingezogen. Wo ehemals die klassische Bildung als ein heiterer Selbstzweck gegolten hatte, den man mit Ruhe, Muße und fröhlichem Idealismus verfolgte, da waren nun die Begriffe Autorität, Pflicht, Macht, Dienst, Karriere zu höchster Würde gelangt, und der ›kategorische Imperativ unseres Philosophen Kant‹ war das Banner, das Direktor Wulicke in jeder Festrede bedrohlich entfaltete. Die Schule war ein Staat im Staate geworden, in dem preußische Dienststrammheit so gewaltig herrschte, daß nicht allein die Lehrer, sondern auch die Schüler sich als Beamte empfanden, die um nichts als ihr Avancement und darum besorgt waren, bei den Machthabern gut angeschrieben zu stehen.[3]

Klassiker, die alten Sprachen und Bildung überhaupt, sind in dieser Zeit also schon nicht mehr primäre Lerninhalte mit einem referenziellen Bezug zur erfahrenen Wirklichkeit der Lernenden. Klassische Bildung ist in erster Linie ein deutliches Distinktionsmerkmal der Funktionseliten des Staates. Die Kenntnis der Klassiker und der diskursive Rückgriff auf ihre kanonischen Texte dient gewissermaßen als Ausweis der Befähigung zur Übernahme gesellschaftlicher Funktionen. Die Klassikerzitate in Sonntagsreden haben mithin keinen auch nur irgendwie gearteten hermeneutischen Wert. Sie dienen in ihrer literarischen Autorität zur Affirmation der rednerischen Autorität.

3 Thomas Mann: Gesammelte Werke in dreizehn Bänden. Bd. 1. Frankfurt a. M. 1964, S. 722.

*

Ich mache einen Sprung aus dem Kaiserreich in das Jahr 1929: Die Preußische Akademie der Künste, genauer gesagt, die Sektion für Dichtkunst ehrte Lessings 200. Geburtstag mit einer Ausstellung und einer Reihe von Festreden.

Als Präsident der Akademie begrüßte Max Liebermann die Festversammlung, nicht ohne in seine kurze Rede die skeptische Bemerkung einzuflechten: »Wenn heut sein Geist herniederstiege, er würde sich unserer Huldigung kaum freuen. Würde er uns nicht fragen, ob wir auch wissen, weshalb wir ihn feiern?«[4]

Er zitiert dann die herrlichen Sätze aus der »Duplik«: »Wenn Gott in seiner Rechten alle Wahrheit und in seiner Linken den einzigen immer regen Trieb nach Wahrheit, obschon mit dem Zusatze, mich immer und ewig zu irren, verschlossen hielte und spräche zu mir: wähle! Ich fiele ihm mit Demut in seine Linke und sagte: Vater gib! Die reine Wahrheit ist ja doch für dich allein.«[5]

Erster Festredner ist Julius Petersen, der Doyen der damaligen Germanistik und Herausgeber einer großen und bedeutenden Lessing-Ausgabe.[6] Petersen würdigt Lessing als Erneuerer der Sprache und fügt hinzu: »Zahllose Aussprüche Lessings werden in diesen Tagen zitiert, die in ihrer Geltung für unsere eigene Zeit und Lage den Nagel auf den Kopf treffen, so daß immer mit erhobenem Zeigefinger hinzugefügt werden muß: ›So sagt Lessing!‹ Das ist ein Zeichen lebendiger Gesinnungsgemeinschaft.«[7]

Er reklamiert weiterhin, dass »unsere Sprache sich nach der seinen geschliffen und gebildet hat. Seine Sprache, die in ihrer Zeit etwas Ungewöhnliches war, strahlt noch heute in ihrer Schlagkraft, Plastik, sparsamen Kürze und witzigen Schärfe [...]«.[8]

Nach dem Reformator Luther und seiner Befreiung vom »Zwange Roms« sei es Lessing gewesen, der die deutsche Sprache »vom Zwange des französischen Regelkodex«[9] befreit habe.

Kaum mehr als im Rückblick auf Vergangenes würdigt Petersen Lessings Toleranzforderungen als »Basis für den Liberalismus des neunzehnten Jahrhunderts.«[10] Und er schließt mit den Sätzen: »Mit Jünglingskraft sprengte er die Pforten des

4 Preußische Akademie der Künste. Jahrbuch der Sektion für Dichtkunst 1929. Berlin 1929, S. 135.

5 Ebd., S. 136; Die Stelle findet sich am Schluss des Abschnitts I der »Duplik«.

6 G. E. Lessing: Werke. Vollständige Ausgabe in fünfundzwanzig Teilen [mit 5 Erg. Bdn.]. Hrsg mit Einleitung und Anmerkungen sowie einem Gesamtregister versehen von Julius Petersen, Waldemar von Olshausen u.a. Berlin, Leipzig 1925–1935.

7 Preußische Akademie der Künste. Jahrbuch der Sektion für Dichtkunst 1929. Berlin 1929. S. 138 f.

8 Ebd., S. 139.

9 Ebd., S. 141 f.

10 Ebd., S. 148.

Gefängnisses, als ewiger Wahrheitssucher hineinstürmend in eine neue Zeit, die die unsere ist; der geistigen Freiheit eine Gasse bahnend und sich selbst, sein Leben im Kampfe opfernd.«[11]

Soweit also Petersen. In welche »neue Zeit« er Lessing gleichsam als Fähnleinführer einer Schar von Hitlerjungen freudig hineinstürmen sah, ist bekannt.

Der zweite Festredner ist Thomas Mann. Gleich eingangs seiner Rede reklamiert er das »Klassische« gegen jede Bedeutung von »Schulgerechtheit und Mustergültigkeit«, die uns »matt und trocken, abstrakt und blutlos« anmutet und deren »humanistischer Verblasenheit«[12] eigener Charakter entgegenzusetzen sei. Das allein ist schon verblüffend, doch dann nimmt die Rede eine weitere überraschende Wendung, denn Thomas Mann reklamiert für das Klassische, für die »Klassische Zeit«, dass sie Anfang sei, auf dem »*Weg der nationalen Vereinigung*, und an seinem Anfange steht das, was diese Vereinigung auf hochgeistige Weise anbahnte, begründete und vorbereitete: unsere klassische Literatur.«[13] Nationale Vereinigung, so fährt er fort, habe sich konstituiert, indem es Lessing mit der »Minna von Barnhelm« gelungen sei, »das höchste Vergnügen ganz Deutschlands zu erregen und das Selbstgefühl aller Deutschen in der Sympathie dafür zusammenzuschließen.«[14] Dass ferner Lessings »Nathan« als ein »Gedicht letzter Freundlichkeit [...] einer noch höheren Vereinigung [gilt]; es zielt bewußt und erzieherisch auf den Frieden der Menschheit überhaupt.«[15] Indem Thomas Mann den Frieden und das Humane als »Steigerung und Fortsetzung« des Nationalen reklamiert, entwindet er Lessings Werks gleichsam einer nationalistischen Instrumentalisierung der Klassiker. Mehr noch: Er fährt fort »daß der Idee nationaler Vereinigung ganz ursprünglich die Tendenz zu weitgehender Vereinigung eingeboren ist, verkannt von jenen nichts als Völkerschaftlichen, die diese Idee in wunderlichem Unverständnis auf ihre Fahne schrieben und den Inbegriff der Absonderung und Feindseligkeit darin erblickten.«[16]

In seinen analytischen und kritischen Beiträgen habe Lessing Ordnung geschaffen im Kulturzustand der Nation, indem er begriffliche Grundlagen und Klarheit der Unterschiede eingeführt habe. Kritizismus und Skeptizismus werden gleichermaßen positiv gewertet, wenn es heißt »Der Zweifel als Glaube, Skepsis als Leidenschaft« seien Ausdruck eines »Wahrheitspathos, wie es in so freier Schönheit nicht leicht zum zweitenmal in der Geistesgeschichte hervortritt.«[17]

---

11 Ebd., S. 148 f.
12 Ebd., S. 150.
13 Ebd., S. 151.
14 Ebd., S. 151.
15 Ebd., S. 152.
16 Ebd., S. 153.
17 Ebd., S. 163.

Wenn Thomas Mann dann schließlich »Widerspruch und Zweifel«, den polemischen Zug in Lessings Werk hervorhebt, dann wird sehr schnell deutlich, dass er ihn abermals gegen das in Anspruch nimmt, was nur allzu bald als »zersetzende« Intellektualität denunziert werden wird.

Dieser Festredner lässt nicht den geringsten Zweifel aufkommen, worum es hier geht. Indem er Lessing für eine Humanität reklamiert, die er als Steigerung und Fortsetzung des Nationalen in Richtung auf das Humane sieht. Indem er dies tut, entwindet er Lessings Werk der dröhnenden Vereinnahmung, wie sie zuvor in Julius Petersens Rede anklang. Und nicht genug damit. Er schließt mit den Worten:

> In Lessings Geist und Namen gilt es, hinauszugelangen über jede Art von Faszismus zu einem Bunde von Vernunft und Blut, der erst den Namen voller Humanität verdiente. Daß dieser große Dialektiker kein satirischer Nihilist wurde, ›um den Kampfplatz mit Hohngelächter zu verlassen‹, daß er *gütig* war, das ist es, was sein Volk und die Völker ihm am höchsten anrechnen sollten.[18]

Wie wir wissen, war diese Festrede schon ein Appell auf verlorener Position. Dass in den folgenden Jahren auch die Lessing-Philologie nicht resistent war gegen eine Vereinnahmung durch nationalsozialistische Klassikerpflege, braucht hier nicht eigens ausgeführt zu werden.

Ich komme auf den Ausgangspunkt meiner Überlegungen zurück. Kanonbildung der Nationalliteraturen und Klassikerrezeption sind auf eine, wenn auch widersprüchliche Art und Weise und in der historischen Perspektive sicher nicht simpel auf synchrone Weise miteinander verbunden. Diese Feststellung ist auch heute gültig. Darum zielt unsere Fragestellung zunächst auf eine Situationsbeschreibung, die ich hier nur thesenhaft vorstellen will.

*

Es scheint evident, dass Bildung, Kenntnis der alten Sprachen und der Klassiker heute kein gesellschaftliches Distinktionsmerkmal mehr ist. Einfacher gesagt: Man kann nicht mehr davon ausgehen, dass unter den Funktionsträgern unserer Gesellschaft ein Konsens darin besteht, was es mit der »Ringparabel« auf sich hat. Weniger noch: Es besteht nicht einmal Konsens darüber, dass man wissen sollte, was das überhaupt ist. Es ist ganz und gar ohne jede Bedeutung für den Zugang zu gesell-

[18] Ebd., S. 169.

schaftlichen Schlüsselfunktionen, wie sie den Funktionseliten der Kaiserzeit vorbehalten waren, ob man auch nur mit einem Werk Goethes, Schillers oder Lessings in nähere Berührung gekommen ist. Übrigens scheint mir, dass dies für die new economy in noch stärkerem Maße gilt, als für die traditionelle Wirtschaft.

Paradox ist dabei allerdings, dass es wohl nie zuvor eine derart intensive Kulturförderung und ein derart massives Kultursponsoring gegeben hat, wie in den beiden letzten Jahrzehnten des vergangenen Jahrhunderts. Diese Aktivitäten allerdings – und das erscheint mir bezeichnend – sind häufig aus den Aktionszentren der Vorstandsetagen ausgelagert und an unternehmensnahe Stiftungen delegiert worden. Die Kultur ist mithin warm gepolstert und sorgfältig ausgelagert worden in einen komfortablen Unschädlichkeitsbezirk.

Zweitens: Deutschland und Europa treten in diesen Jahren endgültig aus der Epoche der Nationalstaaten heraus. Gewissermaßen ist die deutsche Vereinigung, die ja vordergründig als ein Mehr an Nationalstaatlichkeit erscheint, geradezu ein Schlüsselereignis für das Fortschreiten der supranationalen europäischen Integration. In diesem Zusammenhang kann die Klassikerrezeption nicht mehr jene Bedeutung beanspruchen, die ihr im ausgehenden 19. und im frühen 20. Jahrhundert zukam. War der Kanon bis in die zwanziger Jahre ganz eindeutig von der Nationalliteratur geprägt, so gilt heute, dass er weitgehend außer Kraft gesetzt ist und dass er durch divergierende Sub-Kanones weitgehend ersetzt ist, die in einen internationalen Kontext ausgreifen. Mehr noch: Die Kanondiskussion selbst ist in Verruf geraten und wird derzeit wohl nur noch zwischen den Polen von Polemik und Spaßgesellschaft ausgetragen, wofür in ihrer Polarität die Autoren Manfred Fuhrmann und Dietrich Schwanitz stehen mögen.

Drittens: Die Kulturwissenschaften, besonders aber die Germanistik, haben ihre Funktion als Stichwortgeber der großen gesellschaftlichen Diskurse eingebüßt (oder sollte ich sagen verspielt?). Die Funktion der Germanistik als theoretischer Leitdisziplin ist in den letzten Jahren dramatisch verblasst und hat auch nicht annähernd mehr den Stellenwert, der ihr in den späten sechziger und frühen siebziger Jahren zukam. Es ist derzeit also weder von der Germanistik in Deutschland, noch von der Auslandsgermanistik zu erwarten, dass wichtige Impulse auf gesellschaftsübergreifende Diskussionen von ihr ausgehen. Sofern die Klassikerrezeption in einem funktionalen Zusammenhang zum Stand oder Zustand der Germanistik zu verstehen ist, können wir derzeit hier keine qualitativ oder quantitativ wirksamen Impulse erwarten.

Was hat das nun – und das ist ja die an mich als Verleger gerichtete Frage – für Konsequenzen für die Klassikerpflege in einem Programmverlag? Auf diese Frage lassen sich eine Reihe von Teilantworten geben, die ich abermals thesenhaft hier skizzieren will:

Erstens: Die Zeit der großen Editionen ist vorüber. Gewiss: In den wissenschaftlichen Nischen deutscher Universitäten und Institutionen, gleichsam als Nachtschattengewächse blühen ehrwürdige Projekte fort. Deren Gipfel ist beispielsweise die Hamburger historisch-kritische Klopstock-Ausgabe, die philologisch sicher großartig, sich schon heute vollständiger Unbeachtetheit erfreut.[19] Dass ein breiteres Lesepublikum oder Käufer gar für diese Editionen vorhanden sind, wird weder von den Editoren, noch von der DFG oder den beteiligten Verlagen angenommen. Hier ließe sich eine lange Reihe von weiteren Beispielen anfügen.

Aber die letzten Jahre haben auch den Beweis geliefert, dass eine so bemerkenswerte Initiative, wie die des *Deutschen Klassikerverlages* heute nicht mehr zu einem ökonomischen Erfolg führen kann. Mehr noch: Es hat sich gezeigt, dass dieser große Wurf wirtschaftlich vollständig gescheitert ist und allenfalls als imposante Ruine oder Mausoleum und Monument für das Wirken einer überragenden Verlegerpersönlichkeit bestehen wird. (Dass die Editionsrichtlinien und die geringe Halbwertzeit der Kommentare und Nachworte einiger Bände dazu führen werden, dass diese Ruine mit den Jahren in dekorative Verwitterung übergeht, sei hier nur beiseite gesprochen. »Komm in den totgesagten Park und schau [...]«)

Es bleibt bei der Feststellung, dass große Editionen, Gesamtausgaben, historisch-kritische Gesamtausgaben gar, in der öffentlichen Wahrnehmung, im Buchhandel und Verlagswesen kaum noch eine Rolle spielen. Jedenfalls nicht mehr in der Form, wie dies für das ausgehende 19. und frühe 20. Jahrhundert galt. (Übrigens stehen die Sattlersche Hölderlin-Ausgabe und die Frankfurter Kleist-Ausgabe zu dieser These nicht im Widerspruch. Im Gegenteil. Sie dokumentieren die forcierte Verabschiedung von der Zielsetzung, einen lesbaren Text anbieten zu wollen.)

Zweitens: Eine Klassikerrezeption scheint mir da möglich, wo sie in größere Kontexte etwa eines »Projekts Aufklärung« einbezogen ist. So schrieb Rudolf Vierhaus 1988 in einer Vorbemerkung zu einer Buchreihe der Lessing-Akademie folgendes:

> Mit den 'Kleinen Schriften zur Aufklärung' legt die Lessing-Akademie Wolfenbüttel im Sinne ihrer Aufgabenstellung einzelne zeitgenössische Texte und kleinere Abhandlungen zur Erforschung des Lebens, des Werk und der Zeit Gotthold Ephraim Lessings und darüber hinaus der Aufklärung in allen ihren Erscheinungsformen, ihrer Wirkung und Bedeutung bis in die Gegenwart vor. Sie wenden sich nicht nur an wissenschaftliche Interessenten, sondern auch an einen breiteren Leserkreis und wollen dazu beitragen, die geschichtliche Entwicklung und den normativen Gehalt der Aufklärung als intellektuelle, politisch-moralische, prinzipiell auch soziale

[19] Friedrich Gottlieb Klopstock: Werke und Briefe. Historisch-kritische Ausgabe. Begründet von Adolf Beck, Karl Ludwig Schneider und Hermann Tiemann. Hrsg. von Horst Gronemeyer, Elisabeth Höpker-Herberg, Klaus Hurlebusch und Rose-Maria Hurlebusch u.a. Berlin, New York 1974 ff.

Reformbewegung besser zu verstehen und zutreffend zu würdigen. Das erscheint um so notwendiger, als die Aufklärung, die am Anfang der ›modernen Welt‹ stand und eines ihrer Fundamente geblieben ist, immer auch heute erneut kritisch auf ihre Legitimität und ihre Auswirkungen befragt worden ist.

Aus diesen Überlegungen resultiert beispielsweise ein Editionstypus, den ich »Kritische Studienausgabe« nennen möchte. Gemeint ist damit eine Auswahl von Texten, also keine Gesamtausgabe. Leitendes Kriterium für die Textauswahl ist die aktuelle Vermittelbarkeit wie auch die historische Relevanz der einzelnen Texte, wobei keinem dieser Aspekte eindeutig der Vorrang zu geben ist. Diese Editionen bieten jedoch eine Textgestalt, die nicht hinter den Kenntnisstand historisch-kritischer Ausgaben zurückfällt, diesen gar ignoriert oder durch missverstandene Modernisierung in Orthografie und Interpunktion die historische Distanz zum Text nivelliert. Ferner gehört zu diesem Ausgabentypus ein ausführlicher Stellenkommentar, der als Maßstab der erforderlichen und lektürebestimmenden Vorkenntnisse ein mutmaßliches Abiturwissen bzw. den Stand einer kleinen Ezyklopädie (Brockhaus in sechs Bänden) voraussetzt. Historisch-biografische Nachworte in Verbindung mit Überblicksdarstellungen und Gesamtwürdigungen bilden den Abschluss solcher Editionen.[20]

Einer ähnlichen Zielsetzung folgen aber auch kommentierte Einzelausgaben, wie etwa die sehr erfolgreiche von Helmut Göbel besorgte Ausgabe des »Nathan« in Wagenbachs Taschenbüchern. Reclams Universalbibliothek und auch die im Entstehen begriffene Suhrkamp-Basisbibliothek folgen diesem Anspruch und haben weiterhin ihre gefestigte, wenn auch keineswegs wirtschaftlich glänzende Position im Buchmarkt.

Als dritte Möglichkeit, die ich hier der Vollständigkeit halber nennen will, die ich allerdings für den Bereich meiner verlegerischen Verantwortung ausschließen will, bleibt die Ästhetisierung und Kulinarisierung der Klassiker. Damit meine ich Publikationen über das Essen mit Goethe oder Schiller und Heine bis hin zu jüngsten Produkten, wie dem der Europäischen Verlagsanstalt »Lessing und Moses Mendelssohn – Geschichte einer Freundschaft« in deren Ankündigungstext wir folgende bemerkenswerte Sätze lesen können: »Lessing war der Große, Schöne, der Blauäugig-Blonde, dem – so schien es – im Leben alles zufiel. Mendelssohn war Jude, klein bucklig und schwärzlich, dem – so schien es – alles im Leben versagt sein sollte.«[21]

[20] Leopold Friedrich Günther v. Goeckingk: Lieder zweier Liebender und ausgewählte Gedichte. Hrsg. von Matthias Richter. Göttingen 1988; Johann Heinrich Voß: Ausgewählte Werke. Hrsg. von Adrian Hummel. Göttingen 1996; Ludwig Christoph Heinrich Hölty: Gesammelte Werke und Briefe. Hrsg. von Walter Hettche. Göttingen 1998; usw.

[21] Europäische Verlagsanstalt. Hamburg. Verlagsvorschau Herbst 2001.

Das ist natürlich auch eine Möglichkeit der Annäherung an die Klassiker, der ich mich allerdings für meine verlegerische Tätigkeit versagen muss. Da würde ich dann schon lieber den dezidierten Produkten eines Klassiker-Merchandising zustimmen, wie sie beispielsweise in dem absolut funktionslosen, weil durch sein übergroßes Format (DIN A 0) nicht einsetzbaren Lessing-Kalender der Lessing-Akademie Wolfenbüttel zu sehen sind. Hier finden wir den Klassiker reduziert auf seinen dekorativen Wert also gleichsam vom Ethischen ins rein Ästhetische überführt und im Sinne Adornos verdinglicht. Diese Form der Reduktion klassischer Bildungsinhalte auf einen funktionalen oder ästhetischen Warencharakter, wie wir sie als Tassen, Mousepads, T-Shirts etc. heute in allen Museumsshops angeboten bekommen und wie sie den non-book-Bereich zahlreicher Buchhandlungen füllen, haben ökonomisch durchaus ihre Relevanz.

Ich selbst – wenn diese persönliche Stellungnahme hier abermals erlaubt ist – verspüre allerdings auch nicht die geringste Neigung, mich unternehmerisch damit zu befassen. Ich halte es dann doch lieber mit der Maxime des Museumsladens im Deutschen Literaturarchiv in Marbach am Neckar: »Schiller ja – Schillerlocken nein!«

Wolfgang Albrecht

Populärwissenschaftliche Vermittlung und fachwissenschaftliche Forschungsbeiträge. Über die Schriftenreihe »Erbepflege in Kamenz« und das Sammlungsverzeichnis des Lessing-Museums

1. Gründungsabsichten und Konzeptionen

Die inzwischen auf 21 Jahrgänge gekommene Schriftenreihe des Kamenzer Lessing-Museums wurde im Jubiläumsjahr 1981, also zum Zeitpunkt des 250. Todestages Lessings, begonnen; das noch unabgeschlossene, auf zehn Hauptbände berechnete Sammlungsverzeichnis hingegen erst 1997.

Jener Auftakt fiel in eine – übrigens innerhalb der Reihe selbst reflektierte[1] – Umbruchsphase der Lessing-Forschung in der DDR. Seit Mitte der siebziger Jahre nahmen die maßgeblichen Beiträger dieser Forschung Lessing genauer im Kontext seines Gesamtwerkes und der deutschen sowie europäischen Aufklärungsbewegung wahr. Das heißt, nur kurz erinnert: Eine frühere einseitig literaturpolitische Hochschätzung gewann endlich auch ästhetische und ethische Komponenten; aus dem 'bürgerlichen Klassenkämpfer' wurde der weltbürgerliche Aufklärer Lessing, wobei man zugleich begann, Defizite der Forschung auf dem Gebiet der Religions- und Geschichtsphilosophie, ferner der Wirkungsforschung, auszugleichen. Damit stand das neue Publikationsforum, das erste seiner Art seit der Eröffnung des Museums im Jahre 1931, vor der schweren Aufgabe, sowohl museumsspezifische als auch darüber hinausgehende allgemeinere populärwissenschaftliche und speziellere fachwissenschaftliche Aspekte zu berücksichtigen – möglichst ausgewogen zugunsten der Leserschaft. Denn erreicht werden sollte (und soll) ein breiteres Publikum, keine bloße Minderheit von Fachleuten.

Dementsprechend wurde, vom Museumsleiter und Initiator Dieter Fratzke, als Gründungsintention formuliert: einerseits »über besondere Kamenzer Aktivitäten zur Lessing-Rezeption in der DDR informieren«, andererseits »*die im besten Sinne populäre und die wissenschaftliche Verbreitung* von Lessings Leben, Werk und Wirkung befördern« zu wollen.[2] Analog zur Doppelfunktion eines Literaturmuseums, nämlich zu sammeln und zu bewahren sowie zu erschließen und zu vermitteln, schien das titelgebende Signalwort »Erbepflege« für die Absicht geeignet, mit dem Museum zusammenhängende Rezeptions- und Wirkungsvorgänge kontinuierlich zu dokumentieren und zu analysieren. Der »Erbe«-Begriff hatte hier nie etwas mit

---

[1] Wolfgang Albrecht: Lessingforschung in der DDR seit 1979. In: Erbepflege in Kamenz. 7. Jahresheft. 1987, Beilage. (Die Schriftenreihe wird fortan zitiert: EiK).

[2] EiK, 1. Jahresheft. 1981, S. 6.

jener problematischen Vollstreckertheorie zu tun, derzufolge sich die DDR kulturpropagandistisch als die historisch berufene Gestalterin insbesondere aufklärerisch-klassischer Humanitätsideale ausgab (weshalb auch der Reihentitel nach 1989/90 unverändert beibehalten werden konnte). Vielmehr entsprach die publizierte »Erbepflege in Kamenz« einer sachlichen Innovation, einem neuen Museumskonzept, das ebenfalls auf die vorab skizzierten Veränderungen ostdeutscher Lessing-Forschung reagierte. Und dessen Ziel war »die Schaffung eines Vermittlungssystems, bei dem Ausstellung, mündliche Informations- sowie Führungshilfen und begleitendes Schrifttum eine beziehungsreiche Einheit bilden«.[3] Der so systematisch ausgebauten Vermittlungsfunktion des Lessing-Museums dienten und dienen die Jahreshefte der Schriftenreihe, ergänzt durch – bislang fünf – Sonderhefte,[4] um »die inhaltliche Aussage der Exposition vertiefen zu helfen«.[5]

Der Erschließungsfunktion im eigentlichen museumsspezifischen Sinn soll nunmehr ein Sammlungsverzeichnis, angelegt auf zehn Hauptbände,[6] ein zureichendes Genüge tragen. Veranlasst und ermöglicht worden ist diese zweite Publikationsreihe durch die Intensivierung der Sammlungs- und Erschließungsarbeit seit 1995 und eine seit 1996 bestehende und – wie die Schriftenreihe – mit Bundes- und Landesmitteln geförderte »Arbeitsstelle für Lessing-Rezeption«, die eine nicht unerheblich gewandelte Aufgabenstellung für das Lessing-Museum erbrachten. War es bis dahin ein Ort sinnlich und anschaulich unterhaltsamen Lernens, so wurde es dann auch zu einer Stätte des Studierens. Jeder interessierte Besucher hat die Möglichkeit, sich mit der reichhaltigen Sammlung des Museums selbständig zu beschäftigen, sie für wissenschaftliche, insbesondere rezeptions- und wirkungsgeschichtliche Untersuchungen zu nutzen. Die dazu nötigen Informationen wie auch Anregungen soll das alle vorhandenen Objekte erschließende (und angmessen zu aktualisierende) Sammlungsverzeichnis geben, das seinerseits auf einer computergestützten Datenerfassung der Bestände beruht, die ebenfalls zur allgemeinen Verfügung steht. Vorteile eines gedruckten Verzeichnisses mit objektgemäßen Beschreibungen und Signaturangaben sowie mit ausgewählten Abbildungen und gegebenfalls speziellen Vermerken sehen die Herausgeber darin, dass man es zum einen in die Handapparate von Bibliotheken einstellen, dass es zum zweiten – an die Schriftenreihe gekop-

3 Dieter Fratzke in: EiK, 10. Jahresheft. 1990, S. 5.

4 Sonderheft I: Gotthold Ephraim Lessings Lebensweg. Kurzgefasste Chronik aus Zitaten und Kommentaren zusammengestellt von Gertrud Rudloff-Hille ; II: Gertrud Rudloff-Hille: Die authentischen Bildnisse Gotthold Ephraim Lessings. 2. Aufl. 1991 ; III: Hinweise zur Besichtigung der ständigen Ausstellung des Lessing-Museums Kamenz. 1985 ; IV: Dieter Fratzke: Lessings Lebensweg in musealen Bildern. Ausstellungskatalog. 1993 ; V: Dichter und Literatur im Sechsstädtebund vom 18. Jahrhundert bis zur Gegenwart. 1998.

5 Dieter Fratzke in: EiK, 3. Jahresheft. 2. Auflage. 1991, S. 3. (Erstauflage 1983).

6 Band 1: Bibliothek ; 2: Theatralia ; 3: Kunst; 4: Manuskripte ; 5: Nachlässe ; 6: Bild- und Tonträger ; 7: Münzen, Medaillen und Freimaurerbijous ; 8: Kleinstdrucke ; 9: Hausgeschichte ; 10: Kuriosa.

pelt – auch diejenigen Benutzerkreise erreichen kann, die traditionell mit Büchern arbeiten. Eine elektronische Version ist damit keineswegs ausgeschlossen; vielmehr wird noch davon zu reden sein, wie sich das Sammlungsverzeichnis und zumindest auch Teile der Schriftenreihe sinnvoll ins Internet bzw. in elektronische Versionen einbringen und dort wirksam machen lassen. Zur systematischen Darstellung sei zunächst noch auf zwei andere Sachkomplexe dieser älteren Reihe, auf ihre Entwicklungen und Wirkungen, eingegangen. Begreiflicherweise lässt sich über die Resonanz auf das Sammlungsverzeichnis vorerst noch nicht viel sagen.

2. Entwicklungen und Modifikationen der Schriftenreihe

Abgesehen von Wandlungen im Layout der Jahres- und Sonderhefte, sind einige (hier vordringlich interessierende) inhaltlich-konzeptionelle Veränderungen bei der Reihe der Jahreshefte vorgenommen worden. Hervorzuheben ist erst einmal folgende Hauptentwicklung. Von populärwissenschaftlichen Darstellungen zu Lessings Leben und Werk, die beim Thema »Gotthold Ephraim Lessing in Kamenz. Auf historischen Spuren durch seine Geburtsstadt« (3. Jahresheft) begann, ging es über eine Zwischenstufe (»Kamenz und Lessing. Historische und aktuelle Erbepflege in der Geburtsstadt des Dichters«, 7. Jahresheft) hin zu Beiträgen mit zunehmend wissenschaftlichem Anspruch und erweiterter Perspektive; beispielsweise mit Themen der aufklärerisch-klassischen Epoche in verschiedenster fachhistorischer Sicht, wozu auch eine 1999 begonnene und seither fortlaufend puplizierte Vortragsreihe »Lessings Zeitgenossen«, zunächst europäisch orientiert, gehört. Bei dieser Hauptentwicklung gab es im Wesentlichen drei Schnittpunkte, aber nicht die Notwendigkeit einer grundsätzlichen Umgestaltung nach 1989/90. Was für die Kamenzer Lessing-Tage aufgezeigt worden ist,[7] gilt auch für die Schriftenreihe: Bewährtes konnte beibehalten, Innovation mit Tradition verbunden werden.

Ein erster Schnittpunkt findet sich im sechsten Jahresheft. Es enthält, für die Jahre 1983 bis 1985, erstmalig eine Dokumentation der seit 1962 alljährlich stattfindenden Lessing-Tage sowie der Verleihung des 1954 gestifteten Lessing-Preises der DDR, der ab 1979 in Kamenz, alle zwei Jahre, verliehen wurde. Die Lessing-Tage bilden – nach wie vor – neben der Arbeit des Museums ein Kernstück der Kamenzer Erbepflege. So lag es nahe, Dankreden zur Preisverleihung und die Festvorträge zur Eröffnung, Letztere zunehmend angelegt als wissenschaftlich fundierte Beiträge, zu veröffentlichen. Von diesem sechstem Heft an wurden im Wechsel Veranstaltungsdokumentationen und Themenhefte vorgelegt.

7 Wolfgang Albrecht: Umbruch – Innovation – Tradition oder Das Problem kontinuierlichen Rezipierens. Die Kamenzer Lessing-Tage seit 1990 und ihre Perspektive. In: EiK, 21. Jahresheft. 2001, S. 111–126.

Druckerzeugnissen greifen. Lesen ist und bleibt für das Welt- und Selbstverständnis des Einzelnen unverzichtbar. Sogar der Internet-Nutzer braucht die alte Kulturtechnik für die Arbeit am Computer! Doch nicht das Bedienen von Suchmaschinen, sondern allein die Lektüre und das Verstehen von Inhalten führen zu einem Wissen, das für das Bildungsniveau eines Menschen und damit für seine Persönlichkeit wesentlich ist, zumal dieses wiederum neues Wissen hervorzubringen vermag. Wer für die raschen Veränderungen in unserer schnelllebigen Gesellschaft gerüstet sein will, muss also weiterhin lesen, sowohl am Bildschirm wie auch im Buch, das in der Zukunft sicher keine Mangelware sein wird. Im Gegenteil: Das Speichermedium Buch dürfte die Kultur des 21. Jahrhunderts entscheidend mitprägen.

Wie aber verhält es sich mit der Perspektive von Literaturmuseen, die gegenwärtig einen wichtigen Platz im Ensemble der Literaturvermittlung einnehmen und ein unverzichtbarer Teil des kulturellen Gedächtnisses sowie ein lebendiger Ort literarischen Lebens sind?

Ob sich diese Museen im 21. Jahrhundert als gut besuchte und genutzte Kultureinrichtungen behaupten können? Wie steht es denn um ihre traditionellen Wirkungsmöglichkeiten? Inwieweit sollten moderne Medien zum Einsatz kommen? Auf welche Weise erreicht man mit den elektronischen Arbeitsverfahren eine größere Effektivität?

Kurzum: Wie ist die Arbeit des Lessing-Museums in Zukunft zu gestalten? Fragen über Fragen, denen mein Beitrag nachgehen soll.[1]

2. Hoffnung auf Vernunft, Toleranz und Humanität

Im November 2000 fand im Lübecker Buddenbrookhaus eine Tagung mit Vertretern von Literaturmuseen statt, die unter dem Thema stand »Dichter und ihre Häuser – Die Zukunft der Vergangenheit«.[2] In Referaten und Diskussionen wurde unter anderem herausgearbeitet, dass bei perspektivischen Überlegungen die denkbare Bedeutung des jeweiligen Autors im 21. Jahrhundert, die gegenwärtige Situation des ihm und seiner Zeit gewidmeten Museums sowie dessen künftige Wirkungschancen eine entscheidende Rolle spielen.

Was die bisherige Entwicklung des Lessing-Museums und aus ihr resultierende Konsequenzen betrifft, wird später zu behandeln sein. Jetzt geht es erst einmal um die absehbare Perspektive der Rezeption des Aufklärers.

---

[1] In mehreren Gesprächen mit den Museumsmitarbeiter/innen habe ich einzelne Probleme des Themas diskutiert. Für Hinweise und Anregungen sei ihnen gedankt.

[2] Dieter Fratzke: »Wir wollen weniger erhoben / Und fleißiger gelesen sein« (Lessing). Aufklärung über einen Aufklärer im Lessing-Museum Kamenz. In: Dichter und ihre Häuser. Die Zukunft der Vergangenheit. Protokollband. Lübeck (erscheint voraussichtlich 2002).

Wenn Lessing nur »Nathan den Weisen« geschrieben hätte, wäre er meines Erachtens allein mit diesem Werk zukunftsfähig. Denn das ergreifende philosophische Märchen ist für jede neue Generation ein zeitloses Parabelstück über die Möglichkeiten und Grenzen von Vernunft, Toleranz und Humanität.

Weil die Konflikte der Vergangenheit in Konflikten der Gegenwart weiterleben, bleiben die Ideen der Aufklärung eine ständige Herausforderung und somit – wie es Wolfgang Albrecht treffend formuliert hat:

> [...] die zwiespältige Aktualität Lessings. Gemeint ist die nicht zu beschönigende Tatsache, dass die 'tausend, tausend Jahre' der Wiederkehr des Richters (aus der Ringparabel) durch unheilvollste zwölf Jahre eines grausigen tausendjährigen Reiches und durch weiteren Terror im 20. Jahrhundert ferner gerückt wurden als zu Lessings Lebzeiten je erahnbar; dass nach wie vor inhumane Ideologien über Nathans Credo der vorurteilslosen Menschenliebe triumphieren.[3]

Tatsächlich wurde und wird von Lessing als einem Klassiker der weisen Vernunft und der humanen Toleranz vor allem *geredet*, viel zu selten aber entsprechend gehandelt. Ob man die Ursachen dafür in den so genannten Schattenseiten der Aufklärung sieht, sich auf die »Dialektik der Aufklärung« (Horkheimer/Adorno) beruft oder gar das Scheitern dieser Emanzipationsbewegung behauptet, wie auch immer, ich glaube, dass sich das 21. Jahrhundert ohne Aufklärungsdenken, das durch neue Erkenntnisse der wissenschaftlich-technischen Entwicklung erweitert und modifiziert wird, sowie demgemäßes Handeln nicht friedlich gestalten lässt. In einer Zeit des Wirtschaftsliberalismus und der Globalisierung, die mit solch negativen Folgen wie ständig wachsendem Leistungsdruck, einem maßlosen Egoismus und immer stärkerem Werteverfall verbunden sind; in einer Zeit, in der Wissenschaftler Gott spielen und in die Schöpfung eingreifen wollen; in einer Zeit, die noch immer von Gewalt, Krieg und Vernichtung gezeichnet ist; in einer Zeit, in der sich eine Verflachung des kulturellen Niveaus hin zum Trivialen vollzieht, suchen nicht wenige Menschen nach geistig-moralischer Orientierung.

Eine alternative Gedankenwelt besteht in der Hoffnung auf Vernunft, Toleranz und Humanität, also in der aufklärerischen Botschaft Lessings, die über sein Dasein hinaus lebendig geblieben ist. In Taten umgesetztes Aufklärungsdenken kann dem Einzelnen helfen, ein selbstbestimmtes Leben in Freiheit zu führen. Und der Gesellschaft gelingt es auf diese Weise vielleicht, den sich zuspitzenden Konflikt zwischen den technischen Möglichkeiten und den ethischen Prinzipien von den Positionen

---

3 Wolfgang Albrecht: Umbruch – Innovation – Tradition oder Das Problem kontinuierlichen Rezipierens. Die Kamenzer Lessing-Tage seit 1990 und ihre Perspektive. In: Erbepflege in Kamenz, 21. Jahresheft. 2001, S. 111–126, hier: S. 113 f.

einer zeitgemäßen Aufklärung zu bewerten und human zu bewältigen. Ebenso sollten der Nützlichkeitswahn und die fast lückenlose Ökonomisierung des Lebens aus Vernunftgründen kritisch hinterfragt werden.

Nach meinem Dafürhalten muss die Beschäftigung mit dem Leben und Schaffen des größten deutschsprachigen Aufklärers im 21. Jahrhundert weiter gehen, etwa im Sinne einer »zweiten Aufklärung«, wie sie Neil Postman 1999 gefordert hat.[4] Vor allem angesichts des Fortwirkens der Gegenaufklärung in Form von bornierten Vorurteilen, irrationalem Sektenkult, Fremdenhass, Rassismus, Antisemitismus und Radikalismus wird es wohl ohne die Zivilcourage und den Gemeinsinn mündiger Bürger keine 'besseren' Zeiten geben. Die Marktgesellschaft funktioniert ohne die Ideale der Aufklärung, eine von humanistischen Idealen geprägte, menschliche Gesellschaft aber nicht!

Inwieweit das Lessing-Museum im 21. Jahrhundert Aufklärung über die Aufklärung zu leisten vermag, ohne dabei etwa das Deutungsmonopol zu beanspruchen oder gar missionieren zu wollen, soll im Folgenden erörtert werden.

3. Zum Entwicklungsstand des Kamenzer Literaturmuseums

Da Lessings Geburtshaus durch den letzten großen Stadtbrand 1842 zerstört wurde, konnte in Kamenz, wo er seine Kindheit verbracht hat, keine memoriale Einrichtung entstehen. Um die Lessing-Pflege dennoch zu institutionalisieren, wurde anlässlich des 200. Dichter-Geburtstages am 22. Januar 1929 der Grundstein für ein Lessinghaus gelegt, das im 150. Todesjahr, am 1. Juni 1931, mit den städtischen Einrichtungen Museum, Bibliothek und Archiv eröffnet worden ist. Bei der ersten Dauerausstellung handelte es sich um eine familiengeschichtlich und heimatkundlich ausgerichtete Präsentation, die mit Büchern, Bildern und Texten auch über den Aufklärer informierte.

Bereits ein Vierteljahrhundert zuvor hatte es in Berlin die Initiative zur Gründung eines Lessing-Museums gegeben. Anfang 1908 wurde am Königsgraben 10, wo »Minna von Barnhelm« und der »Laokoon« vollendet worden sind, eine »Dichterstätte« eröffnet. Im Juni erfolgte dann die Gründung einer Gesellschaft zur Erhaltung des Lessinghauses, zu deren Mitgliedern der Lessing-Biograf Erich Schmidt zählte. Trotz verdienstvoller Bemühungen konnte der Verein den Abbruch des Gebäudes im August 1910 jedoch nicht verhindern. Zwei Monate später ist die Gedenkstätte schließlich im Haus Brüderstraße 13 eingerichtet worden, wo einst

4 Neil Postmann: Die zweite Aufklärung. Vom 18. ins 21. Jahrhundert. Deutsch von Jochen Bußmann, Berlin 1999.

Friedrich Nicolai seine Buchhandlung hatte.[5] Bedauerlicherweise musste das Berliner Lessing-Museum jedoch im Jahre 1936 seine Tätigkeit einstellen. Danach löste sich die Gesellschaft auf. Eine größere Anzahl wertvoller Sammelstücke, darunter die Lessing-Aufzeichnungen von Erich Schmidt und seine Lessing-Literatur, kam nach Kamenz.

Auch im Geburtsort des Dichters war es nicht einfach, die institutionelle Lessing-Pflege nach dem Kriegsbeginn fortzuführen. Von 1939 an hatte das Museum nur noch im Bedarfsfall geöffnet, und im Sommer 1944 wurde im Lessinghaus sogar noch ein 'Wunderwaffen-Konstruktionsbüro' eingerichtet. Deshalb konnte die Sammlung im Haus und außerhalb nur notdürftig eingelagert werden.

Im Mai 1947 nahm das Museum seine öffentliche Tätigkeit wieder auf. Im September 1951 lag dem Stadtrat ein Projekt für die Neugestaltung der Exposition vor, die am 22. Januar 1953 eröffnet worden ist. Als Beitrag zum 225. Geburtstag des Aufklärers im Jahre 1954 entstand damit auf der Grundlage der marxistischen Literaturgeschichtsschreibung eine Dauerausstellung für Lessing und seine Zeit.[6]

Die literarhistorisch-biografische Präsentationsform wurde bei der dritten Exposition im Jahre 1971 beibehalten, während die Gestaltung veränderten Sehgewohnheiten folgte. In Vorbereitung des 250. Geburtstages und des 200. Todestages des Dichters in den Jahren 1979 und 1981 wurde diese Ausstellung durch inhaltliche Ergänzungen und optische Verbesserungen vervollständigt.

Erinnert sei in dem Zusammenhang daran, dass im Wolfenbütteler Lessinghaus, wo der Dichter ein Jahr mit Eva König gelebt hat, im April 1978 eine Literaturausstellung eröffnet wurde, die bis heute unverändert zu sehen ist. Sie dokumentiert Lessings Leben und Schaffen von 1770 bis zu seinem Tode im Jahre 1781 und schließt eine verkürzte Retrospektive für die Zeit von 1729 bis 1770 ein.

Zurück nach Kamenz: Hier wurde Mitte der achtziger Jahre ein literaturmuseales Wirkungskonzept entwickelt, dessen schrittweise Umsetzung mit der Schaffung eines Benutzerbereiches 1994 abgeschlossen werden konnte. Es gründet sich auf ein ganzheitliches Darstellungssystem, bei dem die dokumentierende Inszenierung der Schauobjekte mit den mündlichen und schriftlichen Vermittlungsebenen eine beziehungsreiche Verbindung bildet. Mit anderen Worten: Wo die Bildsprache ihre Grenzen erreicht, wird sie durch Vorträge, Gespräche und museumspädagogische Ange-

---

5 Ausführliche Informationen über das Wirken des Berliner Lessing-Museums in: Lessing-Buch. Zur Zwanzigjahrfeier der Begründung des Lessing-Museums im Auftrage der Gesellschaft zur Erhaltung des Lessing-Museums e. V. Hrsg. von Josef Jellinek und Paul Alfred Merbach. Berlin 1926.

6 Über die Museumsentwicklung bis 1953 siehe Beitrag von Edeltraud Schnappauf, veröffentlicht in der Schriftenreihe des Lessing-Museums »Erbepflege in Kamenz«. 3. Jahresheft. 1991, S. 61–86.

bote sowie durch gedruckte Publikationen ergänzt – im Vortragsraum und unmittelbar in der Ausstellung, im Lesekabinett und im Seminarraum.[7]

Die nunmehr vierte Ständige Ausstellung im Erdgeschoss des Lessinghauses umfasst drei Teile: Einleitend wird über die »Vorfahren- und Familiengeschichte des Dichters« informiert, den Hauptteil bildet »Lessings Lebensweg«, und zum Schluss gibt es eine wirkungsgeschichtliche Präsentation zur »Lessing-Rezeption und Erbepflege«. Am Anfang der Exposition sind Porträts und Schriften der Großväter und Urgroßväter Lessings, eine Nachbildung des Grabsteins seiner Eltern und ein Wandbild zur Familie zu sehen. Danach werden den Besuchern museale Schaubilder zum Lebensweg des Dichters präsentiert, bei denen die Objekte, Abbildungen und Texte durch eine grafische Gestaltung miteinander in Beziehung stehen. Außerdem sind Einzelobjekte wie Theatermodelle und Kostüme zu sehen. Am Ende des Ausstellungsrundganges kann man sich in einer Rauminszenierung anhand von Beispielen über die Wirkungsgeschichte des Aufklärers informieren. Dabei geht es um die Aktivitäten der internationalen Lessing Society in Cincinnati (Ohio, USA), der Wolfenbütteler Lessing-Akademie e. V. und der Lessing-Gesellschaft e.V. mit Sitz in Hamburg, um die Rezeption des Aufklärers in Theater, Funk, Film, Fernsehen und in der Bildenden Kunst, um Lessing-Preise und nicht zuletzt um die Erbepflege im Geburtsort des Dichters.

Schließlich haben die Besucher noch Gelegenheit, die Einrichtung als Benutzer kennen zu lernen: Wer über das Gesehene, Gehörte und Gelesene nachdenken oder Literatur zur Aufklärung einsehen will, ein Gespräch wünscht oder sich mit Sachzeugen aus der Sammlung beschäftigen möchte, kann vom letzten Raum aus direkt in das Kellergeschoss gehen, wo sich ein reizvoll ausgestatteter Seminarraum (mit Getränkeangebot) und das Depot befinden. Außerdem gibt es hier Arbeitsmöglichkeiten für Schüler, Studierende und Forscher. Damit ist vor der Jahrhundertwende das erklärte Ziel erreicht worden, das Lessing-Museum zu einer Bildungs- *und* Studienstätte zu entwickeln.[8]

---

7 Vgl. dazu Dieter Fratzke: 60 Jahre Lessing-Museum. Schauobjekte als Dialogpartner und Gesprächsgegenstände. In: Erbepflege in Kamenz, 12./13. Jahresheft. Kamenz 1992/93, S. 219–224 ; Ders.: Literaturkommunikation im Lessing-Museum. In: Deutschunterricht. Berlin 1993, H. 12, S. 608–12.

8 Dazu mehr bei Dieter Fratzke: Das Literaturmuseum als Studienstätte. In: Literaturmuseum. Facetten. Visionen.Hrsg. von der Kleist-Gedenk-und-Forschungsstätte. Frankfurt/O. 1996, S. 55–62 ; Ders.: Das Kamenzer Literaturmuseum und der Aufbau einer Arbeitstelle für Lessing-Rezeption. In: Erbepflege in Kamenz, 17. Jahresheft. Kamenz 1997, S. 331–336 ; Ders.: Weiterleben im Literaturmusum. Zur Dokumentation, Erforschung und Vermittlung von musealen Sachzeugen der Lessing-Rezeption. In: Erbepflege in Kamenz, 21. Jahresheft. Kamenz 2001, S. 211–218 ; Ders.: Lessing in fremden Sprach- und Kulturwelten. Übersetzungen als museale Zeugnisse der Rezeption und Wirkung im Ausland. In: Lessing Yearbook XXXII. Ed. for the Lessing Society by Herbert Rowland und Richard E. Schade. Göttingen 2001, S. 407–413.

Da die genannten Kommunikationsräume nur maximal 35 Personen Platz bieten und bereits seit längerem eine Ausweitung der Öffentlichkeitsarbeit für Reisegruppen angestrebt wurde, ist das dem Museum gegenüberliegende Röhrmeisterhaus im Jahr 2000 für diesen Zweck rekonstruiert worden. Anfang 2001, zu den 40. Kamenzer Lessing-Tagen, konnte dort ein museumsbezogen gestalteter Veranstaltungsraum eingeweiht werden. In dem Anfang des 19. Jahrhunderts errichteten Gebäude finden seitdem Vorträge zu Lessings Kindheit, museumspädagogische Aktivitäten, gesellige Programme mit Lessing-Texten, Gespräche, Bildungsveranstaltungen und Buchlesungen mit aufklärerischem Anspruch statt.

Röhrmeisterhaus und Lessinghaus bilden einen einheitlichen architektonischen Komplex, der längst zu einem kulturellen Wahrzeichen der Lessingstadt geworden ist. Die Außenanlagen, die mit einer Lessing-Stele (1979) und mit Fabel-Plastiken (1998) künstlerisch gestaltet sind, laden sowohl Besucher als auch Vorbeigehende zum Verweilen ein und regen zum Nachdenken über den großen Sohn der Stadt Kamenz an.

3. Literaturmuseales Sammeln und Forschen in Gegenwart und Zukunft

Die Grundfunktionen eines Museums bestehen bekanntlich im Sammeln, Bewahren und Erschließen von Sachzeugen sowie im Vermitteln an die Öffentlichkeit. Da Literatur als Kunstgattung nicht ausstellbar ist, sammelt ein literarisches Museum hauptsächlich Zeugnisse zur Biografie eines Autors sowie der Entstehungs- und Wirkungsgeschichte seines Werkes. Diese zumeist dreidimensionalen Gegenstände haben als Bedeutungsträger in der Regel einen doppelten Quellenwert: Zum einen sind sie aufschlussreiche Studiengegenstände, zum anderen eignen sie sich (mehr oder weniger) als anschauliche Exponate. Folglich ist das Lessing-Museum an Sachzeugen interessiert, mit denen sich die Lebenswelt des Aufklärers, sein vielfältiges Schaffen als Schriftsteller und Gelehrter sowie die Rezeption seiner Werke gegenständlich rekonstruieren und erforschen lassen. Weil Lessing noch heute – und gewiss auch künftig – am stärksten und nachhaltigsten auf dem Theater und in der Schule wirkt, setzen diese Bereiche Prioritäten für das Sammeln und Forschen.

Eine Hauptaufgabe der Museumsarbeit besteht darin, den Wandel des Lessing-Bildes mit Wertungszeugen zu dokumentieren und zu veranschaulichen. Grundlagen dafür sind die Bibliothek mit Erstausgaben und frühen Drucken sowie ausgewählter Sekundärliteratur, publizierte Lessing-Studien aller Art, aber auch Manuskripte und Nachlässe, der Presse- und Medienspiegel sowie das Internet. Als ebenso wichtig erweisen sich historische und aktuelle Theatralia, bildkünstlerische Werke wie Grafiken, Gemälde und Plastiken, Bild- und Tonträger, aber auch Münzen, Medaillen, Plaketten sowie Gebrauchsgegenstände und Kuriosa aus der alltäglichen Rezeption.

Die verschiedenartigen, einmaligen Sammelstücke sind authentische Informations- und Bedeutungsträger, die es nach musealen Kriterien zu erfassen gilt. Neben der inhaltlichen Objekterschließung ist für jedes Sammelstück eine Gegenstandsbeschreibung anzufertigen. Dabei geht es um Größe und Gestalt, den Erhaltungszustand und den Herkunftsnachweis, bei Büchern auch um Lese- bzw. Benutzerspuren wie Hervorhebungen, Widmungen und Anmerkungen. Durch eine derartige Musealisierung treten kulturelle Erscheinungsformen hervor, die bekannte oder neue Zusammenhänge von Autor, Werk und Wirkung erhellen.

Anders als bei einer vorwiegend geistesgeschichtlich und sozial orientierten Literaturwissenschaft steht im Literaturmuseum nicht der Text eines Sprachkunstwerkes im Mittelpunkt der Forschung, sondern die materialisierte, sinnlich erfahrbare Welt des Literarischen,[9] bei Lessing auch des Theatralischen,[10] und deren Beziehungen zur Wirklichkeit.

Daraus resultiert, dass dem Kamenzer Museum eine spezifische Rolle bei der Lessing-Rezeption des 21. Jahrhunderts zukommt: Das Textwissen der akademischen Aufklärungsforschung, das auf Papier und digital dokumentiert ist, wird durch gegenständliche Zeugnisse ergänzt. Gerade im medialen Zeitalter ist es von eminenter Bedeutung, dass neben den immateriellen Aneignungsformen ein der sinnlichen Anschauung dienendes Pendant existiert. Mit derartigen Wahrnehmungsangeboten und objektbezogenen Deutungsverfahren wird sich das Lessing-Museum meiner Meinung nach als ein Ort behaupten, an dem man – wie ich es nenne – 'angewandte Germanistik' betreibt, etwa im Sinne der US-amerikanischen 'cultural studies'. Ein solch erweiterter Literaturbegriff, der über textlich fixierte Äußerungen als Resultate geistiger Tätigkeit hinausgeht und die gesellschaftlichen sowie kulturellen Lebenswelten des Autors und des Publikums einbezieht, fordert sowohl Besucher als auch Benutzer zur literaturmusealen Kommunikation heraus. Diese Besonderheit war und ist übrigens die Basis der Zusammenarbeit mit der Lessing Society, der Lessing-Akademie und der Lessing-Gesellschaft.

9 Aus meiner Sicht umfasst der Begriff »Literarisches« sowohl die untrennbare Einheit eines Schriftstellers mit seinem Schaffen als auch das Spannungsfeld zwischen den Intentionen des Urhebers von Literatur und der tatsächlichen Rezeption im Lesepublikum. Aus der Kenntnis dieses komplexen Zusammenhangs entsteht nach meiner Ansicht »Literaturverständnis«, abhängig von den jeweiligen Literatur- und Gesellschaftsverhältnissen. Im Museum werden unter anderem Zeugnisse des Literarischen (und ggf. des Theatralischen), so genannte »Litteraria«, gesammelt: Manuskripte, Bücher und andere beschriebene oder bedruckte Textträger.

10 Das »Theatralische« wird hier verstanden als das »Literarische« in Bezug auf die Bühnenwerke. »Theatralia« sind demnach Sammelobjekte wie Strichfassungen, Regiekonzeptionen, Figurinen und Bühnenbilder, Modelle, Kostüme, Szenenfotos, Plakate, Programmhefte und Kritiken.

Um mit den Beständen wissenschaftlich arbeiten zu können, muss der Informationsspeicher 'Sammlung' umfassend erschlossen und ein rascher Zugriff möglich sein. Deshalb wurde bereits 1994 mit dem Übergang vom Zettelkatalog zur Datenbank begonnen. Eine gute Grundlage waren die in der DDR-Zeit erfassten Daten, die nach einem Vergleich mit dem jeweiligen Objekt von den Karteikarten in den Computer übertragen worden sind. Seit kurzem erfolgt die Bestandsbearbeitung – nach der Aufnahme der Sammelstücke in das Inventarbuch – unmittelbar computergestützt. Als Programm ist eine »Faust«-Version angeschafft worden, die es gestattet, die Erfassungsmaske entsprechend der Spezifik der Sammlung einzurichten. Denn »Faust« hat keine feststehenden Eingabefelder und ist jederzeit erweiterungsfähig.

Seit 1997 werden die elektronisch gespeicherten Daten zusammen mit ausgewählten Abbildungen in einem Sammlungsverzeichnis aufgelistet und annotiert.[11] Diese Arbeit gilt es schneller voranzutreiben, um die wertvollen Kamenzer Bestände möglichst bald Literaturwissenschaftlern und Lessing-Freunden vollständig bekannt zu machen. Deswegen sollen öfter als bisher freie Mitarbeiter, Stipendiaten und Praktikanten an dieser Aufgabe mitwirken. Warum und inwieweit es sinnvoll ist, parallel dazu Daten ins Internet zu stellen, wurde von Wolfgang Albrecht näher erläutert.[12]

Leider hat das Sammelgut – wie alles Materielle – eine begrenzte Haltbarkeit, insbesondere Bücher und Manuskripte, Grafiken, Fotos, Filme und Videobänder. Dem Verfallsdatum muss deshalb durch andauerndes Konservieren so unterschiedlicher Materialien wie beispielweise Papier, Glas, Kunststoff, Metall, Holz, Gips, Stein und Textilien entgegengewirkt werden. Die Museumsbibliothek konnte in den letzten Jahren gut gepflegt werden, doch bei den anderen Objektgruppen gibt es noch erhebliche Bewahrungsprobleme. Außerdem machen sich Maßnahmen erforderlich, die den Verlust der digitalen Daten verhindern.

Aufgrund der intensiven Sammeltätigkeit nach 1990 ist das Depot für die Bestände nicht mehr ausreichend, zumal diese ständig wachsen. Da im Lessinghaus jedoch keine Erweiterung erfolgen kann, wurde in letzter Zeit nach der Möglichkeit

---

11 Das Sammlungsverzeichnis des Lessing-Museums Kamenz umfasst: Bd. 1 Bibliothek (erschienen); Bd. 2 Theatralia: Dokumente und Sachzeugen zu einzelnen Lessing-Inszenierungen und zur Theatergeschichte (Teil 1 zu »Nathan dem Weisen« und Teil 2 zu »Minna von Barnhelm« erschienen, Teil 3 zu »Emilia Galotti« in Vorbereitung); Bd. 3 Kunst: Grafiken, Gemälde, Plastiken u.ä.; Bd. 4 Manuskripte: Handschriften, Reden, Aufsätze; Bd. 5 Nachlässe: Erich Schmidt (in Vorbereitung), Gertrud Rudloff-Hille (Teil 2.1. erschienen, Teil 2.2. in Vorbereitung), Theißig; Bd. 6 Bild und Tonträger; Bd. 7 Münzen, Medaillen und Freimaurerbijous (erschienen); Bd. 8 Kleinstdrucke: Flug-, Werbe- und Führungsschriften, Ansichtskarten, Plakate u.ä.; Bd. 9 Hausgeschichte: Dokumente zum Lessinghaus und zum Museum, einschließlich der Kamenzer Lessing-Tage, Jubiläen, Preisverleihungen, Wettbewerbe und Sonderausstellungen; Bd. 10 Kuriosa.

12 Siehe S. 183 des vorliegenden Bandes.

einer teilweisen Auslagerung gesucht. Im Malzhaus, erbaut im frühen 17. Jahrhundert, steht nach dessen denkmalpflegerischer Sanierung dem Museum künftig eine angemessene Räumlichkeit zur Verfügung. Im Herbst 2003 kann in diesem historischen Gebäude – neben dem Depot und der Ausstellung zur Stadtgeschichte – ein Depot für den Theatralia-Bestand eingerichtet werden.

4. Literaturausstellungen als sinnliche Alternative zu den elektronischen Medien

Literaturgeschichte wird in der Regel durch Texte und Bilder vermittelt. Doch nicht nur eine Biografie oder eine Werkausgabe bieten Wissenswertes über das Leben und Schaffen eines Autors, sondern auch das literarische Museum – allerdings mit anderen Mitteln. Nachdem die Sammelobjekte als Studiengegenstand erläutert wurden, soll nun ihr Wert als Exponat in den Literaturausstellungen des Lessing-Museums betrachtet werden. Damit komme ich zur vierten Grundfunktion, dem Vermitteln.

Die musealen Schaubilder und die einzelnen Exponate der visuellen Darbietung nehmen die Besucher in der Regel als bedeutungstragende Zeichen für die reale Lebenswelt wahr, führen sie zu musealen Entdeckungen, regen zu assoziativem Nachdenken und eigenem Aktualisieren an. Dadurch entsteht vor den Augen der Besucher während des Rundganges ein gegenständlich vermitteltes Lessing-Bild. Solcherart Informationen und Einsichten kann die virtuelle Welt nicht bieten, denn auf dem Bildschirm fehlt die Aura des Originalen, des Authentischen.

Über die Ständige Ausstellung hinaus werden den Besuchern noch zwei weitere Erlebniswelten geboten: die mündliche Vermittlung und die museumseigenen Schriften. Beide verfolgen das Ziel, Ausstellungsinhalte zu vertiefen, zur Lektüre anzuregen und Impulse für Diskussionen zu geben. Diese Exposition ist also nicht nur ein museales Erkenntnismodell, sondern zugleich ein visuelles Gesprächsangebot. Neben dem 'stillen Dialog' zwischen Besucher und Ausstellung vollzieht sich die literaturmuseale Kommunikation in Einführungen und Diskussionen, museumspädagogischen Veranstaltungen und Spielrunden, Vorträgen und Lesestunden sowie beim Stadtrundgang »Auf Lessings Spuren«. Dieser führt die Museumsgäste vom Lessinghaus zur Lessing-Gedenkstätte, wo einst das Geburtshaus gestanden hat. 1842 war an dieser Stelle eine Erinnerungstafel angebracht worden, im Jahre 2000 konnte ein künstlerisch gestalteter Freiraum der Öffentlichkeit übergeben werden und 2003 kommt noch eine kleine Exposition zur Lessing-Rezeption in Kamenz hinzu.

Ausgangspunkt für die visuelle, die mündliche und die schriftliche Kommunikation ist stets Lessing als Schriftsteller und Gelehrter sowie dessen Werke und das Nachleben – im Kontext mit der historischen bzw. aktuellen Wirklichkeit. Im Zentrum der drei Rezeptionsebenen stehen also immer die Literatur und das Theater.

Sie sind nicht nur der Anlass des Museumsbesuches, sondern im Kenntnis- und Erkenntnisgewinn zugleich dessen Resultat. Die Vermittlung zwischen der Ausstellung und den Besuchern ist demnach eine spezifische Form des literarischen Lebens, vergleichbar mit den literarischen Beziehungen zwischen Autor, Werk und Leser.

Wie Diskussionen mit Besuchern und Eintragungen ins Gästebuch zeigen, findet die Ausstellungsgestaltung bei den unterschiedlichsten Besuchern viel Anklang. Hervorgehoben werden neben der Informationsfülle vor allem die Anschaulichkeit und die Impulse, sich wieder einmal mit Lessing und seinen Aufklärungsideen zu beschäftigen. Trotzdem wird sich aufgrund des medial veränderten Sehens in einigen Jahren eine Neugestaltung erforderlich machen. Sie ist für das Jahr 2005 vorgesehen. Die Eröffnung soll 2006 anlässlich des 225. Todestages von Gotthold Ephraim Lessing stattfinden. Die seit 1999 jährlich von der Arbeitsstelle für Lessing-Rezeption gestalteten Sonderausstellungen sind für dieses Vorhaben überaus nützliche Pilotprojekte. Für 2004, wenn es den 275. Dichter-Geburtstag zu würdigen gilt, ist eine solche Exposition zum Arbeitsthema »Lessing auf der Bühne« geplant, bei der vor allem anschauliche Zeugnisse aus dem umfangreichen Theatralia-Fundes des Museums präsentiert werden sollen.

Ob in die neue Ständige Ausstellung elektronische Medien integriert werden sollten, bleibt den Autoren und Gestaltern vorbehalten. Zurzeit gibt es sie nur im Seminarraum.

Indes dürfte das Wirkungskonzept als Ganzes auch künftig prinzipiell bestens geeignet sein, literarisches Leben im Lessing-Museum in Gang zu bringen und zu realisieren. Denn einerseits können nur wenige Besucher ohne mündliche und schriftliche Interpretationshilfen zu tiefergehenden Einsichten kommen. Und andererseits nehmen sie diese Angebote gern an, weil die persönliche Vermittlung ein willkommener Ausgleich zu den technischen Kommunikationsmitteln des 21. Jahrhunderts ist.

5. Vom Wert der literaturmusealen Kommunikation im 21. Jahrhundert

Meiner Auffassung nach sind die gegenständliche Dokumentation, die visuelle Veranschaulichung und die sich daraus entwickelnde literaturmuseale Kommunikation die Grundpfeiler für das 'Überleben' des Lessing-Museums in der künftigen Mediengesellschaft. Im 21. Jahrhundert wird die reale Welt zunehmend durch die virtuelle ergänzt und die Beschäftigung mit der Wirklichkeit erfolgt immer öfter digital als linear. Die Institution Literaturmuseum dürfte dadurch zunehmend als ein interessanter Gegenpol zum medialen Überangebot in Erscheinung treten. Deshalb werden die Besucher, so denke ich, gern davon Gebrauch machen, eine konkrete literarische

den Zielen Lessings, indem er ein Kämpfer gegen das Unrecht ist«. So stöckerig kommen auch einige andere Begründungen daher, und Hamburg kann froh sein, dass es der Jury vorsichtshalber keinen Vergleich mit Lessing zumutet.

Eine kleine deutsch-deutsche Notiz am Rande: Im Jahre 1971 war Heiner Müller als Stipendiat gewählt worden. Doch der lehnte die Wahl mit der Begründung ab: »Er arbeite in der DDR für deren Anerkennung. Da in der Bundesrepublik keine Ansätze dafür zu erkennen seien, könne er den Preis nicht akzeptieren.« Dies ist wohlweislich kein wörtliches Zitat, sondern eine westdeutsche Lesart von Heiner Müllers Begründung. In der Jury, die 1965 Peter Weiss nominierte, saß übrigens auch Marcel Reich-Ranicki, und auch er nahm offenbar keinen Anstand an der geistreichen Begründung: »Er (also Peter Weiss) schafft neue Wortgebilde, durch die er der Sprache neue Wirkungen abgewinnt.« Das musste ja wohl einleuchten! Publikationsreif sind – das konnten Sie schon den wenigen Proben entnehmen – die Begründungen der früheren Jury-Teilnehmer nicht. Das muss aber nicht so bleiben.

So viel also zum Standort bzw. zu den kulturellen Aktivitäten am Sitz der Lessing-Gesellschaft. Sie ist aber – das ist wichtig zu betonen – keine Hamburger Institution, sondern versteht sich als gesamtdeutsche Vereinigung. Wir haben inzwischen auch in anderen Städten der Republik Mitglieder, getreu der Devise Lessings, dass man die Wahrheit »bis in ihre letzten Schupfwinkel« verfolgen muss, aber – so will ich das Diktum ergänzen – nicht nur die Wahrheit, sondern auch die, die die Wahrheit vermitteln sollen und wollen. Also, das ist eines der Ziele, die wir uns für die Zukunft setzen: Wir brauchen Mitglieder in vielen größeren Städten und deren Kulturinstitutionen.

Wir sind – um auch das ein wenig genauer zu klären – keine wissenschaftliche Gesellschaft, vielmehr sollte man von einem Freundeskreis sprechen, der den lebendigen Dialog mit Lessing sucht. Und das aus gutem Grund. Wissenschaftliche Gesellschaften neigen dazu, ihre Kongresse und sonstigen Aktivitäten mehr oder minder als Insider-Veranstaltungen zu definieren. Umfassende Kenntnis der Werke des jeweiligen Protagonisten werden dabei stillschweigend vorausgesetzt. Die Mitglieder unserer Gesellschaft jedoch haben eine höchst unterschiedliche Vorbildung, was die Kenntnis von Lessings Werk angeht, sie kommen aus den verschiedensten Berufstätigkeiten, so dass wir bei uns eher von einem Verein begeisterter und begeisterungsfähiger Laien sprechen können. Den Mitgliedern wäre also mit wissenschaftlichen Konferenzen wenig gedient, ja, die wenigsten sind, was die Forschung und Rezeptionsgeschichte angeht, auf dem aktuellen Stand. Diskussionen über die – um ein Beispiel aus der jüngsten Forschung herauszugreifen – »Begehrenssubjektivität« einer Minna von Barnhelm haben wir nie geführt und werden wir auch wohl nicht führen. Andererseits sind wir uns auch bewusst, dass jede Gesellschaft, die sich um einen Schriftsteller, Musiker oder Philosophen schart, in die Falle der Ikonographie tappen kann. Diese Gefahr ist stets gegenwärtig, auch in unseren so schaulustigen und eventhungrigen Zeiten. Ihr möchten wir dadurch begegnen, dass wir uns ein kritisches Verhältnis Lessing gegenüber bewahren. Wir möchten, dass bei unseren Veranstaltungen – Vorträgen mit anschließender Diskussion vor allem – auch die charakterlichen Schwächen Lessings zur Sprache kommen. So scheuen wir uns nicht, ihn auch als einen bisweilen weit übers Ziel hinausschießenden Streithammel zu sehen. Wir müssen auch davon reden, dass er manchmal – sei es im Streit mit Lange, sei es in der Kontroverse mit dem Hamburger Hauptpastor Goeze – seiner Profilneurose erlegen ist. Über die beiderseitigen Provokationen – Lessing contra Goeze – werden wir im kommenden Jahr zwei Veranstaltungen durchführen. Das wird vermutlich höchst spannend werden.

Sie sehen schon: Die Vortrags- und Diskussionsabende, die wir hauptsächlich in Hamburg absolvieren, sind keine Plaudereien aus dem Nähkästchen. Wir streben durchaus an, durch anspruchsvolle Vorträge eine Art Fortbildung zu betreiben. Ein Schwerpunkt einer nun abgeschlossenen Veranstaltungsreihe war der Lebensgeschichte Lessings gewidmet. Dass dabei auch ein Stück Werkgeschichte mitverhandelt wurde, versteht sich von selbst. Gerade bei Lessing, der – wenngleich nicht mit durchgehender Konsequenz – auf die Einheit von Charakter und Werk gepocht hat. Nur den »trocknen Ton«, über den sich bekanntlich Mephisto heftig mokiert hat, den meiden wir durchaus. Also keine hermetische Wissenschaftsterminologie, aber auch kein Abgleiten in biografistische Alltagskrümelei! Zwischen diesen beiden Polen bewegen wir uns mit einigem Geschick. Das ist gerade in unserer Gesellschaft besonders vonnöten, weil – wenn man Lessing nur als Logenbruder zum Vorbild nimmt – die Schönfärberei leicht überzogen werden könnte.

Konkret gesprochen: Wir sind sehr rührig, was die vielfältigen Aktivitäten angeht, doch wir schießen nie über unser zentrales Ziel hinaus, was die wissenschaftlichen Ansprüche angeht.

Nun zu den einzelnen Aktivitäten: Da gibt es – wie ich schon erwähnt habe – jedes Jahr ein Angebot von Vorträgen, die von professionellen Lessing-Forschern gehalten werden. Sie sind im allgemeinen gut besucht und werden – jedenfalls überwiegend – in unserer Schriftenreihe publiziert. Mittlerweile sind in dieser Reihe bereits acht Hefte im Umfang zwischen 30 und 40 Seiten erschienen. Für einige dieser Hefte mussten wir schon eine zweite, einmal sogar schon eine dritte Auflage nachdrucken. Diese Hefte – ohne ISBN-Nummer – sind nicht im Buchhandel zu erwerben, wir »verkaufen« sie bei unseren Veranstaltungen und legen sie auch in den beiden Hamburger Logenhäusern aus. Ich nenne Ihnen einige Titel: Heft eins, nunmehr in der dritten Auflage vorhanden, trägt den Titel »Lessing als Freimaurer« und wurde verfasst von unserem ersten Vorsitzenden Rolf Appel. In seinem Vortrag erwähnt er die anfänglichen Vorbehalte Lessings gegen das »drolligt Volk« der Freimaurer, um dann aber ausführlich auf Lessings »Bekehrung« und Mitgliedschaft in der Loge »Zu den drei Rosen« einzugehen. Aufgenommen wurde er in einer Hamburger Loge, die Urkunde ist auf den 15. Oktober 1771 datiert. Gleichzeitig hebt Rolf Appel hervor, dass Lessing mit seinen »Gesprächen für Freimäurer« mit dem Haupttitel »Ernst und Falk«, deren erster Teil 1778 in Göttingen herauskam, durchaus eine kritische Haltung gegenüber »Schwärmern und Phantasten in den eigenen Reihen« (also innerhalb der Logen-Mitglieder) eingenommen hat. Das ist nicht weiter erstaunlich bei einem Mann, der derart skrupulös gegen jede Form von Esoterik und Verklärung polemisierte. Und dass manche Logenmitglieder im 18. Jahrhundert sich zu wabernden Weltbeglückungsutopien haben hinreißen lassen, wird wohl niemand bestreiten. Insofern kann man »Ernst und Falk« auch als Antidot gegen solcherlei Tendenzen lesen. Die Lessing-Gesellschaft, die am 15. Februar 1998 eine Aufführung von »Ernst und Falk« veranstaltete, ist sich bewusst, dass dieser kritische Tenor, den Lessing mit seiner Schrift angeschlagen hat, nie aus den Augen verloren werden darf, um zu vermeiden, dass er als bloße Statthalterfigur der Logen-Bewegung instrumentalisiert wird. Andererseits würden die meisten Mitglieder unserer Gesellschaft aufbegehren, wenn sie bei Peter Brenner lesen, dass – ich zitiere – bei »Lessing [...] die Affinität zur organisierten Freimaurertätigkeit nicht sehr groß gewesen« ist und dass es sich bei ihm kaum »um mehr als eine formelle Mitgliedschaft gehandelt« habe. Das lässt sich schwer nachprüfen und muss einigermaßen undurchsichtig bleiben, vor allem wegen der angeordneten Geheimhaltung. Legt man den Akzent bei Peter Brenners Resümee freilich auf das Epitheton »organisiert«, dann ist es nicht ganz und gar abwegig. Allerdings darf man nicht unterschlagen, dass Lessing die Idee hatte, eine Loge in Wolfenbüttel zu gründen, was ihm freilich von Berlin aus untersagt wurde, und dass er bei seinem Wien-Aufenthalt den Meister vom Stuhl der dortigen Loge aufsuchte. Eine gewisse »Affinität« demonstriert er also doch. Die Bewertung bleibt gleichwohl, wie so oft, abhängig von der jeweiligen Wahrnehmung. Ich selber verhalte mich dabei weitgehend neutral. Mir ist wichtig, nein, uns allen ist wichtig, dass die »Affinität« zur Gründung der Lessing-Gesellschaft geführt hat, sonst gäbe es vermutlich immer noch keine in Deutschland.

Zwei weitere Hefte der Schriftenreihe stammen ebenfalls aus der Feder von Rolf Appel, sie behandeln einmal die »Erziehung des Menschengeschlechts«, zum anderen Lessings »revolutionäres Temperament«. Sodann gibt es einen Vortrag von Wolfgang Albrecht (Weimar) über »Der junge Goethe und Lessing«, von Wolfgang Milde über »Lessing als Bibliothekar« und von mir »Lessing und die Frauenzimmerchen«. Den Vortrag von Wolfgang Milde haben wir uns ausnahmsweise nicht in Hamburg, sondern in Wolfenbüttel angehört, also just am Standort von Lessings zum Teil heftig bemäkelter Tätigkeit als Bibliothekar. Wolfgang Milde unterschlägt die Kritik –

zumeist von Lessings Amtsnachfolger geäußert – keineswegs, macht aber geltend, dass inzwischen eine sehr viel differenziertere, keineswegs gänzlich unkritische Bewertung stattgefunden hat, die auch auf ein viel umfangreicheres Quellenmaterial zurückgreifen kann und somit dem damaligen Amtsinhaber im Nachhinein Gerechtigkeit widerfahren lässt. Wolfgang Milde zitiert gegen Ende seines Vortrags aus einer Streitschrift gegen den Pastor Goeze den hübschen Ausspruch Lessings: »Ich bin ein Aufseher von Bücherschätzen; und ich möchte nicht gern der Hund seyn, der das Heu bewacht: ob ich schon freylich auch nicht der Stallknecht seyn möchte, der jedem hungrigen Pferd das Heu in die Rauffe trägt.« Dezidierter lässt sich das Selbstverständnis des passionierten Bücherliebhabers nicht ausdrücken, und wie so oft bei Lessing trifft seine Bildwahl akkurat den Kern dessen, was er mit wohlweislicher Abgrenzung als seine Aufgabe sieht: Er will Schätze hüten, so gut er kann, aber er will sie auch niemandem nachschmeißen. Soll doch jeder selber entscheiden, was er zu brauchen meint.

Zwei weitere Titel unserer Schriftenreihe sind im Grunde genommen Textcollagen. Die eine – zusammengestellt von Kurt Römer – umfasst eine Reihe von Briefen an die Eltern, die Schwester und einen an Eva König, mit Zwischentexten vom Herausgeber. Die andere Collage – von Christa Meyer, Kurt Römer und Georg Hübner, unter der Redaktion von Rolf Appel zusammengestellt – befasst sich mit Urteilen von Nicolai, Mendelssohn und Herder über Lessing, wobei signifikante Zitate jeweils in einen diskursiven Textablauf eingebaut wurden, um auch eine nachweisbare Entwicklung innerhalb dieser Freundschaftsgeschichten zu markieren.

Damit ist unsere Freude am Gedruckten noch längst nicht gestillt. Wir veröffentlichen darüber hinaus in unregelmäßigen Intervallen schmale Informationsheftchen, die schlicht »Lessing betreffend« überschrieben sind. Darin werden Vorträge angekündigt sowie andere Aktivitäten, hier werden Informationen über einzelne Mitglieder – Lessing betreffend – mitgeteilt und noch dies und das aus dem Vereinsleben. – Stichwort: »andere Aktivitäten«, die gibt es nämlich auch schon, und zwar alljährlich einen Ausflug zu irgendeinem Schauplatz aus Lessings unruhigem Vagantenleben. Der erste, an dem er selber nichts manipulieren konnte, der dennoch ungemein bedeutsam ist, war natürlich Kamenz, und von dieser Reise, an der ich leider nicht teilgenommen habe, erzählen unsere Mitglieder noch immer mit großer Begeisterung. Außerdem gab es eine Fahrt nach Braunschweig, zu Lessings Grab und nach York zur Hochzeitskirche. Im vorigen Jahr waren wir in Wolfenbüttel und in Bad Pyrmont, wo einst auf der berühmten Hauptallee »Ernst und Falk« aufgeführt wurde. In diesem Jahr planen wir eine Fahrt nach Breslau, wo auch Kontakt mit polnischen Lessing-Forschern aufgenommen werden soll. Wenn wir so weitermachen, das heißt im Laufe der Jahre alle Stationen von Lessings Biografie abklappern wollen, haben wir – wie Sie sich vorstellen können – noch einiges vor uns. Für 2001 bleiben wir im Übrigen bodenständig und gönnen uns eine sachkundige Stadtführung zu allen Plätzen und Gebäuden in Hamburg, die mit Lessings Leben verbunden sind. Freilich gibt es das Nationaltheater nicht mehr, doch den Grund und Boden, auf dem es einst stand, werden wir intensiv in Augenschein nehmen, zumal das Monument alias der Taubenschlag gerade gegenüber steht. Zwei Veranstaltungen im kommenden Jahr sind, wie erwähnt, dem Streit mit Herrn Goeze gewidmet und da begeben wir uns mitten hinein ins klerikale Gehäuse, nämlich in die Katharinenkirche, wo uns die Porträts der beiden Kontrahenten von der Wand herab zulächeln werden. Ich hoffe sogar, dass sie sehr zutraulich lächeln, denn für sie ist das Schnee von gestern. Und auch wir werden – das vermute ich jedenfalls – die Auseinandersetzung als eine ideengeschichtliche Episode nehmen, in der keiner von beiden so gut wegkommt, sie beide mussten Federn lassen.

Die Forschung hat inzwischen der Position Goezes mehr Gerechtigkeit widerfahren lassen, als das im 19. Jahrhundert üblich war. Da wurde, so scheint mir, zu einseitig polarisiert. Ich halte es in diesem, aber nicht nur in diesem Betracht, mit dem schönen Ausspruch von Moses Mendelssohn, der einige Monate nach Lessings Tod in einem Brief an August Hennings schrieb: »Wenn irgend ein Mensch besser war, als er sich in seinen Schriften zu erkennen gab, so war es Lessing.« Das bezieht er natürlich nicht auf das geistige Niveau der »Schriften«, sondern auf die darin verpackten Invektiven, mit denen Lessing gern sein Mütchen kühlte. Er hat – jedenfalls behauptet das Elise Reimarus – einmal erklärt: »Galle ist das beste was wir haben.« Die ließ er gerne überlaufen und war doch gekränkt über die Reaktionen seiner Zeitgenossen auf die Affäre mit dem Hauptpastor Goeze. Dazu ein Auszug aus dem »Kirchenboten für Religionsfreunde aller Kirchen«:

> In seinen letzten Tagen hatte er viel Gram; er fühlte, was ihm die Fragmente brächten, und war gekränkt von der Verachtung, dem Hasse, den er sich zugezogen hatten. Auch entschädigte ihn der Beyfall der starken Geister nicht für den Abscheu rechtschafner Leute.

Aber der Lessing, der in seiner Rochade mit Goeze auch vor Beleidigungen nicht zurückschreckte (so wenig wie sein Gegner) ist ja nur ein Teil – nur die Gallenblase – eines geistigen Universums, wie es nicht viele innerhalb der deutschen Literatur und Geistesgeschichte gibt. Dieses Universum ist noch immer nicht ausgeschöpft, ja es entzieht sich zum Teil auch unseren Deutungsversuchen. Und obwohl es mittlerweile eine beachtliche Lessing-Forschung gibt, die sich mit allen Facetten seines Wirkens auseinandergesetzt hat, gilt auch heute noch das Urteil von Heinrich Heine: »Ein Unglück gab es, worüber sich Lessing nie gegen seine Freunde ausgesprochen: dieses war seine schaurige Einsamkeit, sein geistiges Alleinsein. Einige seiner Zeitgenossen liebten ihn, keiner verstand ihn.« Das heißt aber nicht, dass wir, die wir ihn heute vielleicht ein wenig besser verstehen als seine Zeitgenossen, ihn zur Ikone verklären dürfen. Dagegen würde er sich heftig verwahren. Verklärung ist so wenig angebracht wie jedes devote Nachbeten dessen, was als Substrat aus der Fülle seiner Schriften und literarischen Werke zu gelten hat. Nein, wir werden ihm nur gerecht, wenn wir nicht ständig mit abgenutzten Schlagwörtern operieren wie: Wahrheitssuche, Aufklärung, Humanität und was es sonst noch an einschlägigen Wertschöpfungsfloskeln so gibt. Solche Begriffe müssen aus heutiger Sicht neu hinterfragt werden. Denn was vom Gedankengut der Aufklärung hat das Abendland wirklich internalisiert? Bei dieser Frage kommt man gewaltig ins Grübeln, zumal wenn man sich die blutrünstige Geschichte des 20. Jahrhunderts vor Augen führt! War alles, was die großen europäischen Aufklärer zur Erziehung des Menschengeschlechts beizutragen suchten, in den Wind gesprochen? Und weiter gefragt: Wie gehen wir, die wir lernen mussten, dass der Appell an den mündigen Bürger unter dem Staatsterror der Nationalsozialisten und Kommunisten ungehört verhallte, mit dem Erbe Lessings um? Das muss eine der Kernfragen bleiben, mit denen sich die Zeitgenossen – und mitten darin auch unsere Lessing-Gesellschaft – in Zukunft zu befassen hat. Anders ausgedrückt und einem berühmten Titel von Ortega y Gasset variierend, möchte ich unsere Zielvorstellung so konkretisieren: »Um einen Lessing für heute bittend.«

Helmut Berthold

»[...] mit Lessing wenig Staat zu machen« – Gegenwärtige und zukünftige Aufgaben der Lessing-Akademie

Vor einigen Wochen verfolgte ich im Fernsehen eine Talk-Show, deren Thema der Geburtenrückgang in Deutschland war. Man hielt diesen Rückgang selbstverständlich für gefährlich – stellt er doch eine wirtschaftliche Schwächung und damit ein Absinken des Lebensstandards in Aussicht – und empfahl nun verschiedene Gegenmaßnahmen, darunter ein Einwanderungsgesetz, das den kontrollierten Zuzug ausländischer Familien zu sichern hätte. Ein Teil der gesetzlichen Regelungen dafür sollte die Vermittlung der deutschen Sprache sein, ohne die man sich eine Integration der aus dem Ausland kommenden Mitbürger nicht so recht vorstellen wollte. Für mich ging die Diskussion an diesem Punkt unerwartet weit, denn sie führte zu der Frage, welche Inhalte man über die Kenntnis von Grammatik und Wortschatz hinaus mit dem verpflichtenden Erwerb der deutschen Sprache zu vermitteln gedächte. Dazu zählte man unter anderem die Werte und Errungenschaften von – ich zitiere – Humanismus, Aufklärung und Klassik.

Zugegeben, die unvollständige Aufzählung mit dem Beigeschmack von »Leitkultur« machte mich etwas stutzig, enthielt sie doch einen Appell an das eigene Tagesgeschäft, in dem wir uns mit Veranstaltungen, Publikationen, dem Empfang von Gästen und der Beantwortung von Anfragen aus aller Welt um die Vermittlung aufklärerischer Werte bemühen, im Geiste Lessings, wie wir uns gern einbilden. Vielleicht ja bloße Einbildung. Wenn ich die Anfragen betrachte, die in den Zeiten des Internet an die Akademie gerichtet werden, dann muss ich sagen: ein Gutteil davon erwartet nicht in erster Linie Geist vom Geiste der Aufklärung, sondern Informationen – Informationen über Gotthold Ephraim (oder auch schon mal über Doris) Lessing, Informationen über Lessings »Die Juden« und die Geschichte der Juden in Deutschland, oder über den Unterschied von Judaismus und Judentum; ein Augenarzt fragt nach einer Stelle bei Lessing zum grünen Star,[1] ein Regieassistent nach dramaturgischen Gewichtungen von einzelnen Sequenzen der »Emilia«, manche Schüler erhoffen sich Hilfestellung bei Referaten, Studenten eher bibliographische Hinweise – tendenziell werden immer häufiger auch einfach nur Tipps für geeignete Linksammlungen erbeten, offenbar in der Hoffnung, sich damit des Selbstdenkens

1 Im 40. der »Briefe, die neueste Litteratur betreffend« veröffentlicht Lessing das bis dahin ungedruckte »Geburtslied« des mit ihm befreundeten Ewald von Kleist. Darin kommt der »Staar« tatsächlich im medizinischen Sinne vor: »Und fast kein tugendhafter Mann / Ist ohne Milzsucht, lahmen Fuß / Und ohne Buckel oder Staar«. Lachmann-Muncker VIII, S. 90.

Mühsal ersparen zu können – so dass hier im Kleinen und einmal mehr der aufklärerische Impetus sich in sein Gegenteil zu verkehren droht, und wir vor lauter Vermittlungseifer unwillentlich Gefahr laufen, peu à peu die Aufklärung und ihre Meister zu verraten. Mehr als einen Schüler habe ich mit sanftem Nachdruck daran erinnert, dass sich die beste Kenntnis eines Theaterstücks bei dessen Lektüre einstellt. Selten genug freilich, das soll nicht verschweigen sein, ergeben sich auch durch das schillernde Medium des Internet hindurch wirkliche Gespräche, werden Fragen verfolgt und bleiben ungelöst, werden Zweifel ein- und ausgeräumt, so dass beide Seiten voneinander lernen können. Ich denke vor allem an die schwierige Korrespondenz mit einem Oberstufenschüler über einen Passus aus Lessings »Duplik«,[2] über den es letztlich zwar ohne Einigung, aber offenbar unter Beteiligung des ganzen Deutschkurses mehrmals hin und her ging.

Ich will zunächst, bevor ich zu einigen programmatischen Punkten der Akademie komme, die oft beschworene Frage nach der Aktualität eines kanonischen Autors, wie es Lessing zweifellos noch immer ist, nicht ganz außer Acht lassen und also fragen: Sowohl unseren Schülern und Studenten (etwa im verschwindenden Studium generale), wie auch dem indischen Computerspezialisten, der tschechischen Ärztin oder dem russischen Physiker, die wir ins Land bitten, nicht nur die Qualität unserer Arbeit, sondern auch die Quantität unserer Bevölkerung zu erhöhen – mit welcher Berechtigung muten wir ihnen eigentlich zu, über den Erwerb von Syntax und Vokabular der deutschen Sprache hinaus etwas von Barock und Aufklärung und Klassik wissen zu sollen? Natürlich versteht niemand seine Gegenwart, wenn nicht auch aus ihrer Überlieferung, und man nimmt mit der deutschen Sprache sicher mehr gedankliche Gehalte von Luther oder Lessing, Goethe oder Nietzsche auf als man gemeinhin ahnt. Aber solche Gehalte sind diffuse Größen und bei der hier angesprochenen Frage nach der Gegenwärtigkeit des Autors Lessing und der Legitimation der Einrichtungen, die ihren Namen von ihm beziehen, müssen sie irrelevant bleiben.

»Ein Mann wie Lessing täte uns not.« – Sie alle kennen Goethes Stoßseufzer zur Genüge, und für die beruflich und routinemäßig mit Lessing Beschäftigten mag er durchaus autosuggestive Kraft haben – »Denn wodurch ist dieser so groß als durch seinen Charakter, durch sein Festhalten! So kluge, so gebildete Menschen gibt es viele, aber wo ist ein solcher Charakter.« So abgegriffen Goethes Wort erscheint, unser Thema, denke ich, betrifft es in mindestens zwei Hinsichten. In Wolfenbüttel

---

[2] »Ein Mann, der Unwahrheit, unter entgegengesetzter Ueberzeugung, in guter Absicht, ebenso scharfsinnig als bescheiden durchzusetzen sucht, ist unendlich mehr werth als ein Mann, der die beste, edelste Wahrheit aus Vorurtheil, mit Verschreyung seiner Gegner, auf alltägliche Weise vertheidiget.« Lachmann-Muncker XIII, S. 23. Strittig blieb die Auslegung des Passus »Unwahrheit, unter entgegengesetzter Ueberzeugung«.

hörte ich von verschiedenen Besuchern, dass ihnen Charakter, Persönlichkeit und Haltung Lessings bekannter seien, auch stärker zusagten, zeitgemäßer oder genauer: auch für unsere Zeit erforderlicher schienen als seine Schriften, dass ihnen also Goethe gewissermaßen aus dem Munde gesprochen habe; eine merkwürdige, aber doch ernst zu nehmende Einschätzung: An ein Festhalten wessen, an welche Stärke seines Charakters ist hier eigentlich gedacht? Und die zweite Hinsicht: weil doch offenkundig eine Art von Unverträglichkeit zwischen diesem »Charakter« und dem Begriff der Institution besteht.

Mit dieser Unverträglichkeit oder gar Idiosynkrasie gegen die Festsetzungen, die notwendig zu einer Institution gehören, steht Lessing zwar nicht allein da, doch kann man sich ihn – anders etwa als Goethe selbst – nur schwer vor dem Hintergrund einer zeitgenössischen Einrichtung vorstellen, sei sie politisch, kirchlich oder sonst irgendwie konfessionell, nicht einmal der Loge »Zu den drei Rosen«, der er beitrat, gehörte er ja wirklich zu; in Hamburg hatte er nicht nur mit den Geldgebern, sondern auch mit den Schauspielern seine Probleme, er saß eben lieber *zwischen* den Stühlen, stritt gegen Orthodoxe ebenso wie gegen Neologen, und hat selbst literarisch, als einer der doch wenigen deutschen Rhetoriker von Rang, *keine* Schule gemacht;[3] er ist in vieler Hinsicht Solitär geblieben. Wie wohl hätte dieser Solitär auf eine Einrichtung reagiert, die seinen Namen trägt? Man kann darüber nur mutmaßen, vielleicht wie Groucho Marx. Es mag ein Gegenstück dazu sein, dass das Kamenzer Lessing-Museum als eines der wenigen Literaturmuseen der DDR seine Arbeit ohne Bruch nach der Wende fortsetzen konnte – eben weil mit Lessing wenig Staat zu machen ist. Sein »Charakter« widersteht zwar der Inanspruchnahme, ist aber auch mehr als bloß individueller Spleen. Vielleicht ist er am besten als »geistiger Typus« wahrzunehmen, ich entlehne den Begriff bei Jean Améry, der die Nöte unserer Zeit und die Notwendigkeit eines solchen »Typus« noch ernst nahm, lang ist's her, in seiner Rede zur Eröffnung des Wolfenbütteler Lessinghauses am 15. April 1978.[4]

Im Sinn eines solchen intellektuellen Typus haben wir versucht, das Profil des »Lessing-Preises für Kritik« zu bestimmen, den die Lessing-Akademie und die Braunschweiger Stiftung Nord LB/Öffentliche seit dem vergangenen Jahr im zweijährigen Turnus vergeben wollen; nicht aus der Sicherheit einer Institution heraus, sondern risikofreudig und gewissermaßen ungeschützt sollte der Preisträger hervorgetreten sein, also in hohem Maße unabhängig. Etwas Neues ist der zugrunde liegende Gedanke natürlich nicht, aber vielleicht eine gebotene Wiederholung. Wer

---

3 Wenn auch dort, wo man es nicht vermutet, nämlich bei Nietzsche. Das kann hier nur behauptet werden, eine Untersuchung dazu bleibt zu wünschen.

4 Jean Améry: Lessingscher Geist und die Welt von heute. Rede zur Eröffnung des Wolfenbütteler Lessinghauses am 15. April 1978. Wolfenbüttel 1978 (Wolfenbütteler Hefte, 6).

aber hat sich eher als nachteilig, weil einschüchternd erwiesen; noch heute begegnen wir gelegentlich dem Vorurteil, man müsse in sie wie in die hochmögende Académie Française berufen werden.

Ritterhoff beschrieb drei Schwerpunkte der Akademie, an denen sich bis heute im Grundsatz nicht viel geändert hat: Noch immer bilden die Erforschung des Werkes und der Zeit Lessings, der Aufklärung und ihrer Wirkung bis in die Gegenwart, und die Erforschung der Sozial- und Kulturgeschichte des Judentums in Deutschland vor allem im 18./19. Jahrhundert das wissenschaftliche Profil unserer Einrichtung. Und auch die Formen, in denen diese Inhalte vermittelt werden sollten, sind heute nicht schon überholt: Vermittlung durch Forschungsprojekte, Kolloquien, Vorträge und Vortragsreihen, durch die Publikation solcher Veranstaltungen und Projekte und durch die Publikationen von Texteditionen und Dokumentationen.

Dass sich dann aber doch so manches ändert, können Sie schon daran sehen, dass ein Vortrag auf dem Programm dieser Tagung steht, der den möglichen »Nutzen von EDV und Internet für die Aufklärungsforschung« zum Thema hat. Ohne nun ins Räsonieren über die neuen Technologien zu kommen – die Notwendigkeit der Lessing-Institutionen, sich dem Medium des Internet zu stellen, wird die Publikations- und Organisationsformen dieser Institutionen verändern, ob man dies gutheißt oder nicht, und für die Lessing-Akademie hat sie es bereits getan. Für sie hat sich nach der Krisen- und Umbruchzeit 1997/98 noch etwas geändert, nämlich der bemerkenswerte Umstand, dass bis dahin noch kein Germanist zum Präsidenten der Akademie gewählt worden war.

III

Beide Punkte führe ich natürlich nicht zufällig zugleich an. 1998 war es dann soweit, als Germanist und Herausgeber der beiden ersten Bände der Lessing-Ausgabe im Deutschen Klassiker Verlag, hatte Jürgen Stenzel ein »Memorandum zu den Aufgaben der Lessing-Akademie« vorgelegt, mit dem er die vakant werdende Präsidentschaft gewissermaßen nicht mehr ablehnen konnte. Sein Memorandum beschrieb eine Projektreihe, die sich vor allem aus den Erfahrungen und Bedürfnissen seiner Herausgebertätigkeit entwickelt hatte. Die einzelnen Projekte hingen miteinander zusammen und rekurrierten zum Teil auf Vorhaben, die in der Lessing-Akademie begonnen, aber nicht völlig abgeschlossen wurden.

Grundstock oder »Basiscorpus« von Stenzels Überlegungen[7] ist eine »vollständige buchstaben-, seiten-, und zeilengetreue Digitalisierung der historisch-kriti-

[7] Siehe für die folgenden Ausführungen: Jürgen Stenzel: Memorandum zu den Aufgaben der Lessing-Akademie. Unveröffentlichtes Manuskript 1998.

schen Lessing-Ausgabe von Lachmann-Muncker, die zwar vor allem von Seiten der analytischen Druckforschung immer wieder – teils partiell, teils prinzipiell – angegriffen wurde,[8] die aber ohne Zweifel und schon aufgrund der Textüberlieferung unersetzbar, und zumindest auf absehbare Zeit auch die einzig zitierfähige Lessing-Ausgabe bleiben wird. Dieses Basiscorpus sollte um Lessings Übersetzungen und amtliche Schriften sowie um die nachträglich aufgefundenen Lessing-Texte ergänzt werden, Hyperlinks alle textkritischen Erträge der Lessing-Forschung seit der letzten Lachmann-Muncker-Ausgabe von 1924, also alle Emendationen, Konjekturen oder auch nur Textzweifel zugänglich machen.

Wir haben diese hier nur skizzierte Grundlage der Projektreihe – das technische Konzept muss an dieser Stelle unberücksichtigt bleiben – im Jahr 1999 als Digitalisierungsantrag an die Deutsche Forschungsgemeinschaft gestellt; dass der Antrag abgelehnt wurde, war schmerzlich, schmerzlicher noch die angeführten Gründe (übrigens ganz heterogener Art), die ich hier nicht weiter kommentieren werde. In modifizierter Form, alle Einwände aufnehmend, die in der Sache treffen und weiterführen, wird der Antrag einer weiteren und ggf. auch noch einer weiteren forschungsfördernden Einrichtung vorgelegt werden.

IV

Im Kontext dieses Projekts sind datenelektronische Vorarbeiten geleistet worden, die je nach Perspektive als Teil-, aber auch als eigenständige Ergebnisse angesehen werden können: ein Titelverzeichnis aller Schriften und Briefe Lessings, die Ausgabe von Lachmann-Muncker zugrunde legend, aber zugleich erweiternd (z. B. um eine gesonderte Aufnahme der »Collectanea«), sowie eine Werkkonkordanz aller Titel, die die wichtigsten wissenschaftlich relevanten Lessing-Editionen, von den »Sämtlichen Schriften« bis zur Ausgabe im Deutschen Klassiker Verlag berücksichtigt, im Fall der verbreiteten »Reclam«-Bändchen darüber hinaus eine populäre Ausgabe. Zu diesen Lessing-Datenbanken[9] möchte ich nur zwei Dinge anführen: In einer relativ schlanken, mit Suchfunktionen ausgestatteten Version steht das Titelverzeichnis schon jetzt jedem Internet-Benutzer zur Verfügung. Mit allen Angaben, dazu gehören Bibliotheksstandorte und Signaturen, und zusammen mit der Werkkonkordanz wird es separat als CD-Rom veröffentlicht werden. Die Anlage dieser Datenbank sieht Ergänzungs- und Ausbaumöglichkeiten vor. Dazu zählt, dass inzwischen eine

---

[8] Vgl. insgesamt zur Kritik an Lachmann-Muncker: Karl S. Guthke: Aufgaben der Lessing-Forschung heute. Unvorgreifliche Folgerungen aus neueren Interessenrichtungen. In: Das Bild Lessings in der Geschichte. Hrsg. von Herbert G. Göpfert. Wolfenbüttel 1981 (Wolfenbütteler Studien zur Aufklärung, Bd. IX), S. 131–160, vor allem Abschnitt II.

[9] Siehe auch Seite 231 des vorliegenden Bandes.

Erweiterung des Titelverzeichnisses um Angaben zu Standort und Signatur der überlieferten Handschriften vorgesehen ist; Wolfgang Milde, der das Gesamtverzeichnis der Lessing-Handschriften bearbeitet, hat dafür seine Unterstützung angeboten. Dazu zählt ferner das Projekt »Lessings Bücherwelt«, zu dem es Vorarbeiten der Lessing-Akademie gibt, die aufgrund von Kinderkrankheiten im Umgang mit der EDV bedauerlicher Weise nur höchst unvollständig überliefert wurden. Alle ermittelten, von Lessing rezensierten, übersetzten, zitierten, paraphrasierten oder auch nur werkrelevant erwähnten Buchtitel sollen hier mit bibliographischen und Standortnachweisen angeführt werden. Technisch ist das Vorhaben »Lessings Bücherwelt« als Datenbankmodul bereits eingerichtet, es bedarf aber personeller und finanzieller Kapazitäten, die uns zumindest kurzfristig nicht zur Verfügung stehen.

V

Wer die Geschäftsstelle der Lessing-Akademie im Meißnerhaus des Wolfenbütteler Bibliotheksviertels aufsucht, und im Vorraum versehentlich mit der rechten Schulter an ein Büromöbel stößt, dann handelt es sich dabei um eine Art Kunstoffrondell mit genau 97 Aktenordnern. In 96 dieser Ordner sind Materialien zur zeitgenössischen Lessing-Rezeption, also im Zeitraum von zirka 1750 bis 1790 zu finden, fast ausschließlich in Gestalt von Fotokopien, deren Zustand nicht selten beklagenswert zu nennen ist. Diese Ordner, zusammen mit einem etwas komplizierten Karteiensystem (jedenfalls zu kompliziert, als dass ich es hier erläutern wollte), sind das Ergebnis eines früheren, DFG-gestützten Projekts der Lessing-Akademie, in dem man durch die Auswertung einer Vielzahl von zeitgenössischen Zeitschriften, Almanachen, Buchpublikationen, Buchhandelsanzeigen, Annoncen usf. eine Dokumentation und bibliographische Auswertung der zeitgenössischen Wirkung Lessings erstellt hat. Man hat diese Wirkungszeugnisse natürlich nach systematischen Gesichtspunkten geordnet, die ich hier nicht in toto anführen will, schon eine zusammenfassende Aufzählung der Abteilungen gibt die Vielfältigkeit des Materials wieder: Versammelt sind Abdrucke von Lessings Schriften und Lessing-Zitaten, Rezensionen dieser Schriften, Umarbeitungen und Übersetzungen von Lessing-Texten, Versbearbeitungen, Parodien, biografische Anekdoten, Theaterberichte und Aufführungskritiken, Abhandlungen, Erwähnungen, Widmungen, biografische Mitteilungen usw. usf., oft ist das Material noch einmal chronologisch untergliedert.

Das Ganze ist trotz mancher konzeptionellen Mängel eine Fundgrube ersten Ranges, mit einer Fülle von Informationen nicht nur zu Lessings Wirkung, sondern auch zu zeitgenössischen Personen, zu Buchtiteln, Zeitschriften, Daten und Ereignissen – namentlich zur Geschichte des deutschen Theaters; ein Schatz, der prinzipiell jedem Interessenten zur Verfügung steht, der aber nur sporadisch gehoben wird. Wollte man ihm *breitere* Nutzungsmöglichkeiten einräumen, müssten in einem ersten Arbeitsschritt die zirka 10 000 Karten der systematischen Kartei und die zirka 5 500 Karten der Werkkartei digitalisiert werden; mit entsprechenden Parametern versehen,[9] wäre die Werkkartei bestens geeignet, als Modul den vorhandenen Lessing-Datenbanken, also in direkter Relation zum Titelverzeichnis, hinzugefügt zu werden, was den großen Vorteil der Suchmöglichkeit böte. Der zweite, technisch und finanziell aufwändigere Schritt wäre die Aufnahme der Quellen, also der in den 96, oft prall gefüllten Ordnern gesammelten, fotokopierten zeitgenössischen Wirkungszeugnisse. Über die Form dieser Aufnahme sind wir noch uneins, scannt man die Dokumente ein, muss man eine inzwischen oft minderwertige Bildqualität und den Verzicht auf Suchroutinen in Kauf nehmen; auch werfen Bilddateien angesichts dieser Dokumentenanzahl bei aller computergestützten Zuversicht noch immer das Problem der Speicherkapazität auf. Die einzige Alternative ist das Eintippen – da die sonst übliche Beschäftigungsmaßnahme auf den Philippinen aus verschiedenen Gründen nicht in Frage kommt, bliebe eine Antragstellung nach der Antragstellung zur Lachmann-Muncker-Digitalisierung oder kurzfristiger die Einstellung von Hilfskräften, auch dies ein zeit- und kostenintensives Verfahren. Oder es bliebe als zur Zeit vielleicht gangbarster Weg die Auskoppelung eines Teilbereichs, etwa der Wirkungszeugnisse zur »Minna« oder zu den Theaterstücken insgesamt, als CD-Rom-Edition.

Vorerst also muss ich diese Erwägungen im Konjunktiv vorstellen, was leider für viele Projekte der Lessing-Akademie gilt; sie stehen unter Finanzierungsvorbehalt und sind nur durch die Einwerbung von Drittmitteln zu leisten (die Präambel der hier skizzierten Aufgaben der Lessing-Akademie müsste das fund-raising sein). Da ich nun aber einmal in diesem Modus spreche – wäre es nicht auf lange Sicht denkbar, die von der wissenschaftlichen Arbeitsstelle in Kamenz unter zwar anderen inhaltlichen Vorgaben bereits in Datenbanken aufgenommenen und sicher auch noch in den nächsten Jahren aufzunehmenden Zeugnisse zur Lessing-Rezeption im 20. Jahrhundert mit den Wolfenbütteler Materialien zusammenzuführen, um Teilergebnisse auch dieses Datenbestands zu den Lessing-Wirkungszeugnissen der »scientific community« zugänglich zu machen? Vielleicht könnten solche Überlegungen zur Engführung verwandter Projekte schon bei der Auswahl des zu bearbeitenden Textcorpus und den Parametern der Aufnahme eine Rolle spielen. Auch diese Frage stelle ich zur Diskussion.

---

9 Also etwa: Lessing-Titel / Verfasser der Rezension / Titel der Rezension / Quelle mit Titel, Bandangabe, Heft bzw. Stück etc., Datum, Seitenangabe / Kurzinhalt.

VI

Jedenfalls eine Frage auf längere Sicht, eine Konjunktivfrage: Immerhin bietet die Sammlung der Wirkungszeugnisse auch Chancen zu kleineren Publikationen und kurzfristigen Nutzungen. Das möchte ich an einem Ordner veranschaulichen, der gewissermaßen als Nebenprodukt dieser Sammlung entstanden ist und den etwas irreführenden Titel »Lessing im Gedicht« trägt. Irreführend, weil man mit deutscher Gründlichkeit aber auch alles zusammengetragen hat, was irgend mit Lessing zusammenhängt; seien es Huldigungsgedichte auf Prinzipale oder Schauspielerinnen – ich gebe eine kleine Kostprobe aus dem – um nicht falsch verstanden zu werden – meines Erachtens völlig zu Recht aufgenommenen Gedicht eines unbekannten Verfassers auf seine: »Theure! Kalt sind die Ausdrücke, matt wird der feurig / ste Dichter, wenn er schildern will, die Natur, mit / welcher du heute ganz warst – Leßings Emilia!«[10] – oder seien es bloße Erwähnungen von Lessings Namen in oft doch recht entlegenen Kontexten; ich zitiere aus einer Elegie von Christian Jacob Wagenseil auf den Tod des heute weitgehend unbekannten philosophischen Schriftstellers Heinrich Sander, »im Weinmonat 1782«: »O nun labt er mit Leibniz, mit Sokrates, Lessing und Luther, / Seinen dürstenden Geist [...]«[11] – diese etwas launigen Beispiele sind typisch für die Unmenge von Erwähnungen, Zitationen, Huldigungen, produktiven Repliken, lyrischen Polemiken, kurz: beiläufigen oder ernsthaften Auseinandersetzungen mit Lessing im zeitgenössischen Gedicht. So etwas ist natürlich literarhistorisch interessant: unvorstellbar, dass bei der heute gern beklagten inflationären Gedichtproduktion ein bekannter Autor wie – sagen wir Günter Grass – auch nur ein Zehntel solcher Erwähnungen verbuchen könnte (was ihm im Übrigen sicher lieb ist). Dies also eine spezielle Fundgrube, die wir für ein Publikationsprojekt nutzen wollen, dessen Arbeitstitel wie anders als »Lessing im Gedicht« heißt, und das freilich auch Texte aus dem 19. und 20. oder gar 21. Jahrhundert aufnehmen wird.

VII

Mit dem Projekt »Lessings Übersetzungen« komme ich noch einmal auf das Memorandum von Jürgen Stenzel zurück. Diese Übersetzungen sind ein in mancher Hinsicht vernachlässigtes Gebiet der Forschung. Das beginnt bei den Zuschreibungsfragen, da weder gesichert ist, dass alle anonym veröffentlichten Übersetzungen bzw.

---

[10] [Anon.:] An Mamsell Dobler. Am Abend, nach der Vorstellung von Emila Galotti. (Freyburg am 8 Nov. 1778). In: Taschenbuch für Schauspieler und Schauspielliebhaber. Offenbach 1779, S. XXXVI.

[11] Christian Jacob Wagenseil: Elegie auf den Tod des Herrn Professor Sanders. Im Weinmonat, 1782. In: Heinrich Sanders: Kleine Schriften nach dessen Tode. Hrsg. von Georg Friedrich Götz. Dessau 1785. Bd. 2, S. 308–311, hier: S. 309.

Übersetzungsfragmente Lessings als solche bekannt sind, noch, dass alle Lessing zugeschriebenen Übersetzungen tatsächlich von ihm stammen.[12] Die Vernachlässigung setzt sich bei der Editionslage fort, wo die Lessing-Ausgabe im Deutschen Klassiker Verlag nur punktuell Abhilfe schaffen konnte. Schließlich fehlen über die spärlich vorhandenen Einzelstudien hinaus Untersuchungen zu Lessings Begriff und Praxis der Übersetzung; in mancher Hinsicht erscheint Erich Schmidt als der letzte Stand. Die grob geschätzt etwa 7 000 Seiten Übersetzungen aus dem Spanischen, Französischen, Englischen, Lateinischen und Griechischen sind, wie zuvor erwähnt, Teil unseres Digitalisierungsvorhabens. Ginge es nun nach Murphys Gesetz, und die Lessing-Akademie scheiterte mit ihrem Großprojekt, dann müsste der Plan einer CD-Rom-Edition von Lessings Übersetzungen mit Suchfunktionen mindestens für den deutschen Text als eines der dringendsten Desiderata auch gesondert verfolgt werden.

VIII

Zu den im Memorandum vorgestellten Projekten zählt auch ein »Lexikon der Personen und Schauplätze in Lessings Leben« – mit dem interessanten, sicher nicht ohne weiteres umzusetzenden Gedanken, dass sich »die Länge der Artikel umgekehrt proportional zur Bekanntheit der erläuterten Personen« verhalten sollte. Stenzel erwähnt bei diesen Überlegungen das große interdisziplinäre Projekt »Lessings Lebenswelten«, von dem in den 1990er Jahren in der Lessing-Akademie immer wieder die Rede war, das aber, was die hohe Zahl der zu beteiligenden Fachwissenschaftler, die Vielfalt der Untersuchungsaspekte, die geplante Dauer und die Erfordernisse von Finanzierung und Organisation betrifft, derart hoch gehängt war, dass sein Nicht-Zustandekommen auch nicht verwundert; andererseits schließt das Vorhaben Lessing-Lexikon der Personen und Schauplätze an bescheidenere, zugleich aber realisierbarere Überlegungen zu Forschungsdesiderata an, für die ich stellvertretend Paul Raabes Aufsatz »Lessings letztes Lebensjahrzehnt« nenne.[13] In beiden Fällen geht es nicht nur und nicht vorrangig um Lessings Person als um die sozialen Hintergründe und kulturellen Bezüge seiner Lebenswelt. Raabe zeigt in seinem Aufsatz aus dem Jahr 1982, wie wenig wir selbst von einigen Personen aus der nächsten Umgebung Lessings wissen, nicht nur von seinen Freunden und Bekannten, sondern auch etwa von den Bibliotheksbediensteten und -benutzern, den Handwerkern,

12 Zweifel wurden etwa an der Urheberschaft von Lessings Hutcheson-Übersetzung »Sittenlehre der Vernunft« geäußert (Leipzig 1756) sowie an Teil VI der Rollin-Übersetzung »Römische Historie von Erbauung Der Stadt Rom« (Leipzig 1752).

13 Paul Raabe: Lessings letztes Lebensjahrzehnt. Überlegungen zu einer Forschungsaufgabe. In: Humanität und Dialog. Lessing und Mendelssohn in neuer Sicht. Hrsg. von Ehrhard Bahr u.a. Detroit, München 1982, S. 102–120.

Kaufleuten und Lehrern in Wolfenbüttel oder den Wolfenbütteler Theologen wie dem im Fragmentenstreit hervorgetretenen Hauptpastor Johann Heinrich Ress, von der Magd Lessings über seinen Arzt bis zum Vormund seiner Stiefkinder. Die Lessing-Akademie allein wird – die Wolfenbütteler Kontexte vielleicht ausgenommen – auf absehbare Zeit nicht in der Lage sein, solche Forschungen anzustellen, die man sich natürlich auch für andere Lebensstationen vorstellen kann, um nur St. Afra oder Breslau zu nennen, wo die blinden Flecken wohl am größten sind. In St. Afra wird in diesem Jahr die Neugründung des Internats zu feiern sein – wäre es nicht denkbar, das Projekt »Lexikon der Personen und Schauplätze in Lessings Leben« auch dezentral, mit Hilfe anderer Personen und anderer Einrichtungen wie dem Meißner Landesgymnasium zu entwickeln; hier (wie in allen anderen Fällen) wäre ja auf Vorarbeiten zurückzugreifen, zuletzt bei Detlef Döring in dem Ingrid Strohschneider-Kohrs gewidmeten Band »Neues zur Lessing-Forschung«.[14] Wie sieht es mit der Kamenzer Lebenswelt aus, nicht nur von 1729 bis 1741, sondern mit Blick auf die Alltagssituation der Familie Lessing, also namentlich Mutter, Schwester und Vater; wie mit Hamburg, wo man sich z.B. auf die Vorarbeiten von Franklin Kopitzsch[15] stützen könnte? Vielleicht kann die Lessing-Akademie aus ihrer finanziellen Not eine organisatorische Tugend machen und bei Projekten wie dem hier skizzierten Lexikon zu neuen, kollektiveren Arbeitsformen aufrufen.

Das gilt wohl auch für die Überlegungen zu einer laufenden, im Internet auszustellenden Lessing-Bibliographie aller Lessing-Einrichtungen, da sie in Wolfenbüttel allein nicht zu leisten ist, dort aber angesichts der technisch-bibliographischen Möglichkeiten der Herzog August Bibliothek durch einen versierten Bibliothekar betreut werden könnte, den man freilich – das sage ich aus der Erfahrung einer Anfrage des vergangenen Jahres an alle Wolfenbütteler Bibliothekare – honorieren müsste – idealiter aus einem gemeinsamen Fonds, der zugleich für bibliographische Auskünfte bei Fachzeitschriften wie der »Germanistik« oder der »Modern Language Review« verfügbar sein sollte.

---

14 Detlef Döring: Die Fürstenschule in Meißen zur Zeit des jungen Lessing. In: Neues zur Lessing-Forschung. Ingrid Strohschneider-Kohrs zu Ehren am 26. August 1997. Hrsg. von Eva J. Engel und Claus Ritterhoff. Tübingen 1997, S. 1–29.

15 Z. B.: Lessing und Hamburg. Aspekte und Aufgaben der Forschung. In: Wolfenbütteler Studien zur Aufklärung, Bd. 2. Bremen, Wolfenbüttel 1975, S. 47–120 und ebd., Bd. 3. 1976, S. 273–325.

IX

Bei dem letzten Punkt des Memorandums, den ich hier vorstellen will, und der einmal nicht im Luftreich zukünftiger Wünsche angesiedelt ist, handelt es sich um das »Wolfenbütteler Doktorandenkolloquium für junge Lessing-Forscher«. Im Herbst letzten Jahres mit der geringen Zahl von vier Teilnehmern unter der Leitung von Wilfried Barner und Jürgen Stenzel erstmals veranstaltet, bot es in ebenso konzentrierter wie gelöster Atmosphäre den Doktoranden die Möglichkeit zur Präsentation und Diskussion ihrer Arbeiten, auch zur schärferen Profilierung des jeweiligen Forschungsvorhabens, zur Vermeidung thematischer Überschneidungen, zum Austausch von Literaturempfehlungen, Hilfsmitteln der Forschung, spezifischen Bibliographien, Registern usf.; dies natürlich auch über den Zeitpunkt der Tagung hinaus – eine gelungene Veranstaltung, die wir deshalb im zweijährigen Rhythmus fortzusetzen planen, ebenso wie den »Lessing-Preis für Kritik«, von dem ich bereits sprach, und den wir als öffentlichkeitswirksamen Impuls für die Region, die Stadt Wolfenbüttel und die Akademie betrachten. Sowohl die Profilierung des Preises als nicht dezidiert literarische Auszeichnung wie seine besondere Form – der Preisträger bestimmt einen Förderpreisträger seiner Wahl – haben sich bewährt.

Schließlich haben wir eine Wiederaufnahme der Symposien im Sinn; dass dies seit 1998 ausblieb, zählt zu den Schwächen unserer Bilanz. An möglichen Themen herrschte jedenfalls kein Mangel; über unsere Planungen zur Organisation und Finanzierung regelmäßiger Symposien muss ich mich augenblicklich allerdings bedeckt halten. Es wäre jedenfalls erstrebenswert, auch die Symposien regelmäßig im Zweijahresrhythmus, alternierend zum Doktorandenkolloquium, abzuhalten. Zeit für ein neues Lessing-Symposion ist es alle Mal, spätestens im Jahr 2003 soll es stattfinden, und sein Thema wird höchstwahrscheinlich »Lessings Skandale« heißen. Wem das zu sehr nach Regenbogenpresse klingt, denke an Voltaire, Winkler oder Goeze, an Lessings Schulden, Ortswechsel und Spielsucht; und vielleicht daran, dass dieser wackere Mensch bis über den Tod hinaus auf Kriegsfuß mit der Fama stand, wie Matthias Hanke in der aktuellen Ausstellung am Beispiel des Wolfenbütteler Lessing-Denkmals zeigt. Und vorerst unter uns bleiben sollte auch die Ankündigung einer Veranstaltung, die wir – da aus Anlass seines 65. Geburtstags – zurzeit noch hinter dem Rücken von Jürgen Stenzel vorbereiten, und die im April des kommenden Jahres stattfinden wird. Ausgehend von denjenigen Lessing-Texten, die Stenzel besonders am Herzen liegen – den »Gedanken über die Herrnhuter«, dem »Anti-Goeze« und der »Ringparabel« werden – wenn das Wort erlaubt ist – drei seiner Weggefährten: Karl S. Guthke, Adolf Muschg und Peter Horst Neumann im Anhalt an die genannten Texte, aber mit ganz unterschiedlichen Zugängen (nämlich in Gestalt von Vortrag, Essay und Lyrik) das scheinbar abgegriffene, jedenfalls unabgegoltene Thema der Toleranz behandeln.

X

Ein letztes Wort vielleicht zu den ganz aktuellen Publikationen: Als nächste Folge der »Kleinen Schriften« wird ein Band erscheinen, der wie so viele Bücher sein eigenes, recht schwieriges Schicksal hat, ein Sorgenkind noch aus den Krisenzeiten der Akademie: die Untersuchung des amerikanischen Wissenschaftlers Kenneth H. Ober über eine lange Zeit ins Haus der Vergessenheit verbannte literarische Gattung – die der »Ghettogeschichten«, deutsch geschriebenen Erzählungen jüdischer Autoren zumeist des 19. Jahrhunderts, die von der Welt des Ghetto und Stetl berichten. Das anschließende Publikationsvorhaben wird eine Dokumentation über den jüdischen Friedhof in Wolfenbüttel sein, mit Fotografien der vorhandenen Grabsteine, Übersetzungen und Transkriptionen der Inschriften und einem einführenden Aufsatz, beide Publikationsvorhaben sind Erblasten.

In der vergangenen Woche wurde uns ein Manuskript mit den Haushaltsbüchern der Familie Reimarus angeboten, eine lückenlose, inzwischen transkribierte und kommentierte Aufzeichnung aller finanziellen Angelegenheiten des Hauses Reimarus von 1728 bis 1780; prima vista ein sozial- und kulturgeschichtlich ganz bedeutendes Dokument, in dessen Veröffentlichung wir, das Verlagsinteresse vorausgesetzt, sicher viel Arbeit investieren werden.

XI

Ich habe einige größere und kleinere Linien gezogen, mein Thema keineswegs erschöpft, aber doch auch im Blick auf die Diskussion versucht, die Richtung unserer augenblicklichen und kommenden Aktivitäten aufzuzeigen. Zu denken wäre noch an manches: an die Zusammenarbeit der Akademie mit der Lessing Society in Sachen »Lessing Yearbook«, der ich trotz recht konkreter Verhandlungen noch nicht vorgreifen möchte, an den gemeinsamen Internet-Auftritt der Lessing-Institutionen, von dem in den vergangenen Tagen die Rede war, und unter dem ich mir ein Forum für Lessing-Interessenten in aller Welt vorstelle, den Ort von Lessing-Bibliographie und -Rezensionen, für populäre und wissenschaftliche Anfragen, eine internationale Nachrichtenbörse, und warum nicht auch eine Bücherbörse für Primär- und Sekundärliteratur. Wenn ich mich, mit Lessings Wort, als »Träumer eines gewissens Traums« bekenne, dann sehe ich die Lessing-Akademie eines Tages back to the roots wieder im Wolfenbütteler Lessinghaus, wo sie eigentlich hingehörte, und an dessen neuem Ausstellungskonzept sie innerhalb der Arbeitsgruppe in der Herzog August Bibliothek natürlich unabhängig von solchen Träumereien mitarbeitet. Von dort aus, mit einer ausreichenden Zahl von Mitarbeitern versehen, kann sie ihren Forschungen den digitalisierten Lachmann-Muncker zugrunde legen, erfüllt mit

Publikationen die Desiderata der Lessing- und Aufklärungsforschung, verleiht Preise und veranstaltet in schöner Regelmäßigkeit Vorträge, Tagungen und Lesungen.

Wie heißt es in der Fortsetzung des 41. »Literaturbriefes«?: »Nachdem der Lobgesang zu Ende ist, erfolget eine Stille, und über diese Stille erwacht der Träumer!«

Heinrich Clairmont
Über den Nutzen von EDV und Internet für die Aufklärungsforschung

Der Beitrag zu Struktur und Möglichkeiten eines Lessing-Informationssystems ist über die Internetseiten der Lessing-Akademie Wolfenbüttel zugänglich:

http://www.lessing-akademie.de

Wolfgang Albrecht

Bericht über die Diskussionen während des Arbeitsgesprächs

Vorbemerkung

Anlässlich des Arbeitsgesprächs »Institutionelle Lessing-Rezeption im 21. Jahrhundert« wurden von 28. bis zum 31. Mai 2001 jeweils zwei Vorträge gehalten und dann gemeinsam diskutiert; am 1. Juni erfolgte eine bilanzierende Abschlussdiskussion. Dieser Ablauf liegt dem nachfolgenden, resümierend gestrafften Bericht zugrunde. An eine wörtliche Wiedergabe der Gespräche war von vornherein nicht gedacht, da sie als unnötig aufwändig erschien.

Zu den Beiträgen von R. Schade und H. Rowland (28. Mai)

Als übergreifendes Problem ergaben sich rasch Erwägungen zu möglichen und sinnvollen gemeinsamen Publikationsstrategien und Unternehmungen der vertretenen Lessing-Institutionen: der Lessing Society (Cincinnati), der Wolfenbütteler Lessing-Akademie e.V., der Lessing-Gesellschaft e.V. (Hamburg) und des Kamenzer Lessing-Museums. Mittelfristige Erfolgsaussichten sah man übereinstimmend nur dann, wenn es gelänge, einerseits sowohl Mitglieder- als auch Publikumskreise zu verjüngen, andererseits breiteres Öffentlichkeitsinteresse zu erwecken.

Nach Maßgabe des einmütig gebilligten Leitprinzips, differenzierte Spezifik und Kooperation der Institutionen ausgeglichen zu verbinden, ging es zunächst darum, inwiefern beigetragen werden könnte zu einer erstrebenswerten Internationalisierung des »Lessing Yearbook«, des Organs der Society, das bislang vorwiegend nordamerikanische und deutschsprachige Veröffentlichungen enthält. Vorgeschlagen wurde, Französisch als dritte Sprache im Yearbook zuzulassen.

Bei der Frage, ob neben den Rezensionen eine Jahresbibliographie zur Lessing-Forschung denkbar wäre, wurde an die sehr aktuelle und umfassende »Internationale Bibliographie zur deutschen Klassik« (erarbeitet an der Stiftung Weimarer Klassik) erinnert. Nützlicher erscheine ein in regelmäßigen Abständen vorgelegter Forschungsbericht. Und auf jeden Fall sollte über die Internet-Präsentation der Lessing Society eine periodisch, etwa halb- oder gar vierteljährlich, aktualisierte Liste eingegangener Bücher verfügbar sein. Hinsichtlich der Rezensionen sei es wohl empfehlenswert, sich verstärkt auf wichtige und herausragende Publikation zu konzentrieren, wobei freilich das bisher präsentierte Spektrum der aufklärerisch-klassischen Epoche unbedingt fortbestehen sollte. Gebührend zu berücksichtigen gelte es dabei auch Editionen, und zwar nicht nur historisch-kritische Gesamtausgaben, sondern auch (kritische) Studien- und gehobene Leseausgaben. Insgesamt sollten die Rezensionen weiterhin nicht nur einen universitären Diskurs widerspiegeln, sondern über einzelne Fachkreise hinausweisendes Kommunikations- und Informationsmittel sein.

Zu den Beiträgen von T. v. Wallmoden und W. Albrecht (29. Mai)

Anknüpfend an die letzten Diskussionspunkte des Vortags wurde aus Verlegersicht unterstrichen, dass Auswahlbände in Form kritischer Studienausgaben, wie sie die neuere Editionswissenschaft entwickelte, jüngsthin größere Nachfrage finden. Dies sei umso relevanter, als der tradierte, so genannte bildungsbürgerliche Literaturkanon zunehmend schwinde. In dieser – durch die medialen Veränderungen noch forcierten – Umbruchssituation, die jeder Gesprächsteilnehmer aus eigenen Erfahrungen bestätigen konnte, sah man eine vordringliche Aufgabe auch der Lessing-Institutionen darin: zur Herausbildung eines Lesernachwuchses (nicht nur für Lessing oder 'die' Aufklärung und Klassik) beizutragen und so der augenblicklichen Entwicklung, dass immer weniger Menschen immer mehr Bücher lesen (und kaufen), entgegenzuwirken.

Für die beiden Schriftenreihen des Lessing-Museums ergab sich daraus u. a. die eingehend diskutierte Schlussfolgerung, genauer bestimmte Zielgruppen ins Kalkül zu ziehen. Verwissenschaftlichung und Popularisierung sollten einander – so schwer es auch sei – nicht ausschließen; heft- und themenbezogen beispielsweise könnten und sollten konkret Akzente für den Publikumsbezug gesetzt, Mischformen hingegen vermieden werden. Auf jeden Fall sei die visuelle Komponente (Bebilderung der Hefte) wichtig und erfülle nach derzeitigen medialen Erfahrungen zweifellos eine stark ausgeprägte Erwartungshaltung.

Empfohlen wurde, direkt museumsbezogene Publikationen der Reihe »Erbepflege in Kamenz« mehr populär zu gestalten. Hierbei gab es einige Anregungen bzw. Zuspruch für neue Sonderhefte: zum Beispiel eine Auswahl von Lessing-Texten, die sich auf die Ausstellung des Museums beziehen und so zugleich den vorliegenden Museumskatalog ergänzen; ferner ein Heft mit Kuriosa aus der Museumssammlung und vielleicht auch eine Auswahl exemplarischer Einträge aus den Besucherbüchern. Geplante Sonderhefte, wie insbesondere die Lessing-Chronik, sollten im Internet vorgestellt werden mit der Bitte, neu erschlossene Daten und Quellentexte zuzuliefern.

Als notwendig ergab sich eine Verständigung mit den Geldgebern darüber, inwieweit das Sammlungsverzeichnis des Museums unter dem Doppelaspekt Verkauf (möglichst zur Fortsetzung) und Schriftentausch zu produzieren sei; wobei Schriftentausch sich nicht nur auf den Bibliotheksbereich beziehe, sondern eher noch die Möglichkeit bedeute, den Sammlungsobjekte überlassenden Theatern etwas anzubieten. Gewarnt wurde davor, das Sammlungsverzeichnis ins Internet einzubringen, weil dies eine intensive Pflege (permanente Aktualisierung usw.) sowie einen eigenen Server erfordere. Günstiger sei eine Datenbankversion auf CD-ROM.

Zu den Beiträgen von D. Fratzke und E. Wolffheim (30. Mai)

Einen thematischen Schwerpunkt der Diskussion bildete das Problem, wie sich Aufklärungsgedanken (nicht nur Lessings), über bloße Apellationen hinwegreichend, ins 21. Jahrhundert vermitteln lassen. Wie kann Aufklärung, ohnehin vielfach zum Schlagwort verkommen, lebendig erhalten bzw. der jungen Generation überhaupt erst einmal verlebendigt werden? Inwieweit können die Lessing-Institutionen dabei etwa Bildungs- und Kultureinrichtungen zuarbeiten? Berichtet wurde von ermunternden museumspädagogischen Erfahrungen in Kamenz sowie von ermutigender Resonanz für die Wolfenbütteler Akademie und die Hamburger Lessing-Gesellschaft. Fazit: weitere Angebote machen, Neues ausprobieren (vgl. die in den Vorträgen benannten Projekte).

Eine Voraussetzung dafür, das war unstrittig, bildet die umfassende praxisbezogene Kooperation der vier Lessing-Institutionen. Hierzu gab es verschiedene Anregungen bzw. schon Vorvereinbarungen: permanente Informationen und Materialzusendungen; gegenseitige öffentliche Vorstellung und Bekanntmachung; wechselseitiger Hinweis auf Publikationen; Austausch von Vortragsrednern und bestimmten Veranstaltungen; gemeinsame Werbung und gemeinsame Internetauftritte, soweit sie sinnvoll seien. Denn Lessing im Internet sei derzeit weitgehend kaum anderes als »Datenmüll« und dieser drohe die relevanten Mitteilungen und Darstellungen zu verschütten. Was an die Homepages der einzelnen Lessing-Institutionen angebunden werde, müsste man genau überlegen, vor allem hinsichtlich der Gesichtspunkte Kosten und Aufwand.

Für das Lessing-Museum wurde empfohlen, einen virtuellen Rundgang und/oder ein Informationssystem auf CD-ROM zu erarbeiten. Aufsätze aus der Schriftenreihe »Erbepflege« sollten nicht ins Netz eingebracht werden, stattdessen jedoch ausgewählte Abstracts und vor allem – möglicherweise annotierte – Inhaltsverzeichnisse der Jahres- und Sonderhefte. Wichtig sei es auf jeden Fall, die Schriftenreihe wie auch das Sammlungsverzeichnis über das Internet vorzustellen.

Zu den Beiträgen von H. Berthold und H. Clairmont (31. Mai)

Ergänzend zu dem am Vortag ausgeprägten Diskussionsgegenstand Kooperation wurde vorgeschlagen, die Lessing-Akademie einzubeziehen in eine bereits bestehende und erfolgreich erprobte Form des Zusammenwirkens von Society und Museum: Praktika und sonstige Arbeitsaufenthalte für amerikanische Studenten, wobei sie an konkreten Aufgaben der jeweiligen Institution mitwirken. In Wolfenbüttel könnten dies beispielsweise die begonnenen bzw. geplanten Datenbankprojekte (s. Vortrag Berthold) sein.

Aufgenommen wurde auch nochmals der Disput um institutionell unterschiedliche wissenschaftliche und populäre Ansätze, Aufgabenstellungen, Unternehmungen. Gewiss überwiege beim Museum ein kulturvermittelnder Auftrag, während die Akademie zumindest partiell den Charakter eines außeruniversitären Forschungsbereichs habe (von wachsender Relevanz angesichts der zunehmenden Ausweitung der Grundlagenforschung über die Universitäten hinaus) und während die Lessing Society dem Hochschulwesen viel näher stehe als die Lessing-Gesellschaft. Verbindendes Moment sei wohl, dass Wissenschaft die Basis bilde für die spezifischen Umsetzungen und Vermittlungen. Wichtig hierbei wäre es freilich auch, möglichst genau den jeweiligen Bedarf an wissenschaftlichen Angeboten festzustellen. Seitens des Museums betonte man, dass eine angemessene Verwissenschaftlichung der kulturellen Arbeit außer Frage stehe, statt langfristiger Strategien jedoch der ständigen bedarfsgerechten Neuorientierung bedürfe.

Das Problem des – sich wahrscheinlich beschleunigenden – Veraltens von Konzeptionen trat sodann in einem Informationsgespräch über die Ausstellung im Wolfenbütteler Lessinghaus prägnant hervor. Informiert wurde über die hinsichtlich des Doppeljubiläums 2004/2006 dringlich gewordene Umgestaltung durch eine Arbeitsgruppe an der Herzog August Bibliothek, die nach Prinzipien heutiger Museologie erfolgt. Bedenken weckte der Entscheid, dass die Eingrenzung »Lessing in Wolfenbüttel« bestehen bleibe. Müsse man nicht retrospektiv einige Hauptvoraussetzungen der vorangegangenen Lebensabschnitte verdeutlichen?

Über eine Neugestaltung der Ständigen Exposition des Lessing-Museums (bis Ende 2005) ließ sich noch nichts näheres sagen, weil deren Vorarbeiten erst 2002 beginnen werden.

Abschlussdiskussion (1. Juni)

Resümiert und bilanziert wurden Kerngedanken zur Zusammenarbeit und Spezifik der vier Lessing-Institutionen sowie zu deren Selbstpräsentation im Internet. Es bestanden nach wie vor keinerlei Zweifel daran, dass es unverzichtbar sei, erprobte

Wege der Darstellung und Vermittlung in Printmedien fortzuschreiten. Für das Sammlungsverzeichnis des Lessing-Museums bedeute dies also, die notwendige Druckversion parallel zur Datenbank zum Abschluss zu bringen.

Gewarnt wurde sowohl davor, undifferenziert zu popularisieren, als auch umgekehrt davor, eine Verwissenschaftlichung fernab vom Publikum zu verfolgen. Dessen Erwartungshaltung könne zwar nicht alleiniger Maßstab sein, dürfe jedoch ebenso wenig schlichtweg ignoriert werden. Schon gar nicht in einem Museum wie dem Kamenzer, dessen Besucher zu rund 70 Prozent Schüler und Schülerinnen aller Klassenstufen sind. Dies unterstreiche, wie sinnvoll es beispielsweise sei: für sie eine Anthologie mit Primärtexten Lessings und Äußerungen über ihn zusammenzustellen; ferner Fragebögen an die Lessings Namen tragenden deutschen Schulen zu verschicken, um zu ermitteln, was von ihm und überhaupt schulisch und individuell (noch) gelesen werde.

Einmütigkeit bestand darüber, dass es nützlich gewesen sei, sowohl Kooperation als auch aufgabenbedingte Abgrenzung zu bedenken; ferner darüber, dass sich während des Arbeitsgesprächs ein anregender und perspektivweisender Informationsaustausch ergeben habe, der Auftakt zu regelmäßigen weiteren Zusammenkünften sein sollte.

Lessing-Society
c/o University of Cincinnati
Dept. of germanic languages and lits.
Cincinnati OH 45221-0372
USA
Tel. 001513/5562756
http://ucaswww.mcm.uc.edu/german/lessing

Die Lessing Society wurde 1966 an der Universität von Cincinnati (Ohio, USA) als gemeinnützige Gesellschaft gegründet. Sie ist eine wissenschaftliche Vereinigung, die Forschungen zu Gotthold Ephraim Lessing und darüber hinaus zur Literatur der deutschen Aufklärung unterstützt.

In Zusammenarbeit mit anderen Institutionen stellt die Lessing Society Verbindungen zwischen Wissenschaftlern her, die auf dem Gebiet der deutschen Literatur des 18. Jahrhunderts tätig sind. Sie organisiert Vortragsreihen und wissenschaftliche Symposien und gibt seit 1969 das »Lessing Yearbook« heraus. Darin legen Wissenschaftler aus aller Welt die Ergebnisse ihrer Arbeit vor. Ein ausführlicher Rezensionsteil gibt einen kritischen Überblick über Neuerscheinungen zu Lessing und zur Aufklärung in Deutschland.

Das internationale Echo, das die Lessing Society bisher gefunden hat, macht deutlich, dass sie in den über dreißig Jahren ihres Bestehens eine wichtige Institution innerhalb der Forschung zur deutschen Aufklärung geworden ist. Sie kann ihre Aufgabe aber künftig nur erfüllen, wenn sie auch weiterhin Förderung und Förderer findet: neue Mitglieder für die Gesellschaft aus der internationalen Germanistik und interessierte Mitarbeiter am Jahrbuch, aber auch Sponsoren.

Mitglieder und Sponsoren erhalten das im Wallstein-Verlag Göttingen erscheinende »Lessing Yearbook« und das halbjährliche Mitteilungsblatt »Notes and Notices«, das der Verbreitung von Berichten und Nachrichten aus dem Mitgliederkreis dient. Sonderbände zu den Konferenzen werden den Mitgliedern zum Vorzugspreis angeboten.

Lessing-Akademie
c/o Herzog August Bibliothek
Schlossplatz 2
D-38304 Wolfenbüttel
Tel. 05331/808227
http://www.hab.de/lessingakademie

LESSING AKADEMIE

Lessing, der Dichter von »Nathan der Weise« – genug Begründung, sein Werk zu erforschen, seine Gedanken zu bedenken, seinen Idealen nachzueifern. Die 1971 in Wolfenbüttel gegründete Lessing-Akademie versucht das zu tun. Sie will in diesem Sinne ein Gesprächsforum für die Lessing-Forschung und die Erforschung der deutschen Aufklärung sein; sie organisiert wissenschaftliche Tagungen und allgemeinverständliche Vorträge, veröffentlicht Abhandlungen und Hilfsmittel der Forschung und fördert kulturelle Veranstaltungen. Sie kooperiert mit vergleichbaren Institutionen wie dem Lessing-Museum in Kamenz, der Geburtsstadt des Dichters, der Lessing Society in Cincinnati (Ohio, USA) und der gleichfalls in Wolfenbüttel ansässigen Gesellschaft für die Erforschung des 18. Jahrhunderts. Die Lessing-Akademie hat ihren Sitz in der Herzog August Bibliothek, deren Leiter Lessing in den letzten zehn Jahren seines Lebens gewesen ist – genauer in jenem »Meißnerhaus« am Schlossplatz, in dem er gemeinsam mit Eva König 1776/77 das glücklichste Jahr seines Lebens verbracht hat.

Lessing war ein leidenschaftlicher Lottospieler – leider erfolglos. Die Lessing-Akademie wird dagegen vom Land Niedersachsen, von der Stadt und vom Landkreis Wolfenbüttel nach Kräften gefördert. Die öffentlichen Mittel reichen indessen gerade aus, die Grundfunktionen der Akademie in bescheidenem Umfang zu gewährleisten. Wovon die Lessing-Akademie aber eigentlich lebt, das ist die geistige und finanzielle Mitwirkung und Anteilnahme ihrer Mitglieder.

Lessing-Gesellschaft e.V.
Sitz Hamburg
Mundsburger Damm 60
22087 Hamburg
Tel. 040/2202762

Dreiunddreißig Herren – Vorsitzende von Hamburger Freimaurerlogen – hatten sich zusammengefunden, um den Bericht des Schriftstellers Rolf Appel über seinen Besuch im Lessing-Museum Kamenz zu hören. Man war sich einig, Mitglied einer Lessing-Gesellschaft zu werden. Als man jedoch erfuhr, dass es in Deutschland keine Lessing-Gesellschaft gibt, war der Beschluss zur Schaffung einer solchen schnell gefasst. Und am 22. Februar 1997 fand die vereinsrechtliche Gründung statt. Erster Vorsitzender wurde Rolf Appel.

Schnell wuchs die Gesellschaft auf über 100 Mitglieder. Der satzungsgemäße Zweck der Gesellschaft ist, dass sie das Geistesgut des Gotthold Ephraim Lessing pflegen, seine Werke der Öffentlichkeit nahe bringen und im Sinne Lessings Geistesfreiheit, Menschenwürde und Toleranz fördern will.

Dazu werden Lesunge, Vorträge und Aufführungen veranstaltet. Die Mitglieder werden durch das Nachrichtenblatt »Lessing betreffend« informiert, und es wird eine Schriftenreihe herausgebracht, die allen Mitgliedern kostenfrei zugeht.

Die Lessing-Gesellschaft besitzt nicht nur in Hamburg ihre Mitglieder; einige wohnen sogar in Südamerika. Sie steht allen Interessierten offen, besonders natürlich den Lessing-Freunden.

Unter der Bezeichnung »Auf Lessings Spuren« gingen die Mitglieder seinen Wirkungsstätten nach, so in Kamenz, Braunschweig, Wolfenbüttel, Bad Pyrmont, Jork, Breslau und Hamburg. Eine Reise nach Berlin folgt.

Gern werden neue Mitglieder begrüßt. Der Jahresbeitrag liegt bei nur 40 Euro.